职业教育财经类专业群
核心课程系列教材

经济法基础

微课版

刘辉／主编

杨华 赵玮／副主编

人民邮电出版社

北　京

图书在版编目（CIP）数据

经济法基础：微课版 / 刘辉主编. -- 北京：人民
邮电出版社，2025.3
职业教育财经类专业群核心课程系列教材
ISBN 978-7-115-62771-1

Ⅰ. ①经… Ⅱ. ①刘… Ⅲ. ①经济法－中国－高等职
业教育－教材 Ⅳ. ①D922.29

中国国家版本馆CIP数据核字(2023)第182817号

内 容 提 要

本书是根据新版法律、法规及司法解释，在总结高等职业教育经济法教学改革经验的基础上，针对社会主义市场经济发展和培养实用型人才需要而编写的财经类专业经济法教材。本书在经济法基本理论的基础上，分别介绍了会计法律制度、支付结算法律制度、市场主体法律制度、合同法律制度、劳动合同与社会保险法律制度的内容；本书注重案例教学，以培养学生使用基本法律知识解决实际法律问题的能力。

本书既适合作为应用型本科院校和高等职业院校财经类专业的教材，也可作为成人教育本科阶段以及社会在职人员的培训教材和自学参考用书。

◆ 主　　编　刘　辉
　　副主编　杨　华　赵　玮
　　责任编辑　刘　尉
　　责任印制　王　郁

◆ 人民邮电出版社出版发行　　　北京市丰台区成寿寺路 11 号
　　邮编　100164　电子邮件　315@ptpress.com.cn
　　网址　https://www.ptpress.com.cn
　　三河市祥达印刷包装有限公司印刷

◆ 开本：787×1092　1/16
　　印张：13.25　　　　　　　　　2025 年 3 月第 1 版
　　字数：337 千字　　　　　　　2025 年 3 月河北第 1 次印刷

定价：56.00 元

读者服务热线：(010)81055256　印装质量热线：(010)81055316
反盗版热线：(010)81055315

PREFACE

前　言

社会主义核心价值观的基本要素之一就是法治。法治素养，不仅是当代大学生思想道德素养的重要内容，也是大学生学习、生活和社会交往的现实需要，更是其面对新时代走上工作岗位必需的核心素质。

本书由从事经济法教学和研究的教师在总结多年教学经验的基础上编写而成，知识宽泛、理论适中、贴近实际、操作性强，力求课堂教学与实际应用紧密结合，使学生真正能够学法、懂法、守法、用法。

本书具有以下特点。

（1）融入素质教育元素。为了贯彻党的二十大报告提出的"落实立德树人根本任务"，以及《教育部等八部门关于加快构建高校思想政治工作体系的意见》（教思政〔2020〕1号）的精神，本书在每个项目中均加入了德法兼修的素质目标，在项目之中加入"素养贴士"，把立德树人作为教育的根本任务。

（2）内容新，时效性强。编者依据国家最新立法进展（截至2025年1月），特别是新颁布的《中华人民共和国民法典》，及时更新法规内容，并精选典型司法案例进行解读。

（3）形式新，突出职业教育特色。每个项目设计有知识、能力、素质目标，使学生明确学习目标，并通过"案例导读"激发学生学习兴趣，带动学生将经济法的一些基本理论知识运用到具体案例当中，通过对案例的分析和讨论提高学生将理论知识运用于实践的能力。在内容中穿插了"课堂讨论""法律小贴士""课堂自测"等栏目，使本书充满趣味，同时在一些栏目中设置了二维码，增强了内容可读性和课堂互动性。

（4）课证有机融合。本书将助理会计师职业资格证书内容与教学内容有机融合，可满足学生准备职业资格证书考试的需要。

（5）每个项目都设有"课后自测"栏目，该栏目既有单项选择题、多项选择题和判断题等理论知识题，又有经典案例分析题。通过自测，学生可以检验自己对每个项目重要知识点的掌握程度，教师也可以了解学生对经济法律知识的掌握情况，对教学方案进行及时调整，使教与学达到最优的状态。案例分析有利于学生思考能力和应用能力的提升，有利于教学互动。

本书建议学时 48 学时，学时分配表如下。

项目名称	学时
项目一　走进经济法	6
项目二　会计法律制度	6
项目三　支付结算法律制度	10
项目四　市场主体法律制度	10
项目五　合同法律制度	8
项目六　劳动合同与社会保险法律制度	8

本书由刘辉任主编，杨华、赵玮任副主编。项目一到项目三由刘辉编写，项目四和项目五由杨华编写，项目六由赵玮编写。刘辉负责全书的修改和定稿。

在本书的编写过程中，鹿作刚、山东鲁杰律师事务所晟文政提供了有益的资料和宝贵的建议，在此表示感谢。

由于编者水平有限，书中难免存在欠妥之处，敬请广大读者批评指正。

编者

2025 年 1 月

CONTENTS

目　录

项目一
走进经济法

知识目标 ↓

1. 掌握法的分类与渊源、法律关系、法律事实。
2. 掌握法律关系主体的种类、法律关系主体资格。
3. 掌握无效的民事法律行为与可撤销的民事法律行为。
4. 掌握代理行为中的滥用代理权与无权代理。
5. 熟悉法和法律的概念、法的本质与特征。
6. 熟悉法律责任的概念、法律责任的种类。
7. 熟悉经济法律关系的概念及构成要素。
8. 熟悉民事法律行为的有效要件。
9. 了解经济法的概念、调整对象。
10. 了解法律部门与法律体系的概念。

能力目标 ↓

1. 具备运用法律维护自身合法、正当的经济权益的能力。
2. 提高分析问题的能力，提高理论联系实际的能力及实际操作能力。

素质目标 ↓

1. 通过对法律知识的认识，形成诚实守信、遵纪守法的职业素养。
2. 通过对法律知识的认识，形成有法必依、违法必究的严谨工作作风。
3. 通过对法律知识的认识，激发学习兴趣，培养维护个人合法权益的观念。

案例导读 ↓

王刚和李强是初中同学，关系较好，但已多年未见。一日，二人在商场偶然相遇，随后互问近况。王刚现在是某公司销售部经理，李强则是服装个体户。二人互留联系方式，约定再谈。两星期后，李强找王刚，称最近有一个价格、区位等方面都较好的房子，现在正是入手的好机会，

01

自己因为生意资金周转不过来，首付没凑齐，还差 5 万元，想请王刚帮忙，借期 6 个月。王刚说两天后回复，然后就向自己的舅舅借了 5 万元。第三天，王刚将 5 万元交给李强，李强写了一张借据，表明 6 个月内必定还钱。转眼 6 个月过去了，李强的妻子告诉王刚，李强 3 个月前在一次进货中发生意外，伤到了头部，诱发精神病，已经不能辨认和控制自己的行为。王刚拿出借据，李强的妻子表示现在手头紧，希望宽限几天，王刚同意了。王刚的舅舅表示最近缺钱，希望王刚尽快还钱，王刚的姐姐小言做担保说，如果王刚在半月内还不了，自己替他还。王刚后来到李强家时，看到李强的遗像，妻子说李强去世了，且未留下遗嘱。李强留下服装等物和一套商品房。

【任务描述】

1. 本案例中涉及哪些法律关系？
2. 法律关系的主体、客体和内容是什么？
3. 5 万元应该由谁来还？

任务一 法的基本理论

素养贴士

全面依法治国是中国特色社会主义的本质要求和重要保障。党的二十大报告指出：我们要坚持走中国特色社会主义法治道路，建设中国特色社会主义法治体系、建设社会主义法治国家，围绕保障和促进社会公平正义，坚持依法治国、依法执政、依法行政共同推进，坚持法治国家、法治政府、法治社会一体建设，全面推进科学立法、严格执法、公正司法、全民守法，全面推进国家各方面工作法治化。

一、法和法律

（一）法和法律的概念

1. 法的概念

法作为一种特殊的社会规范，是人类社会发展的产物。古今中外对于法的概念的界定并不一致。一般来说，法是由国家制定或认可，以权利义务为主要内容，由国家强制力保证实施的社会行为规范及其相应的规范性文件的总称。

2. 法律的概念

法律一词可从狭义、广义两方面进行理解。狭义的法律专指拥有立法权的国家机关（国家立法机关）依照法定权限和程序制定颁布的规范性文件；广义的法律则指法的整体，即"法"。但在某些场合，"法"又和狭义的法律同义，如《中华人民共和国公司法》（以下简称《公司法》）等。

（二）法的本质与特征

1. 法的本质

法是统治阶级的国家意志的体现。法不是超阶级的产物，不是社会各阶级的意志都能体现为法，法只能是统治阶级意志的体现。但法所体现的统治阶级的意志，不是随心所欲、凭空产生的，而是由统治阶级的物质生活条件决定的，是社会客观需要的反映。它体现的是统治阶级的整体意志和根本利益，而不是统治阶级每个成员个人意志的简单相加。法体现的也不是一般的统治阶级意志，而是被奉为法律的统治阶级意志，即统治阶级的国家意志，这是法的本质。

 课堂讨论

会计小王在学习了法律课程后感到疑惑：法是统治阶级意志的体现，那是不是意味着统治阶级想制定什么样的法律就制定什么样的法律，被统治阶级在法律的制定方面是无能为力的？

2. 法的特征

法作为一种特殊的行为规则和社会规范，不仅具有行为规则、社会规范的一般共性，还具有自己的特征。其特征主要表现在以下方面。

（1）法是经过国家制定或认可才得以形成的规范，具有国家意志性。

（2）法凭借国家强制力的保证而获得普遍遵行的效力，具有国家强制性。

（3）法是确定人们在社会关系中的权利和义务的行为规范，具有规范性。

（4）法是明确而普遍适用的规范，具有明确公开性和普遍约束性。

 课堂自测

下列关于法的本质与特征的表述中，不正确的是（　　　）。

A. 法是由国家制定或认可的规范

B. 法是全社会成员共同意志的体现

C. 法由统治阶级的物质生活条件所决定

D. 法凭借国家强制力的保证获得普遍遵行的效力

二、法的分类和渊源

（一）法的分类

根据不同的标准，法有不同的分类。

1. 根本法和普通法

这是根据法的内容、效力和制定程序所作的分类。根本法就是宪法，宪法规定国家制度和社会制度的基本原则，具有最高的法律效力，是普通法立法的依据。因此，宪法的制定和修改通常需要经过比普通法更为严格的程序。普通法泛指宪法以外的所有法律，普通法根据宪法确认的原则就某个方面或某些方面的问题作出具体规定，普通法不能违反宪法。

2. 一般法和特别法

这是根据法的空间效力、时间效力或对人的效力所作的分类。一般法是指在一国领域内对一般自然人、法人、组织和一般事项都普遍适用的法律。特别法是指只在一国的特定地域内或只对特定主体或在特定时期内或对特定事项有效的法律。一般法与特别法的划分是相对的。

3. 实体法和程序法

这是根据法的内容所作的分类。实体法是指具体规定法律主体的权利和义务的法律，如《中华人民共和国民法典》（以下简称《民法典》）等。程序法是指为了保障法律主体实体权利和义务的实现而制定的关于程序方面的法律，如《中华人民共和国民事诉讼法》（以下简称《民事诉讼法》）等。

4. 国际法和国内法

这是根据法的主体、调整对象和渊源所作的分类。国际法指适用于主权国家之间以及其他具有国际人格的实体之间的法律规则的总体。国内法是指由特定的国家创制的并适用于本国主权所及范围内的法律规则的总体。

5. 公法和私法

较多学者认为，这是根据法律运用的目的划分的：凡是以保护公共利益为目的的法律为公法；凡是以保护私人利益为目的的法律为私法。也有学者认为这是按法律所调整的社会关系的状况划分的：凡是调整国家与国家之间的关系，国家与自然人、法人之间的权力与服从关系的法律，就是公法；凡是调整国家与自然人或法人之间的民事、经济关系，即调整平等主体之间的关系的法律，就是私法。

6. 成文法和不成文法

这是根据法的创制方式和表现形式所作的分类。成文法是指有权制定法律的国家机关，依照法定程序所制定的具有条文形式的规范性文件。不成文法是指国家机关认可的、不具有条文形式的规范，如习惯法、判例法等。

 课堂自测

下列对法所作的分类中，属于以法的空间效力、时间效力或者对人的效力为依据进行分类的是（   ）。

A. 成文法和不成文法   B. 根本法和普通法

C. 一般法和特别法   D. 实体法和程序法

（二）法的渊源

1. 我国法的主要渊源

（1）宪法。

宪法由国家最高立法机关即全国人民代表大会制定，是国家的根本大法。宪法规定国家的基本制度和根本任务、公民的基本权利和义务，具有最高的法律效力，也具有最为严格的制定和修改程序。

（2）法律。

法律由全国人民代表大会及其常务委员会制定。法律通常规定和调整国家、社会和自然人生活中某一方面带根本性的社会关系或基本问题。其法律效力和地位仅次于宪法，是制定其他规范性文件的依据。

（3）行政法规。

行政法规是由国家最高行政机关（国务院）在法定职权范围内为实施宪法和法律而制定、发布的规范性文件，通常冠以条例、办法、规定等名称。

（4）地方性法规、自治条例和单行条例。

省、自治区、直辖市的人民代表大会及其常务委员会根据本行政区域的具体情况和实际需要，在不同宪法、法律和行政法规相抵触的前提下，可以制定地方性法规，也可依照当地民族的政治、经济和文化的特点，制定自治条例和单行条例。

（5）特别行政区的法。

《中华人民共和国宪法》第三十一条规定，国家在必要时得设立特别行政区。在特别行政区内实行的制度按照具体情况由全国人民代表大会以法律规定。

（6）规章。

国务院各部、委员会、中国人民银行、审计署和具有行政管理职能的直属机构以及法律规定的机构，可以根据法律和国务院的行政法规、决定、命令，在本部门的权限范围内，制定规章。省、自治区、直辖市和设区的市、自治州的人民政府，可以根据法律、行政法规和本省、自治区、直辖市的地方性法规，制定规章。

（7）国际条约。

国际条约属于国际法而不属于国内法的范畴，但我国缔结和参加的国际条约对于我国的国家机关、社会团体、企业、事业单位和公民也有约束力，因此，这些条约就其具有与国内法同样的拘束力而言，也是我国法的渊源之一，如《国际民用航空公约》。

 课堂讨论

张某认为，在我国，最高人民法院所作的判决，也是法的渊源之一。分析张某的观点是否正确。

2. 法的效力范围

法的效力范围亦称法的生效范围，是指法在什么时间和什么空间对什么人有效。

（1）法的时间效力。

法的时间效力，是指法的效力的起始和终止的时限以及对其实施以前的事件和行为有无溯及力。

法规定生效期限的方式主要有两种：一是明确规定一个具体生效时间；二是规定具备何种条件后开始生效。

法的终止又称法的终止生效，是指使法的效力绝对消灭。具体来讲，法的终止大致有两种情况：一是明示终止，即直接用语言文字表示法的终止时间，这种方法为现代国家所普遍采用；二是默示终止，即不用明文规定该法终止生效的时间，而是在实践中贯彻"新法优于旧法""后法优于前法"的原则，从而使旧法在事实上被废止。

法的溯及力，又称法的溯及既往的效力，它是指新法对其生效前发生的行为和事件是否适用。

（2）法的空间效力。

法的空间效力，是指法在哪些空间范围或地域范围内发生效力。法的空间效力与国家主权直接相关，法直接体现国家主权，它适用于该国主权所及一切领域，包括领陆、领水及其底土和领空，也包括延伸意义的领土，如驻外使馆，还包括在境外的飞行器和停泊在境外的船舶。

（3）法的对人效力。

法的对人效力，亦称法的对象效力，是指法适用于哪些人或法适用主体的范围。我国法的对人效力采用的是结合主义原则，即以属地主义为主，但又结合属人主义与保护主义的原则。

3. 法的效力等级及法的效力冲突的解决方式

法的效力等级，亦称效力位阶，指在一国法的体系中因制定法的国家机关地位不同而形成的法在效力上的等级差别。

（1）解决法的效力冲突的一般原则。

① 根本法优于普通法。在成文宪法国家，宪法是国家根本法，具有最高法律效力，普通法必

01

须以宪法为依据，不得同宪法相抵触。

② 上位法优于下位法。不同效力位阶的法之间发生冲突，遵循上位法优于下位法的原则，适用上位法。在我国，法律的效力高于行政法规、地方性法规、规章。行政法规的效力高于地方性法规、规章。地方性法规的效力高于本级和下级地方政府规章。省、自治区的人民政府制定的规章的效力高于本行政区域内的设区的市、自治州的人民政府制定的规章。

③ 新法优于旧法。同一国家机关在不同时期颁布的法产生冲突时，遵循新法优于旧法的原则。

④ 特别法优于一般法。这一原则的适用是有条件的，要求必须是同一国家机关制定的法，并包括以下两种情况：一是指在适用对象上，对特定主体和特定事项的法，优于对一般主体和一般事项的法；二是指在适用空间上，对特定时间和特定区域的法，优于平时和一般地区的法。

（2）解决法的效力冲突的特殊方式。

如果法的效力冲突不能按照一般原则予以解决，只能采取特殊方式。

① 法律之间对同一事项的新的一般规定与旧的特别规定不一致，不能确定如何适用时，由全国人大常委会裁决。

② 行政法规之间对同一事项的新的一般规定与旧的特别规定不一致，不能确定如何适用时，由国务院裁决。

③ 地方性法规、规章之间不一致时，由有关机关依照下列规定的权限作出裁决：同一机关制定的新的一般规定与旧的特别规定不一致时，由制定机关裁决；地方性法规与部门规章之间对同一事项的规定不一致，不能确定如何适用时，由国务院提出意见，国务院认为应当适用地方性法规的，应当决定在该地方适用地方性法规的规定，认为应当适用部门规章的，应当提请全国人大常委会裁决；部门规章之间、部门规章与地方政府规章之间对同一事项的规定不一致时，由国务院裁决。

④ 根据授权制定的法规与法律规定不一致，不能确定如何适用时，由全国人大常委会裁决。

 **课堂自测**

属于国家的根本大法、具有最高法律效力的是（　　　　）。

A.《中华人民共和国全国人民代表大会组织法》

B.《中华人民共和国立法法》

C.《中华人民共和国宪法》

D.《中华人民共和国刑法》

三、法律关系

（一）法律关系的概念

法律关系是法律规范在调整人们的行为过程中所形成的一种特殊的社会关系，即法律上的权利与义务关系。

（二）法律关系的要素

法律关系是由法律关系主体、法律关系内容和法律关系客体三个要素构成的。缺少其中任何一个要素，都不能构成法律关系。

1. 法律关系主体

（1）法律关系主体的概念。

法律关系主体，又称法律主体，是指参加法律关系，依法享有权利和承担义务的当事人。经济法律关系主体是指在经济法律关系中享有权利、承担义务的当事人或参加者。

（2）法律关系主体的种类。

① 自然人。所谓自然人，是指具有生命的个体的人，即生物学上的人，是基于出生而取得主体资格的人。

② 组织（法人和非法人组织）。法人组织分为营利法人、非营利法人和特别法人。

③ 国家。在特殊情况下，国家可以作为一个整体成为法律关系主体。

（3）法律关系主体资格。

法律关系主体资格包括权利能力和行为能力两个方面。

① 权利能力，是指法律关系主体能够参加某种法律关系，依法享有一定的权利和承担一定的义务的法律资格。或者说，权利能力就是自然人或组织能够成为法律关系主体的资格。它是任何个人或组织参加法律关系的前提。

② 行为能力，是指法律关系主体能够通过自己的行为实际取得权利和履行义务的能力。法人的行为能力和权利能力是一致的，同时产生、同时消灭。而自然人的行为能力不同于其权利能力，具有行为能力必须首先具有权利能力，但具有权利能力并不必然具有行为能力。确定自然人有无行为能力，一看其能否认识自己行为的性质、意义和后果，二看其能否控制自己的行为并对自己的行为负责。

我国法律根据民事行为能力，将自然人划分为以下三类。

一是完全民事行为能力人，是指达到法定年龄、智力健全、能够对自己行为负完全责任的自然人。在民法上，18周岁以上的自然人是成年人，成年人为完全民事行为能力人，可以独立实施民事法律行为。16周岁以上的未成年人，以自己的劳动收入为主要生活来源的，视为完全民事行为能力人。

二是限制民事行为能力人，是指行为能力受到一定的限制，只有部分行为能力的自然人。在民法上，8周岁以上的未成年人、不能完全辨认自己行为的成年人为限制民事行为能力人。

三是无民事行为能力人，是指完全不能以自己的行为行使权利、履行义务的自然人。在民法上，不满8周岁的未成年人、8周岁以上的不能辨认自己行为的未成年人，以及不能辨认自己行为的成年人为无民事行为能力人。

2. 法律关系内容

法律关系内容是指法律关系主体所享有的权利和承担的义务。

法律权利是指法律关系主体依法享有的权益，表现为权利享有者依照法律规定有权自主决定作出或者不作出某种行为、要求他人作出或者不作出某种行为，以及一旦被侵犯，有权请求国家予以法律保护。依法享有权利的主体称为权利主体或权利人。

法律义务是指法律关系主体依照法律规定所担负的必须作出某种行为或者不得作出某种行为的负担或约束。依法承担义务的主体称为义务主体或义务人。

3. 法律关系客体

（1）法律关系客体的概念。

法律关系客体是指法律关系主体的权利和义务所指向的对象。

（2）法律关系客体的内容和范围。

一般认为，法律关系客体主要包括五类，具体内容如表1-1所示。

表1-1　　　　　　　　　　　　　　　　法律关系的客体

分类	具体内容			举例
物	分类1	自然物		土地、矿藏等
		人造物		建筑、机器等
		一般等价物		货币和有价证券等
	分类2	有体物	有固体形态	铁矿石、设备等
			无固体形态	天然气、电力等
		无体物		权利等
	【提示】物可以有固定形态，也可以没有固定形态			
人身、人格	生命权、身体权、健康权、姓名权、肖像权、名誉权、荣誉权、隐私权、婚姻自主权等			禁止非法拘禁、禁止刑讯逼供、禁止侮辱诽谤他人、禁止卖身为奴、禁止卖淫等
	【提示】"人的整体"只能是法律关系的主体，不能作为法律关系的客体；"人的部分"（比如头发、血液、骨髓和其他器官）在某些情况下也可视为法律上的"物"，成为法律关系的客体			
智力成果	作品、发明、实用新型、外观设计、商标等			
信息、数据、网络虚拟财产	矿产情报、产业情报、国家机密、商业秘密、个人隐私等			
行为	生产经营行为、经济管理行为、提供一定劳务的行为、完成一定工作的行为等			

 课堂讨论

公民王某与某医疗中心签订协议，承诺死后将自己的眼角膜无偿捐赠给该医疗中心，用于帮助失明患者重见光明。分析王某与该医疗中心形成的法律关系。

 素养贴士

1994年6月18日，中科院院士、工程物理学家、我国核同位素分离科学的学术奠基人王承书，不幸病逝，享年82岁。王承书在遗书中留下自己的几点希望：①不办丧事；②遗体捐赠给医学研究或教学单位；③个人科技书籍及资料全部送给单位；④存款、国库券及现金等，除留8 000元给未婚的大姐补贴生活费用外，零存整取的作为最后一次党费，其余全部捐给"希望工程"。

不同的人生观往往意味着不同的生活道路和生活方式，并赋予人生以不同的意义。在科学的理论和方法的指导下，树立正确的人生观，摒弃错误的人生观，是同学们应严肃对待的重大人生课题。只有以为人民服务为核心内容的人生观才是科学高尚的人生观。

四、法律事实

任何法律关系的发生、变更和消灭，都要有法律事实的存在。

法律事实是指由法律规范所确定的，能够产生法律后果，即能够直接引起法律关系发生、变更或者消灭的情况。按照是否以当事人的意志为转移作为标准，可以将法律事实划分为法律事件、法律行为和事实行为。

（一）法律事件

法律事件是指不以当事人的主观意志为转移的，能够引起法律关系发生、变更和消灭的法定情况或者现象。

事件可以是自然现象，如地震、洪水、台风、森林大火等自然灾害或者生老病死、意外事故等；也可以是某些社会现象，如社会革命、战争、重大政策的改变等。由自然现象引起的事实又称自然事件、绝对事件，由社会现象引起的事实又称社会事件、相对事件。

（二）法律行为

法律行为是指以法律关系主体意志为转移，能够引起法律后果，即引起法律关系发生、变更和消灭的人们有意识的活动。

根据不同的标准，法律行为有不同的分类，如图 1-1 所示。

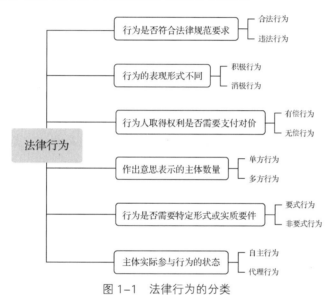

图 1-1　法律行为的分类

（三）事实行为

事实行为是指当事人不具有设立、变更或消灭民事法律关系的意图，但依照法律的规定能引起民事法律后的行为。

 课堂讨论

甲就职于乙公司，向丁公司购买房屋一套。后甲与戊结婚，两年后，甲因车祸死亡，由戊及甲的寡母庚继承其遗产。问：本案涉及的法律关系有哪些？各个法律关系的主体、客体、内容是什么？法律事实是什么？

五、法律部门与法律体系

（一）法律部门与法律体系的概念

法律部门又称部门法，是指根据一定标准和原则所划分的同类法律规范的总称。一个国家现行的法律规范分类组合为若干法律部门，由这些法律部门组成的具有内在联系的、互相协调的统一整体即为法律体系。

01

（二）我国现行的法律部门与法律体系

我国现行法律体系大体可以划分为图 1-2 所示的法律部门。

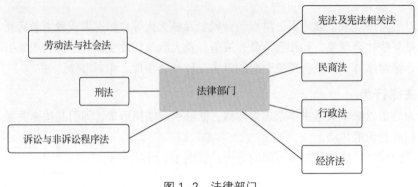

图 1-2　法律部门

六、法律责任

（一）法律责任的概念

法律责任的概念可以从两个方面理解，即积极意义上的法律责任与消极意义上的法律责任。积极意义上的法律责任是指所有法律主体都有遵守法律的义务，即将法律责任与法律义务含义等同，也称广义的法律责任。现行立法所用的法律责任是一种消极意义的法律责任，是指法律主体由于违反法定或约定的义务而应承受的不利的法律后果，也称狭义的法律责任。

经济法律责任是指经济法律关系主体违反经济法律规范所应承担的法律责任。

（二）法律责任的种类

根据我国法律的有关规定，可将法律责任分为民事责任、行政责任和刑事责任三种。

1. 民事责任

民事责任是指民事主体违反了约定或法定的义务所应承担的不利民事法律后果。根据《民法典》的规定，承担民事责任的主要方式如图 1-3 所示。

图 1-3　承担民事责任的主要方式

2. 行政责任

行政责任是指违反法律法规规定的单位和个人所应承受的由国家行政机关或国家授权单位对

其依行政程序所给予的制裁。行政责任包括行政处罚和行政处分。

（1）行政处罚。行政处罚是指行政机关依法对违反行政管理秩序的公民、法人或其他组织，以减损权益或增加义务的方式予以惩戒的行为。行政处罚分为人身自由罚、行为罚、财产罚和声誉罚等多种形式。根据《中华人民共和国行政处罚法》的规定，行政处罚的具体种类如图 1-4 所示。

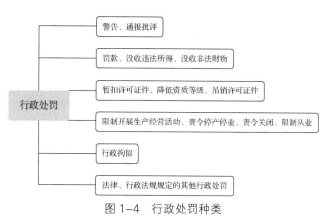

图 1-4　行政处罚种类

（2）行政处罚。行政处分是指对违反法律规定的国家机关工作人员或被授权、委托的执法人员所实施的内部制裁措施。

根据《中华人民共和国公务员法》，对因违纪违法应当承担纪律责任的公务员给予的行政处分种类有：警告、记过、记大过、降级、撤职、开除六类。

3. 刑事责任

刑事责任是指犯罪人因实施犯罪行为所应承受的由国家审判机关（人民法院）依照刑事法律给予的制裁后果，是法律责任中最严厉的责任形式。刑事责任通过刑罚而实现，刑罚分为主刑和附加刑两类。

（1）主刑。

主刑是对犯罪分子适用的主要刑罚。主刑包括以下 5 种。

① 管制。这是对犯罪分子不实行关押，但是限制其一定的自由，交由公安机关管束和监督的刑罚，期限为 3 个月以上 2 年以下。

② 拘役。这是剥夺犯罪分子短期的人身自由，就近拘禁并强制劳动的刑罚，期限为 1 个月以上 6 个月以下。

③ 有期徒刑。这是剥夺犯罪分子一定期限的人身自由，实行劳动改造的刑罚。除特殊情况外，有期徒刑的期限为 6 个月以上 15 年以下。

④ 无期徒刑。这是剥夺犯罪分子终身自由，实行劳动改造的刑罚。

⑤ 死刑。这是剥夺犯罪分子生命的刑罚。死刑只适用于罪行极其严重的犯罪分子。对于应当判处死刑的犯罪分子，如果不是必须立即执行的，可以判处死刑同时宣告缓期 2 年执行。

（2）附加刑。

附加刑是补充、辅助主刑适用的刑罚。附加刑可以附加于主刑之后作为主刑的补充，同主刑一起适用；也可以独立适用。附加刑包括以下 4 种。

① 罚金。这是强制犯罪分子或者犯罪的单位向国家缴纳一定数额金钱的刑罚。

② 剥夺政治权利。这是剥夺犯罪分子参加国家管理和政治活动权利的刑罚。剥夺的政治权利包括：选举权和被选举权；言论、出版、集会、结社、游行、示威自由的权利；担任国家机关职务的权利；担任国有公司、企业、事业单位和人民团体领导职务的权利。

③ 没收财产。这是将犯罪分子个人所有财产的一部分或者全部，强制无偿地收归国有的刑罚。

④ 驱逐出境。这是强迫犯罪的外国人离开中国国（边）境的刑罚。

（3）数罪并罚。

一人犯数罪的，除判处死刑和无期徒刑的以外，应当在总和刑期以下、数刑中最高刑期以上，酌情决定执行的刑期，但是管制最高不能超过 3 年，拘役最高不能超过 1 年，有期徒刑总和刑期不满 35 年的，最高不能超过 20 年，总和刑期在 35 年以上的，最高不能超过 25 年。数罪中有判处附加刑的，附加刑仍须执行，其中附加刑种类相同的，合并执行，种类不同的，分别执行。

课堂讨论

网络造谣者要负什么法律责任？

课堂自测

下列法律责任形式中，属于行政责任形式的有（　　　　）。

A. 罚金 　　　　　　B. 罚款 　　　　　　C. 没收财产 　　　　　　D. 没收违法所得

任务二　民事法律行为与代理

一、民事法律行为

（一）民事法律行为的概念与特征

民事法律行为是民事主体通过意思表示设立、变更或终止民事法律关系的行为。它是法律事实的一种，具有以下特征。

（1）民事法律行为是以达到一定的民事法律后果为目的的行为。这一方面表明民事法律行为应是行为人有意识创设的、自觉自愿的行为，而非受胁迫、受欺诈的行为；另一方面表明民事法律行为是行为人以达到预期目的为出发点和归宿的行为。

（2）民事法律行为以意思表示为要素。意思表示是指行为人将其期望发生法律效果的内心意思，以一定方式表达于外部的行为。行为人仅有内心意思但不表达于外部，则不构成意思表示，法律行为也不能成立；行为人表达于外部的意思如果不是其内心的真实意思，法律行为原则上也不能成立。民事法律行为可以基于双方或者多方的意思表示一致成立，也可以基于单方的意思表示成立。行为人可以撤回意思表示。

（二）民事法律行为的有效要件

民事法律行为自成立时生效，但是法律另有规定或者当事人另有约定的除外。民事法律行为的有效要件分为形式有效要件和实质有效要件。

1. 民事法律行为的形式有效要件

根据《民法典》的规定，民事法律行为可以采用书面形式、口头形式或其他形式；法律、行政法规规定或者当事人约定采用特定形式的，应当采用特定形式。如果行为人对法律规定必须采用特定形式而未采用的，其所进行的法律行为则不产生法律效力。

书面形式可分为一般书面形式和特殊书面形式。特殊书面形式主要包括公证形式、鉴证形式、审核批准形式、登记形式、公告形式等。一般而言，书面形式优于口头形式，特殊书面形式优于一般书面形式。

2. 民事法律行为的实质有效要件

根据《民法典》的规定，民事法律行为应当具备下列实质有效要件。

（1）行为人具有相应的民事行为能力。民事行为能力是指法律确认公民、法人或者其他组织能够通过自己的行为实现民事权利、承担民事义务的资格。就自然人而言，完全民事行为能力人可以以自己的行为取得民事权利，履行民事义务；限制民事行为能力人只能从事与其年龄和智力发育相当的民事法律行为，其他民事法律行为由其法定代理人代理，或者征得法定代理人同意后独立实施；无民事行为能力人不能独立实施民事法律行为，必须由其法定代理人代理。无民事行为能力人、限制民事行为能力人实施接受奖励、赠与、报酬等纯获益的民事法律行为时，他人不得以行为人无民事行为能力、限制民事行为能力为由，主张以上行为无效。

（2）意思表示真实。如果意思表示不真实（也可称为有瑕疵），则不应产生法律效力。

（3）不违反法律、行政法规的强制性规定，不违背公序良俗。

（三）无效的民事法律行为

1. 无效的民事法律行为的概念和特征

无效的民事法律行为是指因欠缺明示法律行为的有效条件，不发生当事人预期法律后果的民事法律行为。

无效的民事法律行为的特征如下。

（1）自始无效。从行为开始时起就没有法律约束力。

（2）当然无效。不论当事人是否主张，是否知道，也不论是否经过人民法院或者仲裁机构确认，该民事法律行为当然无效。

（3）绝对无效。绝对不发生法律效力，不能通过当事人的行为进行补正。当事人通过一定行为消除无效原因，使之有效，这不是无效的民事法律行为的补正，而是消灭旧的民事法律行为，成立新的民事法律行为。

2. 无效的民事法律行为的种类

根据《民法典》的规定，下列几种民事法律行为无效：

（1）无民事行为能力人实施的民事法律行为；

（2）行为人与相对人以虚假的意思表示实施的民事法律行为；

（3）行为人与相对人恶意串通，损害他人合法权益的民事法律行为；

（4）违反法律、行政法规的强制性规定或者违背公序良俗的民事法律行为。

民事法律行为部分无效，不影响其他部分效力的，其他部分仍然有效。

（四）可撤销的民事法律行为

1. 可撤销的民事法律行为的概念及其与无效的民事法律行为的区别

可撤销的民事法律行为，也称"相对无效的民事法律行为"，是指可以因行为人自愿请求人民法院或仲裁机构予以变更或撤销而归于无效的民事法律行为。其与无效的民事法律行为的不同之处如下。

（1）行为成立后的效力不同。可撤销的民事法律行为在撤销前已经生效，其法律效果可以对抗除撤销权人以外的任何人。而无效的民事法律行为在法律上当然无效，从一开始即不发生法律效力。

（2）主张权利的主体不同。可撤销的民事法律行为的撤销应由撤销权人以撤销行为为之，人民法院不主动干预。无效的民事法律行为在内容上具有明显的违法性，故对无效的民事法律行为的确认，不以当事人的意志为转移，司法机关和仲裁机构可以在诉讼或仲裁过程中主动宣告其无效。

（3）行为效果不同。可撤销的民事法律行为的撤销权人对权利行使拥有选择权，当事人可以撤销其行为，也可通过承认的表示使得撤销权消灭。如果撤销权人未在规定的期限内行使撤销权，可撤销的民事法律行为将终局有效，不得再被撤销。可撤销的民事法律行为一经撤销，其效力溯及行为开始，即自行为开始时无效。而无效的民事法律行为为自始无效、绝对无效。

（4）行使时间不同。可撤销的民事法律行为，其撤销权的行使有时间限制。而在无效的民事法律行为中，不存在此种限制。

2. 可撤销的民事法律行为的种类

（1）基于重大误解而为的民事法律行为。基于重大误解而为的民事法律行为的当事人对于因撤销民事法律行为而导致的相对人的损失，应当承担赔偿责任。

（2）显失公平的民事法律行为。显失公平，是指行为人利用对方当事人的急迫需要、危难处境或判断能力不足等，迫使对方违背本意而作出意思表示，严重损害对方利益的情形。

（3）受欺诈而为的民事法律行为。欺诈，指当事人一方故意编造虚假情况或者隐瞒真实情况，使对方陷入错误而为违背自己真实意思表示的行为。被欺诈的一方可以请求人民法院或者仲裁机构予以撤销。

（4）受胁迫而为的民事法律行为。被胁迫的一方可以请求人民法院或者仲裁机构予以撤销。

（五）效力待定的民事法律行为

效力待定的民事法律行为，是指民事法律行为成立时尚未生效，须经权利人追认才能生效的民事法律行为。效力待定的民事法律行为主要有以下两种类型。

（1）限制民事行为能力人依法不能独立实施的民事法律行为。《民法典》第一百四十五条规定：限制民事行为能力人实施的纯获利益的民事法律行为或者与其年龄、智力、精神健康状况相适应的民事法律行为有效；实施的其他民事法律行为经法定代理人同意或者追认后有效。

（2）无权代理人实施的民事法律行为。根据《民法典》第一百七十一条的规定，行为人没有代理权、超越代理权或者代理权终止后，仍然实施代理行为，未经被代理人追认的，对被代理人不发生效力。

二、代理

（一）代理的概念与特征

代理是指代理人在代理权限内，以被代理人的名义与第三人实施法律行为，由此产生的法律后果直接由被代理人承担的法律制度。代理具有以下特征。

（1）代理人必须以被代理人的名义实施法律行为。

（2）代理人在代理权限内独立地向第三人进行意思表示。非独立进行意思表示的行为，不属

01

于代理行为，例如传递信息、居间行为等。

（3）代理行为的法律后果直接归属于被代理人。这使代理行为与无效代理行为、冒名欺诈等行为区别开来。

（二）滥用代理权的表现及后果

代理人不得滥用代理权。常见的滥用代理权的情形如下。

（1）自己代理，即代理人以被代理人的名义与自己进行民事法律行为，但是被代理人同意或者追认的除外。

（2）双方代理，即代理人以被代理人的名义与自己同时代理的其他人实施民事法律行为，但是被代理的双方同意或者追认的除外。

（3）代理人和相对人恶意串通，损害被代理人合法权益的，代理人和相对人应当承担连带责任。

根据《民法典》第一百七十一条第一款、第三款，行为人没有代理权、超越代理权或者代理权终止后，仍然实施代理行为，未经被代理人追认的，对被代理人不发生效力。行为人实施的行为未被追认的，善意相对人有权请求行为人履行债务或者就其受到的损害请求行为人赔偿。但是，赔偿的范围不得超过被代理人追认时相对人所能获得的利益。

 课堂讨论

乙委托甲买入一台机器设备（授权价格为 80 万～100 万元），同时丙委托甲卖出一台机器设备（授权价格为 80 万～100 万元）。如果甲分别以乙、丙的名义签订了 90 万元的买卖合同。分析甲的行为是否属于滥用代理权，其行为效力如何。

（三）无权代理的表现及后果

无权代理是指没有代理权而以他人名义进行的代理行为。无权代理表现为三种形式：

（1）没有代理权实施的代理；

（2）超越代理权实施的代理；

（3）代理权终止后实施的代理。

在无权代理的情况下，只有经过被代理人的追认，被代理人才承担民事责任。未经追认的行为，由行为人承担民事责任。相对人可以催告被代理人自收到通知之日起三十日内予以追认。被代理人未作表示的，视为拒绝追认。行为人实施的行为被追认前，善意相对人有撤销的权利。撤销应当以通知的方式作出。

行为人实施的行为未被追认的，善意相对人有权请求行为人履行债务或者就其受到的损害请求行为人赔偿，但是赔偿的范围不得超过被代理人追认时相对人所能获得的利益。相对人知道或者应当知道行为人无权代理的，相对人和行为人按照各自的过错承担责任。

无权代理人的代理行为，客观上使善意相对人有理由相信其有代理权的，被代理人应当承担代理的法律后果，这种情况在法学理论上称为表见代理。表见代理的情形有：

（1）被代理人对第三人表示已将代理权授予他人而实际并未授权；

（2）被代理人将某种有代理权的证明（如盖有公章的空白介绍信、空白合同文本，合同专用章等）交给他人，他人以该种证明使第三人相信其有代理权并与之进行法律行为；

（3）代理授权不明；

（4）代理人违反被代理人的意思或者超越代理权，第三人无过失地相信其有代理权而与之进行法律行为；

（5）代理关系终止后未采取必要的措施而使第三人仍然相信行为人有代理权，并与之进行法律行为。

表见代理对于本人（被代理人）来说，产生与有权代理一样的效果。被代理人不得以无权代理作为抗辩事由，主张代理行为无效；对于相对人来说，既可以主张表见代理，使代理行为有效，也可以行使善意相对人的撤销权，使整个代理行为无效。

任务三　经济法概述

一、经济法的概念

经济法是调整国家在协调本国经济运行过程中发生的经济关系的法律规范的总称。经济法是20世纪诞生的新型的重要的法律部门，我国目前没有完整的经济法法典，大多为经济法律、法规和规章。

二、经济法的调整对象

经济法作为一个独立的法律部门，具有特定的调整对象，即特定的经济关系，而不是一切的经济关系。经济法的调整对象是指国家在经济管理和协调发展经济活动过程中所发生的经济关系。

1. 宏观经济调控关系

宏观经济调控是指国家从经济运行的全局出发，按预定目标，对国民经济活动进行的调节与控制。市场经济一方面要求各经济主体在经济活动中自主决策，以适应社会需求的多样化和经济生活的复杂化；另一方面要求国家在宏观上协调各产业之间的关系和各经济主体的利益，并对社会发展有重大影响的活动实行集中决策和管理，以保证国家经济健康发展。宏观经济调控关系具体可分为以下几类：计划管理关系、金融管理关系、财政税收关系。

2. 企业组织管理关系

经济法要对国家经济协调关系进行调整，必须从了解市场主体体系入手。在社会主义市场主体体系中，企业是最活跃也是最主要的市场主体。国家为了协调本国经济运行，对于企业的设立、变更和终止，企业内部机构及职权的设置，企业的财务、会计管理等，既不能撒手不管，又不能管得太死、太严，只能进行必要的干预。这种在企业的设立、变更、终止过程中发生的经济管理关系和企业内部管理过程中发生的经济关系，简称企业组织管理关系。企业组织管理关系应该由经济法调整，这有助于从法律上保证企业成为独立自主、自负盈亏的市场主体，能动地参与市场活动，改善经营管理，提高经济效益。

需要由经济法进行调整的企业组织管理关系主要包括以下几个方面。

（1）企业在设立、变更、终止以及破产的过程中发生的经济关系；

（2）企业在内部机构及其职权的设置过程中发生的经济关系；

（3）企业在集资、承包，以及对本企业的财务、会计进行管理的过程中发生的经济关系；

（4）企业等经济个体成立、审批、进行商业登记等发生的经济关系等。

3．市场管理关系

社会主义市场经济健康、快速发展，要求形成统一、开放的市场体系。培育统一、开放的市场体系，要求各种生产要素自由流动，坚决打破条块分割、封锁和垄断，充分发挥竞争机制的作用。有正当竞争就会有不正当竞争，垄断和不正当竞争会阻碍市场功能的实现，妨碍资源优化配置，扰乱市场经济秩序，而这些又是市场本身无法消除的，所以需要国家干预，加强对市场的管理。这种在市场管理的过程中发生的经济关系被称为市场管理关系。经济法调整市场管理关系有助于完善市场规则，有效地防止垄断，制止不正当竞争，维护市场秩序，实现市场功能。

4．社会保障关系

现阶段，市场经济不仅要强调效率和自愿，同时还要注重公平和社会保障。我国实行的是社会主义市场经济体制，这种经济体制要求建立多层次的社会保障体系。可是市场本身无法解决这个问题，因此需要国家干预，建立强制实施、互济互助、社会化管理的社会保障体系。在社会保障过程中发生的经济关系，简称社会保障关系。社会保障关系应该由经济法调整，这有助于充分开发和合理利用劳动力资源，保障社会成员的基本生活权利，维护社会稳定，促进经济发展。

总之，研究经济法的调整对象，有必要了解国家在协调本国经济运行过程中发生的经济关系的表现形式，更重要的是要弄清楚国家在协调本国经济运行过程中发生的经济关系为什么应该由经济法调整。编者认为，这种经济关系由经济法调整，能够从根本上把经济法与民法、行政法、国际经济法等法律部门区分开来。因为经济法调整的社会关系是经济关系，这种经济关系是在一国调整本国经济运行过程中产生的，它体现了一个主权国家对本国经济的干预与协调，这种经济关系有别于其他法律部门所调整的社会关系。

三、经济法律关系

（一）经济法律关系的概念

经济法律关系是指经济法主体在进行经济管理和经济活动过程中所形成的，由经济法加以确认的经济权利和经济义务的关系。在社会主义社会的生产、交换、分配和消费的过程中，随时发生着各种各样具体的经济关系。当这些关系属于经济法的调整范围且为经济法所调整时，这些现实的具体的经济关系就具有法律关系的性质，形成某种经济上的权利义务关系，并为国家法律所保护。

（二）经济法律关系的构成要素

任何一种经济法律关系都由主体、内容、客体三个要素构成。这三个要素是互相联系、缺一不可的。缺少其中任何一个要素都不能构成经济法律关系，变更其中任何一个要素就不再是原来的经济法律关系。

经济法律关系的主体和客体的内容与法律关系的主体和客体的内容相同，不再赘述。

经济法律关系内容是指经济法主体享有的经济权利和承担的经济义务。

（1）经济权利。经济权利是指经济法主体在国家管理与协调社会主义市场经济运行过程中，依法具有的自己为或不为一定行为或者要求他人为或不为一定行为的资格。在不同的经济法律关系中，经济法主体享有不同的经济权利，主要有所有权、法人财产权、经营管理权、经济职权、债权、知识产权等。

（2）经济义务。经济义务是指法定义务人应当依照经济权利人的要求为一定行为或不为一定

01

行为，以满足经济权利人利益的责任。经济义务具有以下特征：经济义务以法律规定为界定范围，不履行义务者要承担相应法律责任，受到国家法律的制裁；义务人履行义务的方式包括为一定行为和不为一定行为两种方式。

（3）经济权利与经济义务的关系。经济权利与经济义务相互依存。没有经济权利，就不会有经济义务。经济法主体不能只享有经济权利而不承担经济义务，也不能只承担经济义务而不享有经济权利。

（三）经济法律关系的产生

经济法律关系的产生又称为经济法律关系的确立与发生，是指由于一定法律事实的产生，而使经济法律关系主体之间必然形成某种经济职权和经济职责，或者经济权利和经济义务的关系。

 项目小结

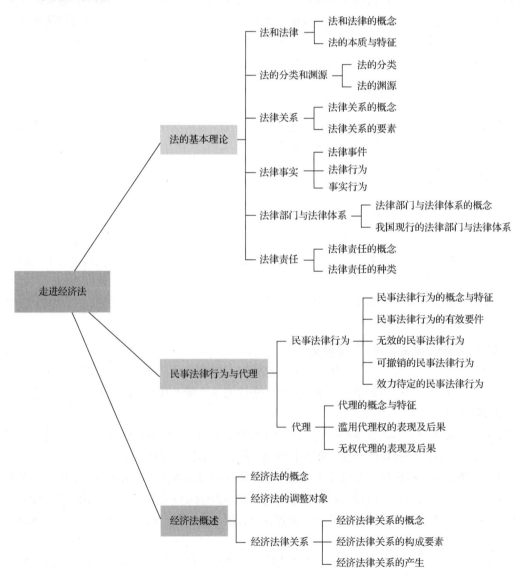

课后自测

一、单项选择题

1. 下列关于法的本质与特征的表述中，不正确的是（　　）。

　　A. 法是由国家制定或认可的规范

　　B. 法是全社会成员共同意志的体现

　　C. 法由统治阶级的物质生活条件所决定

　　D. 法凭借国家强制力的保证获得普遍遵行的效力

2. 甲公司和乙公司签订买卖合同，向乙公司购买 3 台机器设备，总价款为 60 万元，该买卖合同法律关系的主体是（　　）。

　　A. 3 台机器设备　　B. 甲公司和乙公司　　C. 买卖合同　　　　D. 60 万元货款

3. 下列各项中，属于法律行为的是（　　）。

　　A. 陈某拾得一个钱包

　　B. 李某种植果树

　　C. 杨某与某商场签订购买机器的合同

　　D. 王某发现院子里地下的埋藏物

4. 下列各项中，属于法律行为的是（　　）。

　　A. 流星陨落　　　　B. 签发支票　　　　C. 火山爆发　　　　D. 台风登陆

5. 小颖今年 4 岁，智力正常，但先天腿部残疾。下列关于小颖民事权利能力和民事行为能力的表述中，正确的是（　　）。

　　A. 有民事权利能力，无民事行为能力　　B. 无民事权利能力，有民事行为能力

　　C. 有民事权利能力，有民事行为能力　　D. 无民事权利能力，无民事行为能力

6. 下列关于法的效力等级的排列中，正确的是（　　）。

　　A. 宪法 > 法律 > 行政法规 > 地方性法规

　　B. 宪法 > 法律 > 地方性法规 > 行政法规

　　C. 法律 > 宪法 > 地方性法规 > 行政法规

　　D. 法律 > 宪法 > 行政法规 > 地方性法规

7. 下列法律关系客体中不属于精神产品的是（　　）。

　　A. 作品　　　　　　B. 发明　　　　　　C. 商标　　　　　　D. 数据信息

8. 下列选项中，属于行政法规的是（　　）。

　　A. 全国人民代表大会常务委员会通过的《中华人民共和国会计法》

　　B. 全国人民代表大会通过的《中华人民共和国民事诉讼法》

　　C. 中国人民银行发布的《支付结算办法》

　　D. 国务院发布的《企业财务会计报告条例》

9. 甲公司因生产的奶制品所含食品添加剂严重超标，被市场监督管理局责令停产停业。甲公司承担的该项法律责任属于（　　）。

　　A. 刑事责任　　　　B. 行政处分　　　　C. 民事责任　　　　D. 行政处罚

10. 判决宣告以前一人犯数罪的，除判处死刑和无期徒刑的以外，应当在总和刑期以下、数

刑中最高刑期以上，酌情决定执行的刑期，但是管制最高不能超过（　　），拘役最高不能超过（　　），有期徒刑总和刑期不满 35 年的，最高不能超过（　　），总和刑期在 35 年以上的，最高不能超过（　　）。

  A. 1 年；3 年；15 年；20 年   B. 2 年；3 年；15 年；20 年
  C. 3 年；1 年；20 年；25 年   D. 3 年；2 年；20 年；25 年

11. 下列选项中，属于完全民事行为能力人的是（　　）。
  A. 20 周岁不能完全辨认自己行为的钱某
  B. 16 周岁在饭店打工，工资足以支撑自己生活的小赵
  C. 15 周岁在文工团工作，每月工资 8 000 元的小李
  D. 30 周岁完全不能辨认自己行为的精神病人周某

12. 根据我国法律制度的规定，下列有关人身和人格的表述错误的是（　　）。
  A. 以人身和人格作为法律关系客体的范围，法律有严格的限制
  B. 人的任何部分都不能作为客体的"物"
  C. 人身和人格是生命权、身体权等人身权指向的客体
  D. 人身和人格是禁止非法拘禁他人、禁止卖身为奴等法律义务所指向的客体

13. 下列法律责任形式中，属于民事责任的是（　　）。
  A. 暂扣许可证 B. 拘役   C. 继续履行   D. 没收非法财物

14. 下列法律责任形式中，属于行政处罚的是（　　）。
  A. 记过   B. 罚款   C. 开除   D. 降级

15. 下列法律责任形式中，属于行政处分的是（　　）。
  A. 拘留   B. 罚款   C. 记过   D. 拘役

16. 下列关于无效法律行为效力的论述中，正确的是（　　）。
  A. 无效法律行为从行为开始时没有法律约束力
  B. 无效法律行为从行为结束时没有法律约束力
  C. 无效法律行为从当事人察觉无效时没有法律约束力
  D. 无效法律行为从行为被判决或裁定无效时没有法律约束力

17. 根据民事法律制度的规定，下列关于民事法律行为概念的表述中，正确的是（　　）。
  A. 民事法律行为包括事实行为
  B. 民事法律行为以意思表示为要素
  C. 民事法律行为包括侵权行为
  D. 民事法律行为的目的是指行为人实施行为的动机

18. 根据民事法律制度的规定，下列选项中，不属于滥用代理权的是（　　）。
  A. 代理人小周以被代理人汪某的名义与自己签订了一份买卖绿豆的合同
  B. 同一代理人小王代理 A 公司和 B 公司双方签订了买卖机器的合同
  C. 代理人余某与第三人杨某恶意串通订立买卖合同，损害被代理人朱某的合法权益
  D. 代理人田某超越代理权限与第三人赵某签订了买卖大米的合同

19. 根据《民法典》的规定，下列行为中，不属于可撤销民事法律行为的是（　　）。
  A. 李某误以为赵某的镀金表为纯金表而花高价购买
  B. 陈某受王某胁迫与其签订房屋租赁合同

C. 刘某超越代理权以甲公司的名义与乙公司签订买卖合同

D. 孙某受蔡某欺诈与其签订买卖合同

20. 8周岁的张某未经其法定代理人的同意，将一台价值5 000元的笔记本电脑赠与同学李某。根据民事法律制度的规定，该赠与行为的效力是（　　　）。

A. 有效　　　　　　B. 无效　　　　　　C. 可撤销　　　　　　D. 效力待定

二、多项选择题

1. 以下法律文件中由国务院颁布的有（　　　）。

A.《中华人民共和国会计法》　　　　　　B.《总会计师条例》

C.《会计档案管理办法》　　　　　　D.《企业财务会计报告条例》

2. 下列各项中，可以成为法律关系客体的有（　　　）。

A. 机器人　　　　　　B. 权利　　　　　　C. 人格　　　　　　D. 智力成果

3. 下列各项中，属于法律关系要素的有（　　　）。

A. 主体　　　　　　B. 客体　　　　　　C. 内容　　　　　　D. 规范

4. 下列各项中，能够引起法律关系发生、变更和消灭的事实有（　　　）。

A. 自然灾害　　　　　　B. 公民死亡　　　　　　C. 签订合同　　　　　　D. 提起诉讼

5. 下列关于自然人民事行为能力的表述中，正确的有（　　　）。

A. 14周岁的李某，以自己的劳动收入为主要生活来源，视为完全民事行为能力人

B. 7周岁的王某，不能完全辨认自己的行为，是限制民事行为能力人

C. 18周岁的周某，能够完全辨认自己的行为，是完全民事行为能力人

D. 20周岁的赵某，不能辨认自己的行为，是无民事行为能力人

6. 下列关于法的分类的说法中，正确的有（　　　）。

A. 根据法的内容、效力和制定程序，法分为根本法和普通法

B. 根据法律运用的目的，法分为公法和私法

C. 根据法的创制方式和发布形式，法分为成文法和不成文法

D. 根据法的主体、调整对象和渊源，法分为一般法和特别法

7. 根据刑事法律制度的规定，下列关于刑事责任的表述中，正确的有（　　　）。

A. 管制的法定量刑期为6个月以上2年以下

B. 拘役的法定量刑期为1个月以上6个月以下

C. 死刑不包括死刑缓期2年执行

D. 附加刑可以独立适用

8. 下列各项中，属于民事责任的有（　　　）。

A. 支付违约金　　　　　　B. 继续履行　　　　　　C. 没收财产　　　　　　D. 罚款

9. 下列选项中，可以作为法律关系主体的有（　　　）。

A. 个人独资企业　　　　　　B. 股份有限公司　　　　　　C. 自然人　　　　　　D. 个体工商户

10. 下列法律责任形式中，属于行政责任的有（　　　）。

A. 返还财产　　　　　　B. 没收非法财物　　　　　　C. 罚金　　　　　　D. 警告

11. 根据民事法律制度的规定，下列属于法律行为的有（　　　）。

A. 税务登记　　　　　　B. 收养孤儿　　　　　　C. 爆发战争　　　　　　D. 签发支票

12. 下列刑事责任形式中，不属于主刑的有（　　　　）。

    A. 无期徒刑　　　　　B. 拘役　　　　　C. 驱逐出境　　　　　D. 罚金

13. 法律关系客体主要包括物、人身和人格、智力成果、信息、数据和网络虚拟财产及行为。下列各项中，属于物的有（　　　　）。

    A. 自然灾害　　　　　B. 苹果树　　　　　C. 奥运金牌　　　　　D. 人的眼角膜

三、判断题

1. 法律关系的内容是指法律关系主体所享有的权利和承担的义务，其中承担的义务可以是积极义务，也可以是消极义务。（　　　　）

2. 甲公司向乙公司签发银行承兑汇票的行为属于法律事件。（　　　　）

3. 订立遗嘱属于单方行为。（　　　　）

4. 甲、乙两家建筑公司因串通招标行为被住房建设管理部门依法降低了建筑资质等级，甲、乙公司承担的此法律责任为行政处分。（　　　　）

5. 剥夺犯罪分子短期的人身自由的刑罚，由公安机关就近执行，期限为 1 个月以上 6 个月以下的刑罚是拘役。（　　　　）

6. 附加刑作为主刑的补充，只能同主刑一起适用，不能独立适用。（　　　　）

7. 一人犯数罪的，数罪中有判处附加刑的，附加刑仍须执行，其中附加刑种类相同的，合并执行，种类不同的，分别执行。（　　　　）

8. 管制是对犯罪分子实行关押的刑罚方法。（　　　　）

9. 权利能力是自然人或组织能够成为法律关系主体的资格，是任何个人或组织参加法律关系的前提。（　　　　）

10. 对犯罪分子不实行关押，但是限制其一定自由的刑事责任是拘役。（　　　　）

四、经典案例分析

1. 甲商场举办有奖销售活动，13 岁的小张买了一瓶 20 元的洗发水，中奖 10 000 元，小张的母亲王某和小张一起去领回了奖金。王某拿其中的 1 000 元买了化妆品自用。几天后王某发现小张多了一部手机，追问下小张承认这是自己偷偷拿走 7 000 元在乙商店买的手机。王某于是去找乙商店要求退货退钱。

问：

（1）小张买洗发水的行为合法吗？奖金应归谁？

（2）王某买化妆品的行为合法吗？

（3）小张买手机的行为有效吗？王某要求退货退钱合理吗？

2. 2019 年 3 月 30 日，四川省凉山州木里县发生森林火灾，抢险救灾过程中，31 名森林消防指战员和地方干部群众为救火而捐躯。4 月 2 日，应急管理部、四川省人民政府批准这 31 名英勇牺牲的同志为烈士。4 月 9 日，傅某某为发泄不满，在 QQ 群内，对上述烈士进行侮辱、诽谤，侵害了英雄烈士们的名誉权，造成了恶劣的影响。

问：傅某某应对自己的行为承担什么法律责任？

项目二
会计法律制度

知识目标 ↓

1. 掌握会计核算、会计档案管理与会计监督。
2. 掌握会计人员的规定。
3. 熟悉会计工作管理体制。
4. 熟悉代理记账、会计岗位的设置。
5. 熟悉会计工作交接。
6. 熟悉会计法律责任。
7. 了解会计法律制度的概念、适用范围。
8. 了解会计机构。

能力目标 ↓

1. 具备识别违反会计核算行为的能力。
2. 具备识别违反会计监督行为的能力。
3. 具备识别会计机构和会计人员违法行为的能力。
4. 具备分析违反会计法律制度的法律后果的能力。

素质目标 ↓

1. 通过对会计法律制度的认识，形成廉洁自律、客观公正的职业素养。
2. 通过对会计法律制度的认识，形成爱岗敬业、诚实守信的职业素养。
3. 通过对会计法律制度的认识，形成严守准则、明辨是非的职业素养。

案例导读 ↓

2024 年 4 月，兴旺公司会计王某休病假，公司一时找不到合适人选，决定由出纳李某兼管王某的收入、费用账目登记工作。在处理生产家具的边角料时，公司取得收入 1 000 元。公司授意出纳李某将该笔收入在公司会计账册之外另行登记保管。

【任务描述】

1. 根据上述情况，试分析兴旺公司让出纳李某兼管王某的收入、费用账目登记工作是否符合我国会计法律制度的规定。

2. 公司将处理边角料的收入在公司会计账册之外另行登记保管的做法是否符合我国会计法律制度的规定？如不符合，根据我国会计法律制度的规定，兴旺公司应当承担什么法律责任？

任务一　会计法律制度概述

 素养贴士

"法者，治之端也。"全面依法治国，是国家治理领域一场广泛而深刻的变革。在"四个全面"战略布局中，全面依法治国具有基础性、保障性作用，到2035年，基本建成法治国家、法治政府、法治社会。落实好这一重大战略任务，对推动经济持续健康发展具有十分重要的意义。会计工作是市场经济活动的重要基础，也是经济管理的重要组成部分。加快完善中国特色社会主义会计法律规范体系，扎实推进会计法治建设，是落实《会计改革与发展"十四五"规划纲要》的重要举措，是社会主义市场经济正常运行的根本保障。

一、会计法律制度的概念

会计法律制度，是指国家权力机关和行政机关制定的关于会计工作的法律、法规、规章和其他规范性文件的总称。会计法律制度是调整会计关系的法律规范。会计关系是指会计机构和会计人员在办理会计事务过程中，以及国家在管理会计工作过程中发生的经济关系。在一个单位，会计关系的主体为会计机构和会计人员，客体为与会计工作相关的具体事务。

我国会计法律制度的主要构成如表2-1所示。

表2-1　　　　　　　　　我国会计法律制度的主要构成

构成项目	制定机关	法律文件
法律	全国人大常委会	《中华人民共和国会计法》（以下简称《会计法》）
行政法规	国务院	《总会计师条例》《企业财务会计报告条例》
部门规章	财政部	《代理记账管理办法》《会计基础工作规范》《企业会计准则》
	财政部与国家档案局	《会计档案管理办法》

需要说明的是，不同的规范性文件使用了单位负责人、单位领导人等不同的称谓，本书均做同义词看待，使用时不加区分。另外，对会计机构负责人、会计主管人员的称谓也按同一法律内涵使用，后文不再说明。

 课堂自测

属于财政部与其他部门联合发布的会计制度的是（　　　）。

A.《企业会计准则》　　　　　　　　B.《会计档案管理办法》

C.《会计基础工作规范》　　　　　　D.《企业会计制度》

二、《会计法》的适用范围

国家机关、社会团体、公司、企业、事业单位和其他组织（以下统称"单位"）办理会计事务必须依照《会计法》规定。国家统一的会计制度由国务院财政部门根据《会计法》制定并公布。

三、会计工作管理体制

（一）会计工作的行政管理

会计工作的主管部门，是指代表国家对会计工作行使管理职能的政府部门。《会计法》规定："国务院财政部门主管全国的会计工作。县级以上地方各级人民政府财政部门管理本行政区域内的会计工作。"

（二）单位内部的会计工作管理

单位负责人对本单位的会计工作和会计资料的真实性、完整性负责。

单位负责人是指单位法定代表人或者法律、行政法规规定代表单位行使职权的主要负责人。单位负责人应当保证会计机构、会计人员依法履行职责，不得授意、指使、强令会计机构、会计人员违法办理会计事项。

任务二　会计核算与监督

一、会计核算

会计核算，是指以货币为主要计量单位，运用专门的会计方法，对生产经营活动或预算执行过程及其结果进行连续、系统、全面的记录、计算、分析，定期编制并提供财务会计报告和其他会计资料，为经营决策和宏观经济管理提供依据的一项会计活动。会计核算是会计工作的基本职能之一，是会计工作的重要环节。

（一）会计核算的基本要求

1. 依法建账

（1）各单位应当按照《会计法》和国家统一的会计制度规定建立会计账册，进行会计核算。

（2）各单位发生的各项经济业务事项应当统一进行会计核算，不得违反规定私设会计账簿进行登记、核算。

2. 根据实际发生的经济业务进行会计核算

《会计法》规定，各单位必须根据实际发生的经济业务事项进行会计核算，填制会计凭证，登记会计账簿，编制财务会计报告。会计核算以实际发生的经济业务为依据，体现了会计核算的真实性和客观性要求。

3. 保证会计资料的真实和完整

会计资料，主要是指会计凭证、会计账簿、财务会计报告等会计核算专业资料，它是会计核算的重要成果，是投资者进行投资决策，经营者进行经营管理，国家进行宏观调控的重要依据。

会计资料的真实性，主要是指会计资料所反映的内容和结果，应当同单位实际发生的经济业务的内容及其结果相一致。会计资料的完整性，主要是指构成会计资料的各项要素都必须齐全，以使会计资料如实、全面地记录和反映经济业务发生情况，便于会计资料使用者全面、准确地了解经济活动情况。会计资料的真实性和完整性，是会计资料最基本的质量要求，是会计工作的生命，各单位必须保证所提供的会计资料真实和完整。

造成会计资料不真实、不完整的原因可能是多方面的，伪造、变造会计资料是重要手段之一。伪造会计资料，包括伪造会计凭证和会计账簿，是以虚假的经济业务为前提来编制会计凭证和会计账簿，旨在以假充真；变造会计资料，包括变造会计凭证和会计账簿，是用涂改、挖补等手段改变会计凭证和会计账簿的真实内容，以歪曲事实真相。伪造、变造会计资料，其结果是造成会计资料失实、失真，误导会计资料的使用者，损害投资者、债权人、国家和社会公众利益。因此，《会计法》规定，任何单位不得以虚假的经济业务事项或者资料进行会计核算。任何单位和个人不得伪造、变造会计凭证、会计账簿及其他会计资料，不得提供虚假的财务会计报告。

4. 正确采用会计处理方法

会计处理方法是指在会计核算中所采用的具体方法。采用不同的会计处理方法，或者在不同会计期间采用不同的会计处理方法，都会影响会计资料的一致性和可比性，进而影响会计资料的使用。因此，各单位的会计核算应当按照规定的会计处理方法进行，保证会计指标的口径一致、相互可比和会计处理方法的前后各期一致，不得随意变更；确有必要变更的，应当按照国家统一的会计制度的规定变更，并将变更的原因、情况及影响在财务会计报告中说明。

5. 正确使用会计记录文字

会计记录文字是指在进行会计核算时，为记载经济业务发生情况和辅助说明会计数字所体现的经济内涵而使用的文字。根据《会计法》的规定，会计记录的文字应当使用中文。在民族自治地方，会计记录可以同时使用当地通用的一种民族文字。在中国境内的外商投资企业、外国企业和其他外国组织的会计记录可以同时使用一种外国文字。

6. 使用电子计算机进行会计核算必须符合法律规定

使用电子计算机进行会计核算，即会计电算化，是将以电子计算机为主的当代电子和信息技术应用于会计工作的简称，是采用电子计算机替代手工记账、算账、报账，以及对会计资料进行电子化分析和利用的现代记账手段。

为保证计算机生成的会计资料真实、完整和安全，《会计法》规定，使用电子计算机进行会计核算的，其软件及其生成的会计凭证、会计账簿、财务会计报告和其他会计资料，必须符合国家统一的会计制度的规定。

 素养贴士

值得一提的是，以算盘为工具进行数字计算的珠算，是中国古代的重大发明，伴随中国人经历了千年的漫长岁月。这一发明充分体现了中国人的聪明智慧。2013 年 12 月 4 日，联合国教科文组织在阿塞拜疆首都巴库通过决议，将中国珠算列入人类非物质文化遗产名录。它以简便的计算工具和独特的数理内涵，被誉为"世界上最古老的计算机"。随着计算机技术的发展，珠算的计算功能逐渐被削弱，但是古老的珠算依然有顽强的生命力。中国珠算成功申遗，有助于让更多的人认识珠算、了解珠算，增强民族自豪感，吸引更多的人加入弘扬与保护珠算文化的行列中来。

（二）会计核算的主要内容

会计核算的内容，是指应当进行会计核算的经济业务事项。会计核算的主要内容如图 2-1 所示。

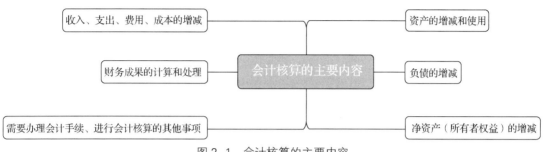

图 2-1 会计核算的主要内容

 **课堂自测**

下列各项中，属于会计核算内容的有（   ）。

A. 资产的增减和使用

B. 负债的增减

C. 净资产的增减

D. 财务成果的计算和处理

各单位进行会计核算不得有下列行为：①随意改变资产、负债、净资产（所有者权益）的确认标准或者计量方法，虚列、多列、不列或者少列资产、负债、净资产（所有者权益）；②虚列或者隐瞒收入，推迟或者提前确认收入；③随意改变费用、成本的确认标准或者计量方法，虚列、多列、不列或者少列费用、成本；④随意调整利润的计算、分配方法，编造虚假利润或者隐瞒利润；⑤违反国家统一的会计制度规定的其他行为。

（三）会计年度

会计年度，是指以年度为单位进行会计核算的时间区间，是反映单位财务状况、核算经营成果的时间界限。根据《会计法》的规定，我国以公历年度为会计年度，即以每年公历的 1 月 1 日起至 12 月 31 日止为一个会计年度。每一个会计年度还可以按照公历日期具体划分为半年度、季度、月度。

（四）记账本位币

记账本位币，是指日常登记账簿和编制财务会计报告用以计量的货币，也就是单位进行会计核算业务时所使用的货币。《会计法》规定，会计核算以人民币为记账本位币。业务收支以人民币以外的货币为主的单位，可以选定其中一种货币作为记账本位币，但是编报的财务会计报告应当折算为人民币。

（五）会计凭证和会计账簿

1. 会计凭证

会计凭证，是指具有一定格式、用以记录经济业务事项发生和完成情况，明确经济责任，并作为记账凭证的书面证明，是会计核算的重要会计资料。各单位在按照《会计法》和《会计基础工作规范》的有关规定办理会计手续、进行会计核算时，必须以会计凭证为依据。会计凭证按其来源和用途，分为原始凭证和记账凭证两种。

（1）原始凭证填制的基本要求。

原始凭证，又称单据，是指在经济业务发生时，由业务经办人员直接取得或者填制，用以表明某项经济业务已经发生或完成情况并明确有关经济责任的一种原始凭据，如发票。原始凭证是会计核算的原始依据，来源于实际发生的经济业务事项。原始凭证种类很多，既有来自单位外部的，也有单位自制的；既有国家统一印制的具有固定格式的发票，也有由发生经济业务事项双方认可并自行填制的凭据等。

原始凭证必须具备的内容：①凭证的名称；②填制凭证的日期；③填制凭证单位名称或者填制人姓名；④经办人员的签名或者盖章；⑤接受凭证单位名称；⑥经济业务内容；⑦数量、单价和金额。从外单位取得的原始凭证，必须盖有填制单位的公章；从个人取得的原始凭证，必须有填制人员的签名或者盖章。自制原始凭证必须有经办单位领导人或者其指定的人员签名或者盖章。对外开出的原始凭证，必须加盖本单位公章。凡填有大写和小写金额的原始凭证，大写与小写金额必须相符。购买实物的原始凭证，必须有验收证明。支付款项的原始凭证，必须有收款单位和收款人的收款证明。一式几联的原始凭证，应当注明各联的用途，只能以一联作为报销凭证。发生销货退回的，除填制退货发票外，还必须有退货验收证明；退款时，必须取得对方的收款收据或者汇款银行的凭证，不得以退货发票代替收据。经上级有关部门批准的经济业务，应当将批准文件作为原始凭证附件。如果批准文件需要单独归档的，应当在凭证上注明批准机关名称、日期和文件字号。

会计机构、会计人员必须按照国家统一的会计制度的规定对原始凭证进行审核，对不真实、不合法的原始凭证有权不予接受，并向单位负责人报告；对记载不准确、不完整的原始凭证予以退回，并要求按照国家统一的会计制度的规定更正、补充。原始凭证记载的各项内容均不得涂改；原始凭证有错误的，应当由出具单位重开或者更正，更正处应当加盖出具单位印章。原始凭证金额有错误的，应当由出具单位重开，不得在原始凭证上更正。

课堂讨论

7月，财务科小赵在办理报销工作中，发现收到的两张乙公司开具的销货发票均有更改现象：一张发票更改了数量和用途，另一张发票更改了金额。两张发票更改处均加盖了乙公司的单位印章。分析讨论小赵是否应当办理这两笔业务的报账工作，并说明理由。

素养贴士

原始凭证上的金额是反映经济业务事项情况的重要数据，如果允许随便更改，易产生舞弊，不利于保证原始凭证的质量。作为一名会计人员，应认真执行国家统一的会计制度，依法履行会计监督职责，在实际工作中，以会计准则作为自己的行动指南，维护国家利益、社会公众利益和正常的经济秩序。

（2）记账凭证填制的基本要求。

记账凭证，也称传票（如图2-2所示），是指对经济业务事项按其性质加以归类，确定会计分录，并据以登记会计账簿的凭证。它具有分类归纳原始凭证和满足登记会计账簿需要的作用。

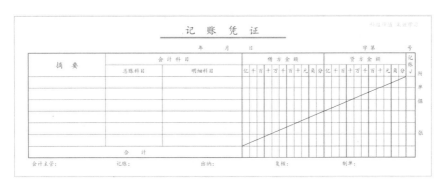

图 2-2 记账凭证

记账凭证可以分为收款凭证、付款凭证和转账凭证，实务中也可以使用通用记账凭证。

记账凭证应当根据经过审核的原始凭证及有关资料编制。记账凭证必须具备的内容：①填制凭证的日期；②凭证编号；③经济业务摘要；④会计科目；⑤金额；⑥所附原始凭证张数；⑦填制凭证人员、稽核人员、记账人员、会计机构负责人（会计主管人员）签名或者盖章。收款和付款记账凭证还应当由出纳人员签名或者盖章。以自制的原始凭证或者原始凭证汇总表代替记账凭证的，也必须具备记账凭证应有的项目。实行会计电算化的单位，打印出的机制记账凭证要加盖制单人员、审核人员、记账人员及会计机构负责人（会计主管人员）印章或者签字。

填制记账凭证时，应当对记账凭证进行连续编号。一笔经济业务需要填制两张以上记账凭证的，可以采用分数编号法编号。记账凭证可以根据每一张原始凭证填制，或者根据若干张同类原始凭证汇总填制，也可以根据原始凭证汇总表填制。但不得将不同内容和类别的原始凭证汇总填制在一张记账凭证上。除结账和更正错误的记账凭证可以不附原始凭证外，其他记账凭证必须附有原始凭证。如果一张原始凭证涉及几张记账凭证，可以把原始凭证附在一张主要的记账凭证后面，并在其他记账凭证上注明附有该原始凭证的记账凭证的编号或者附原始凭证复印件。一张原始凭证所列支出需要几个单位共同负担的，应当将其他单位负担的部分，开给对方原始凭证分割单，进行结算。原始凭证分割单必须具备原始凭证的基本内容以及费用分摊情况等。

如果在填制记账凭证时发生错误，应当重新填制。已经登记入账的记账凭证，在当年内发现填写错误时，可以用红字填写一张与原内容相同的记账凭证，在摘要栏注明"注销某月某日某号凭证"字样，同时再用蓝字重新填制一张正确的记账凭证，注明"订正某月某日某号凭证"字样。如果会计科目没有错误，只是金额错误，也可以将正确数字与错误数字之间的差额，另编一张调整的记账凭证，调增金额用蓝字，调减金额用红字。发现以前年度记账凭证有错误的，应当用蓝字填制一张更正的记账凭证。

 课堂讨论

某公司从外地购买了一批原材料，收到发票后，与实际支付款项进行核对时发现发票金额错误。经办人员因急于休假，又一时找不到销售方有关人员了解情况，因此自行在原始凭证上进行了更改，写明情况并加盖了自己的印章，拟作为原始凭证入账。分析上述做法有无不妥之处。

（3）会计凭证的保管。

会计凭证登记完毕后，应当按照分类和编号顺序保管，不得散乱丢失。记账凭证应当连同所附的原始凭证或者原始凭证汇总表，按照编号顺序，折叠整齐，按期装订成册，并加具封面，注明单位名称、年度、月份和起讫日期、凭证种类、起讫号码，由装订人在装订线封签外签名或者盖章。

对于数量过多的原始凭证，可以单独装订保管，在封面上注明记账凭证日期、编号、种类，同时在记账凭证上注明"附件另订"和原始凭证名称及编号。

各种经济合同、存出保证金收据以及涉外文件等重要原始凭证，应当另编目录，单独登记保管，并在有关的记账凭证和原始凭证上相互注明日期和编号。

原始凭证不得外借，其他单位如因特殊原因需要使用原始凭证时，经本单位会计机构负责人、会计主管人员批准，可以复制。向外单位提供的原始凭证复制件，应当在专设的登记簿上登记，并由提供人员和收取人员共同签名或者盖章。

从外单位取得的原始凭证如有遗失，应当取得原开出单位盖有公章的证明，并注明原来凭证的号码、金额和内容等，由经办单位会计机构负责人、会计主管人员和单位领导人批准后，才能代作原始凭证。如果确实无法取得证明的，如火车票、轮船票、飞机票等凭证，由当事人写出详细情况，由经办单位会计机构负责人、会计主管人员和单位领导人批准后，代作原始凭证。

 课堂自测

张珊受单位领导委派赴上海出差，途中将长沙至上海的火车票遗失，无法报账。请问下列处理方法中正确的是（　　）。

A. 售票单位开具证明，加盖公章，张珊单位会计科科长和单位领导批准后，代作原始凭证

B. 张珊写出书面报告，说明情况，会计机构负责人和单位负责人批准后，代作原始凭证

C. 售票单位开具证明，并经售票单位会计机构负责人和单位领导批准后，代作原始凭证

D. 由张珊写出详细情况，加盖售票单位公章，经会计机构负责人和单位领导批准后，代作原始凭证

2. 会计账簿

（1）会计账簿的含义和种类。

会计账簿，是指全面记录和反映一个单位经济业务事项，把大量分散的数据或者资料进行归类整理，逐步加工成有用会计信息的簿籍，它是编制财务会计报告的重要依据。会计账簿包括总账、明细账、日记账和其他辅助性账簿。

（2）启用会计账簿的基本要求。

启用会计账簿时，应当在账簿封面上写明单位名称和账簿名称。在账簿扉页上应当附启用表，内容包括：启用日期、账簿页数、记账人员和会计机构负责人、会计主管人员姓名，并加盖名章和单位公章。记账人员或者会计机构负责人、会计主管人员调动工作时，应当注明交接日期、接办人员或者监交人员姓名，并由交接双方人员签名或者盖章。

启用订本式账簿，应当从第一页到最后一页顺序编定页数，不得跳页、缺号。使用活页式账页，应当按账户顺序编号，并须定期装订成册。装订后再按实际使用的账页顺序编定页码，另加目录，记明每个账户的名称和页次。

（3）登记会计账簿的基本要求。

① 登记会计账簿时，应当将会计凭证日期、编号、业务内容摘要、金额和其他有关资料逐项记入账内，做到数字准确、摘要清楚、登记及时、字迹工整。

② 登记完毕后，要在记账凭证上签名或者盖章，并注明已经登账的符号，表示已经记账。

③ 账簿中书写的文字和数字上面要留有适当空格，不要写满格；一般应占格距的二分之一。

④ 登记账簿要用蓝黑墨水或者碳素墨水书写，不得使用圆珠笔（银行的复写账簿除外）或者铅笔书写。下列情况，可以用红色墨水记账：按照红字冲账的记账凭证，冲销错误记录；在不设借贷等栏的多栏式账页中，登记减少数；在三栏式账户的余额栏前，如未印明余额方向的，在余额栏内登记负数余额；根据国家统一会计制度的规定可以用红字登记的其他会计记录。

⑤ 各种账簿按页次顺序连续登记，不得跳行、隔页。如果发生跳行、隔页，应当将空行、空页划线注销，或者注明"此行空白""此页空白"字样，并由会计人员和会计机构负责人（会计主管人员）在更正处盖章。

⑥ 凡需要结出余额的账户，结出余额后，应当在"借或贷"等栏内写明"借"或者"贷"等字样。没有余额的账户，应当在"借或贷"等栏内写明"平"字，并在余额栏内用"θ"表示。现金日记账和银行存款日记账必须逐日结出余额。

⑦ 每一账页登记完毕结转下页时，应当结出本页合计数及余额，写在本页最后一行和下页第一行有关栏内，并在摘要栏内注明"过次页"和"承前页"字样；也可以将本页合计数及金额只写在下页第一行有关栏内，并在摘要栏内注明"承前页"字样。

对需要结计本月发生额的账户，结计"过次页"的本页合计数应当为自本月初起至本页末止的发生额合计数；对需要结计本年累计发生额的账户，结计"过次页"的本页合计数应当为自年初起至本页末止的累计数；对既不需要结计本月发生额也不需要结计本年累计发生额的账户，可以只将每页末的余额结转次页。

实行会计电算化的单位，用计算机打印的会计账簿必须连续编号，经审核无误后装订成册，并由记账人员和会计机构负责人、会计主管人员签字或者盖章。

（4）账簿记录发生错误的更正方法。

账簿记录发生错误，不准涂改、挖补、刮擦或者用药水消除字迹，不准重新抄写，必须按照下列方法进行更正。

① 登记账簿时发生错误，应当将错误的文字或者数字划红线注销，但必须使原有字迹仍可辨认；然后在划线上方填写正确的文字或者数字，并由记账人员在更正处盖章。对于错误的数字，应当全部划红线更正，不得只更正其中的错误数字。对于文字错误，可只划去错误的部分。

② 记账凭证错误而使账簿记录发生错误的，应当按更正的记账凭证登记账簿。

（5）结账。

各单位应当按照规定定期结账。结账前，必须将本期内所发生的各项经济业务全部登记入账。结账时，应当结出每个账户的期末余额。年度终了结账时，所有总账账户都应当结出全年发生额和年末余额。

年度终了，要把各账户的余额结转到下一会计年度，并在摘要栏注明"结转下年"字样；在下一会计年度新建有关会计账簿的第一行余额栏内填写上年结转的余额，并在摘要栏注明"上年结转"字样。

 课堂自测

下列各项中，属于会计账簿的有（　　　）。

A．总账　　　B．明细账　　　C．日记账　　　D．其他辅助性账簿

（六）财务会计报告

财务会计报告，也称财务报告，是指单位对外提供的、反映单位某一特定日期财务状况和某一会计期间经营成果、现金流量等会计信息的文件。编制财务会计报告，是对单位会计核算工作的全面总结，也是及时提供真实、完整会计资料的重要环节。因此，必须严格财务会计报告的编制程序和质量要求。

1. 财务会计报告的构成

财务会计报告由会计报表、会计报表附注和财务情况说明书组成。企业财务会计报告按编制时间分为年度、半年度、季度和月度财务会计报告。年度、半年度财务会计报告应当包括：会计报表、会计报表附注、财务情况说明书。会计报表应当包括资产负债表、利润表、现金流量表及相关附表。季度、月度财务会计报告通常仅指会计报表（也称财务报表），会计报表至少应当包括资产负债表和利润表。国家统一的会计制度规定季度、月度财务会计报告需要编制会计报表附注的，从其规定。

2. 财务会计报告的对外提供

企业应当依照法律、行政法规和国家统一的会计制度关于财务会计报告的编制要求、提供对象和提供期限的规定，及时对外提供财务会计报告。向不同的会计资料使用者提供的财务会计报告，其编制依据应当一致。有关法律、行政法规规定财务会计报告须经注册会计师审计的，注册会计师及其所在的会计师事务所出具的审计报告应当随同财务会计报告一并提供。

对外报送的财务会计报告，应当依次编写页码，加具封面，装订成册，加盖公章。封面上应当注明单位名称，单位地址，财务会计报告所属年度、季度、月度，送出日期，并由单位负责人、总会计师、会计机构负责人、会计主管人员签名并盖章。单位负责人对财务会计报告的合法性、真实性负法律责任。

国有企业、国有控股的或者占主导地位的企业，应当至少每年一次向本企业的职工代表大会公布财务会计报告，并重点说明下列事项：①反映与职工利益密切相关的信息，包括管理费用的构成情况，企业管理人员工资、福利和职工工资、福利费用的发放、使用和结余情况，公益金的提取及使用情况，利润分配的情况，以及其他与职工利益相关的信息；②内部审计发现的问题及纠正情况；③注册会计师审计的情况；④国家审计机关发现的问题及纠正情况；⑤重大的投资、融资和资产处置决策及其原因的说明；⑥需要说明的其他重要事项。

接受企业财务会计报告的组织或者个人，在企业财务会计报告未正式对外披露前，应当对其内容保密。

课堂讨论

小赵在甲公司财务科实习，遇到以下情形。6月，财务报告对外报出时，董事长说："我不懂财务，让我签字就是走过场，以后，财务报告就由财务科科长一人签章就行。"请讨论甲公司对外报出的财务报告仅由财务科科长签字并盖章是否合法，并说明理由。

素养贴士

单位负责人应当保证财务报告真实、完整，所以必须在财务报告上签名并盖章。财务报告从侧面反映了企业经营的全部过程，是企业制定经营决策的重要信息来源。有少数企业出具虚假凭据，编制虚假财务报表，虚增利润，影响了财务报告的质量，给财务报告的使用人以及投资人带来极大的危害。不论是会计人员还是单位负责人都要诚实守信，做老实人，说老实话，办老实事，执业谨慎，信誉至上，不为利益所惑，不弄虚作假。

（七）账务核对和财产清查

1. 账务核对

账务核对，又称对账，是保证会计账簿记录质量的重要程序。各单位应当定期对会计账簿记录的有关数字与库存实物、货币资金、有价证券、往来单位或者个人等进行相互核对，保证会计账簿记录与实物及款项的实有数额相符、会计账簿记录与会计凭证的有关内容相符、会计账簿之间相对应的记录相符、会计账簿记录与会计报表的有关内容相符，即账实相符、账证相符、账账相符。对账工作每年至少进行一次。

（1）账实核对。核对会计账簿记录与财产等实有数额是否相符，包括：现金日记账账面余额与现金实际库存数相核对，银行存款日记账账面余额定期与银行对账单相核对，各种财物明细账账面余额与财物实存数额相核对，各种应收、应付款明细账账面余额与有关债务、债权单位或者个人核对等。

（2）账证核对。核对会计账簿记录与原始凭证、记账凭证的时间、凭证字号、内容、金额是否一致，记账方向是否相符。

（3）账账核对。核对不同会计账簿之间的账簿记录是否相符，包括：总账有关账户的余额核对，总账与明细账核对，总账与日记账核对，会计部门的财产物资明细账与财产物资保管和使用部门的有关明细账核对等。

2. 财产清查

财产清查，是会计核算工作的一项重要程序，特别是在编制年度财务会计报告之前，必须进行财产清查，并对账实不符等问题根据国家统一的会计制度的规定进行会计处理，以保证财务会计报告反映的会计信息真实、完整。

二、会计档案管理

会计档案是记录和反映经济业务事项的重要史料和证据。单位应当加强会计档案管理工作，建立和完善会计档案的收集、整理、保管、利用和鉴定销毁等管理制度，采取可靠的安全防护技术和措施，保证会计档案的真实、完整、可用、安全。

（一）会计档案的概念

会计档案是指单位在进行会计核算等过程中接收或形成的，记录和反映单位经济业务事项的，具有保存价值的文字、图表等各种形式的会计资料，包括通过计算机等电子设备形成、传输和存储的电子会计档案。各单位的预算、计划、制度等文件材料属于文书档案，不属于会计档案。

（二）会计档案的归档

1. 会计档案的归档范围

会计档案的归档范围如图 2-3 所示。

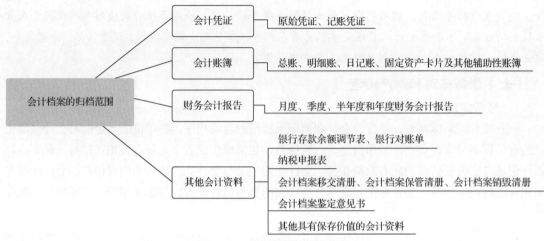

图 2-3 会计档案的归档范围

2. 会计档案的归档要求

（1）单位可以利用计算机、网络通信等信息技术手段管理会计档案。同时满足下列条件的，单位内部形成的属于归档范围的电子会计资料可仅以电子形式保存，形成电子会计档案：①形成的电子会计资料来源真实有效，由计算机等电子设备形成和传输；②使用的会计核算系统能够准确、完整、有效接收和读取电子会计资料，能够输出符合国家标准归档格式的会计凭证、会计账簿、财务会计报表等会计资料，设定了经办、审核、审批等必要的审签程序；③使用的电子档案管理系统能够有效接收、管理、利用电子会计档案，符合电子档案的长期保管要求，并建立了电子会计档案与相关联的其他纸质会计档案的检索关系；④采取有效措施，防止电子会计档案被篡改；⑤建立电子会计档案备份制度，能够有效防范自然灾害、意外事故和人为破坏的影响；⑥形成的电子会计资料不属于具有永久保存价值或者其他重要保存价值的会计档案。满足上述条件，单位从外部接收的电子会计资料附有符合《中华人民共和国电子签名法》规定的电子签名的，可仅以电子形式归档保存，形成电子会计档案。

（2）单位的会计机构或会计人员所属机构（以下统称单位会计管理机构）按照归档范围和归档要求，负责定期将应当归档的会计资料整理立卷，编制会计档案保管清册。

（3）当年形成的会计档案，在会计年度终了后，可由单位会计管理机构临时保管 1 年，再移交单位档案管理机构保管。因工作需要确需推迟移交的，应当经单位档案管理机构同意。单位会计管理机构临时保管会计档案最长不超过 3 年。临时保管期间，会计档案的保管应当符合国家档案管理的有关规定，且出纳人员不得兼管会计档案。

 **课堂自测**

根据会计法律制度的规定，下列资料中，应当按照会计档案归档的有（　　　　）。

A. 固定资产卡片　　　B. 纳税申报表　　　C. 年度预算方案　　　D. 年度财务工作计划

（三）会计档案的移交和利用

1. 会计档案的移交

单位会计管理机构在办理会计档案移交时，应当编制会计档案移交清册，并按照国家档案管理的有关规定办理移交手续。

纸质会计档案移交时应当保持原卷的封装。电子会计档案移交时应当将电子会计档案及其元数据一并移交，且文件格式应当符合国家档案管理的有关规定。特殊格式的电子会计档案应当与其读取平台一并移交。

单位档案管理机构接收电子会计档案时，应当对电子会计档案的准确性、完整性、可用性、安全性进行检测，符合要求的才能接收。

2. 会计档案的利用

单位应当严格按照相关制度利用会计档案，在进行会计档案查阅、复制、借出时履行登记手续，严禁篡改和损坏。

单位保存的会计档案一般不得对外借出。确因工作需要且根据国家有关规定必须借出的，应当严格按照规定办理相关手续。会计档案借用单位应当妥善保管和利用借入的会计档案，确保借入会计档案的安全、完整，并在规定时间内归还。

（四）会计档案的保管期限

会计档案保管期限分为永久、定期两类。会计档案的保管期限是从会计年度终了后的第一天算起。永久，是指会计档案须永久保存；定期，是指会计档案保存应达到法定的时间。定期保管期限一般分为 10 年和 30 年。《会计档案管理办法》规定的会计档案保管期限为最低保管期限。单位会计档案的具体名称如有与《会计档案管理办法》附表所列档案名称不相符的，应当比照类似档案的保管期限办理。《会计档案管理办法》规定的会计档案保管期限见表 2-2、表 2-3。

表 2-2　　　　　　　　　　企业和其他组织会计档案保管期限表

序号	档案名称	保管期限	备注
一	会计凭证		
1	原始凭证	30 年	
2	记账凭证	30 年	
二	会计账簿		
3	总账	30 年	
4	明细账	30 年	
5	日记账	30 年	
6	固定资产卡片		固定资产报废清理后保管 5 年
7	其他辅助性账簿	30 年	
三	财务会计报告		
8	月度、季度、半年度财务会计报告	10 年	
9	年度财务会计报告	永久	
四	其他会计资料		
10	银行存款余额调节表	10 年	
11	银行对账单	10 年	
12	纳税申报表	10 年	
13	会计档案移交清册	30 年	
14	会计档案保管清册	永久	
15	会计档案销毁清册	永久	
16	会计档案鉴定意见书	永久	

表 2-3　　　财政总预算、行政单位、事业单位和税收会计档案保管期限表

序号	档案名称	保管期限			备注
		财政总预算	行政单位事业单位	税收会计	
一	**会计凭证**				
1	国家金库编送的各种报表及缴库退库凭证	10 年		10 年	
2	各收入机关编送的报表	10 年			
3	行政单位和事业单位的各种会计凭证		30 年		包括：原始凭证、记账凭证和传票汇总表
4	财政总预算拨款凭证和其他会计凭证	30 年			包括：拨款凭证和其他会计凭证
二	**会计账簿**				
5	日记账		30 年	30 年	
6	总账	30 年	30 年	30 年	
7	税收日记账（总账）			30 年	
8	明细分类、分户账或登记簿	30 年	30 年	30 年	
9	行政单位和事业单位固定资产卡片				固定资产报废清理后保管 5 年
三	**财务会计报告**				
10	政府综合财务报告	永久			下级财政、本级部门和单位报送的保管 2 年
11	部门财务报告		永久		所属单位报送的保管 2 年
12	财政总决算	永久			下级财政、本级部门和单位报送的保管 2 年
13	部门决算		永久		所属单位报送的保管 2 年
14	税收年报（决算）			永久	
15	国家金库年报（决算）	10 年			
16	基本建设拨、贷款年报（决算）	10 年			
17	行政单位和事业单位会计月、季度报表		10 年		所属单位报送的保管 2 年
18	税收会计报表			10 年	所属税务机关报送的保管 2 年
四	**其他会计资料**				
19	银行存款余额调节表	10 年	10 年		
20	银行对账单	10 年	10 年	10 年	
21	会计档案移交清册	30 年	30 年	30 年	
22	会计档案保管清册	永久	永久	永久	
23	会计档案销毁清册	永久	永久	永久	
24	会计档案鉴定意见书	永久	永久	永久	

注：税务机关的税务经费会计档案保管期限，按行政单位会计档案保管期限规定办理。

（五）会计档案的鉴定和销毁

1. 会计档案的鉴定

单位应当定期对已到保管期限的会计档案进行鉴定，并形成会计档案鉴定意见书。经鉴定，仍需继续保存的会计档案，应当重新划定保管期限；对保管期满，确无保存价值的会计档案，可

以销毁。会计档案鉴定工作应当由单位档案管理机构牵头，组织单位会计、审计、纪检监察等机构或人员共同进行。

2. 会计档案的销毁

经鉴定可以销毁的会计档案，销毁的基本程序和要求如下。

（1）单位档案管理机构编制会计档案销毁清册，列明拟销毁会计档案的名称、卷号、册数、起止年度、档案编号、应保管期限、已保管期限和销毁时间等内容。

（2）单位负责人、档案管理机构负责人、会计管理机构负责人、档案管理机构经办人、会计管理机构经办人在会计档案销毁清册上签署意见。

（3）单位档案管理机构负责组织会计档案销毁工作，并与会计管理机构共同派员监销。监销人在会计档案销毁前，应当按照会计档案销毁清册所列内容进行清点核对；在会计档案销毁后，应当在会计档案销毁清册上签名或盖章。

电子会计档案的销毁还应当符合国家有关电子档案的规定，并由单位档案管理机构、会计管理机构和信息系统管理机构共同派员监销。

3. 不得销毁的会计档案

保管期满但未结清的债权债务原始凭证和涉及其他未了事项的会计凭证不得销毁，纸质会计档案应当单独抽出立卷，电子会计档案单独转存，保管到未了事项完结时为止。单独抽出立卷或转存的会计档案，应当在会计档案鉴定意见书、会计档案销毁清册和会计档案保管清册中列明。

（六）特殊情况下的会计档案处置

1. 单位分立情况下的会计档案处置

单位分立后原单位存续的，其会计档案应当由分立后的存续方统一保管，其他方可以查阅、复制与其业务相关的会计档案。单位分立后原单位解散的，其会计档案应当经各方协商后由其中一方代管或按照国家档案管理的有关规定处置，各方可以查阅、复制与其业务相关的会计档案。

单位分立中未结清的会计事项所涉及的会计凭证，应当单独抽出由业务相关方保存，并按照规定办理交接手续。

单位因业务移交其他单位办理所涉及的会计档案，应当由原单位保管，承接业务单位可以查阅、复制与其业务相关的会计档案。对其中未结清的会计事项所涉及的会计凭证，应当单独抽出由承接业务单位保存，并按照规定办理交接手续。

2. 单位合并情况下的会计档案处置

单位合并后原各单位解散或者一方存续其他方解散的，原各单位的会计档案应当由合并后的单位统一保管。单位合并后原各单位仍存续的，其会计档案仍应当由原各单位保管。

3. 建设单位项目建设会计档案的交接

建设单位在项目建设期间形成的会计档案，需要移交给建设项目接受单位的，应当在办理竣工财务决算后及时移交，并按照规定办理交接手续。

4. 单位之间交接会计档案的手续

单位之间交接会计档案时，交接双方应当办理会计档案交接手续。移交会计档案的单位，应当编制会计档案移交清册，列明应当移交的会计档案名称、卷号、册数、起止年度、档案编号、应保管期限和已保管期限等内容。交接会计档案时，交接双方应当按照会计档案移交清册所列内容逐项交接，并由交接双方的单位有关负责人负责监督。交接完毕后，交接双方经办人和监督人应当在会计档案移交清册上签名或盖章。电子会计档案应当与其元数据一并移交，特殊格式的电子会计档案应当与其读取平台一并移交。档案接受单位应当对保存电子会计档案的载体及其技术环境进行检验，确保所接收电子会计档案的准确、完整、可用和安全。

课堂自测

关于会计档案的移交和利用，下列表述中不正确的是（　　　　）。

A. 纸质会计档案移交时应当保持原卷的封装

B. 电子会计档案移交时应当将电子会计档案及其元数据一并移交，且文件格式应当符合国家档案管理的有关规定

C. 单位保存的会计档案一律不得对外借出

D. 会计档案保管期限分为永久、定期两类

三、会计监督

会计监督是会计的基本职能之一，是对单位的经济活动进行检查监督，借以控制经济活动，使经济活动能够根据一定的方向、目标、计划，遵循一定的原则正常进行。会计监督可分为单位内部监督、社会监督和政府监督，如表2-4所示。

表2-4 会计监督体系

会计监督种类	属性	层次	效力
单位内部监督	内部监督	层次最低	单位的自我监督
社会监督	外部监督	层次居中	对单位内部监督的再监督
政府监督		层次最高	对单位内部监督和社会监督的再监督

（一）会计工作的单位内部监督

会计工作的单位内部监督制度，是指为了保护资产的安全、完整，保证经营活动符合国家法律、法规和内部有关管理制度，提高经营管理水平和效率，而在单位内部采取的一系列相互制约、相互监督的制度与方法。

1. 会计工作的单位内部监督的概念和要求

会计工作的单位内部监督是指各单位的会计机构、会计人员依据法律、法规、国家统一的会计制度及单位内部会计管理制度等的规定，通过会计手段对本单位经济活动的合法性、合理性和有效性进行监督，并将其纳入本单位内部控制制度。单位内部监督的主体是各单位的会计机构、会计人员，单位内部监督的对象是单位的经济活动。

会计工作的单位内部监督的内容十分广泛，涉及人、财、物等诸多方面，各单位应当建立、健全本单位内部会计监督制度。单位内部会计监督制度应当符合下列要求。

（1）记账人员与经济业务事项和会计事项的审批人员、经办人员、财务保管人员的职责权限应当明确，并相互分离、相互制约；

（2）重大对外投资、资产处置、资金调度和其他重要经济业务事项的决策和执行的相互监督、相互制约程序应当明确；

（3）财产清查的范围、期限和组织程序应当明确；

（4）对会计资料定期进行内部审计的办法和程序应当明确；

（5）国务院财政部门规定的其他要求。

会计机构、会计人员对违反《会计法》和国家统一的会计制度规定的会计事项，有权拒绝办理或者按照职权予以纠正。会计机构、会计人员发现会计账簿记录与实物、款项及有关资料不相符的，按照国家统一的会计制度的规定有权自行处理的，应当及时处理；无权处理的，应当立即向单位负责人报告，请求查明原因，作出处理。单位负责人应当保证会计机构、会计人员依法履行职责，不得授意、指使、强令会计机构、会计人员违法办理会计事项。

2. 单位内部控制制度

（1）内部控制的概念和原则。

内部控制是指单位为实现控制目标，通过制定制度、实施措施和执行程序，对经济活动的风险进行防范和管控。

单位建立与实施内部控制，应当遵循下列原则。

① 全面性原则。内部控制应当贯穿单位经济活动的决策、执行和监督全过程。

② 重要性原则。在全面控制的基础上，应当关注单位重要经济活动和经济活动的重大风险。

③ 制衡性原则。内部控制应当在治理结构、机构设置及权责分配、业务流程等方面形成相互制约、相互监督。

④ 适应性原则。内部控制应当符合国家有关规定和单位的实际情况，并随着情况的变化及时加以调整。

⑤ 成本效益原则。企业内部控制应当权衡实施成本与预期效益，以适当的成本实现有效控制。

（2）企业内部控制措施。

企业内部控制措施具体如图 2-4 所示。

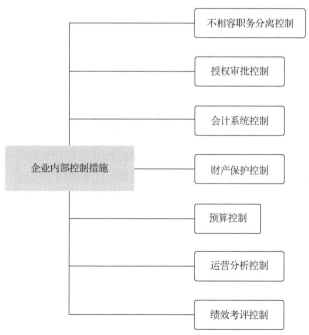

图 2-4　企业内部控制措施

（3）行政事业单位内部控制方法。

行政事业单位内部控制包括以下8种方法。

① 不相容岗位相互分离。

② 内部授权审批控制。

③ 归口管理。

④ 预算控制。

⑤ 财产保护控制。

⑥ 会计控制。

⑦ 单据控制。

⑧ 信息内部公开。

 课堂自测

下列各项中，不属于企业内部控制应当遵循的原则的是（　　）。

A. 全面性原则　　　　B. 可比性原则　　　　C. 重要性原则　　　　D. 制衡性原则

（二）会计工作的社会监督

1. 会计工作的社会监督的概念

会计工作的社会监督，主要是指由注册会计师及其所在的会计师事务所等中介机构接受委托，依法对单位的经济活动进行审计，出具审计报告，发表审计意见的一种监督制度。

根据《会计法》的规定，有关法律、行政法规规定，须经注册会计师进行审计的单位，应当向受委托的会计师事务所如实提供会计凭证、会计账簿、财务会计报告和其他会计资料以及有关情况。任何单位或者个人不得以任何方式要求或者示意注册会计师及其所在的会计师事务所出具不实或者不当的审计报告。

《会计法》规定，任何单位和个人对违反《会计法》和国家统一的会计制度规定的行为，有权检举。这也属于会计工作的社会监督的范畴。

2. 注册会计师审计报告

（1）审计报告的概念和要素。

审计报告，是指注册会计师根据审计准则的规定，在执行审计工作的基础上，对被审计单位财务报表发表审计意见的书面文件。注册会计师应当就财务报表是否在所有重大方面按照适用的财务报告编制基础编制并实现公允反映形成审计意见。

审计报告应当包括下列要素：标题；收件人；引言段；管理层对财务报表的责任段；注册会计师的责任段；审计意见段；注册会计师的签名和盖章；会计师事务所的名称、地址和盖章；报告日期。

（2）审计报告的种类和审计意见的类型。

审计报告分为标准审计报告和非标准审计报告。

标准审计报告，是指不含有说明段、强调事项段、其他事项段或其他任何修饰性用语的无保留意见的审计报告。包含其他报告责任段，但不含有强调事项段或其他事项段的无保留意见的审计报告也被视为标准审计报告。

非标准审计报告，是指带强调事项段或其他事项段的无保留意见的审计报告和非无保留意见的审计报告。非无保留意见，包括保留意见、否定意见和无法表示意见三种类型。

无保留意见，是指当注册会计师认为财务报表在所有重大方面按照适用的财务报告编制基础编制并实现公允反映时发表的审计意见。

 课堂自测

下列各项中，属于非标准审计报告的有（　　　　）。

A. 包含其他报告责任段，但不含有强调事项段或其他事项段的无保留意见的审计报告

B. 带强调事项段的无保留意见的审计报告

C. 带其他事项段的无保留意见的审计报告

D. 无法表示意见的审计报告

法律小贴士

非无保留意见

（三）会计工作的政府监督

1. 会计工作的政府监督的概念

会计工作的政府监督，主要是指财政部门代表国家对各单位和单位中相关人员的会计行为实施监督检查，以及对发现的违法会计行为实施行政处罚。这里所说的财政部门，是指国务院财政部门、省级以上人民政府财政部门派出机构和县级以上人民政府财政部门。

此外，《会计法》规定，财政、审计、税务、金融管理等部门应当依照有关法律、行政法规规定的职责，对有关单位的会计资料实施监督检查，并出具检查结论。

财政、审计、税务、金融管理等部门应当加强监督检查协作，有关监督检查部门已经作出的检查结论能够满足其他监督检查部门履行本部门职责需要的，其他监督检查部门应当加以利用，避免重复查账。

2. 财政部门会计监督的主要内容

财政部门对各单位的下列情况实施监督。

（1）是否依法设置会计账簿。

（2）会计凭证、会计账簿、财务会计报告和其他会计资料是否真实、完整。

（3）会计核算是否符合《会计法》和国家统一的会计制度的规定。

（4）从事会计工作的人员是否具备专业能力、遵守职业道德。

在对各单位会计凭证、会计账簿、财务会计报告和其他会计资料的真实性、完整性实施监督，发现重大违法嫌疑时，国务院财政部门及其派出机构可以向与被监督单位有经济业务往来的单位和被监督单位开立账户的金融机构查询有关情况，有关单位和金融机构应当给予支持。

依法对有关单位的会计资料实施监督检查的部门及其工作人员对在监督检查中知悉的国家秘密、工作秘密、商业秘密、个人隐私、个人信息负有保密义务。

任务三　会计机构和会计人员

一、会计机构

会计机构，是指各单位办理会计事务的职能部门。根据《会计法》的规定，各单位应当根据会计业务的需要，依法采取下列一种方式组织本单位的会计工作：①设置会计机构；②在有关机

构中设置会计岗位并指定会计主管人员；③委托经批准设立从事会计代理记账业务的中介机构代理记账；④国务院财政部门规定的其他方式。

二、代理记账

代理记账，是指代理记账机构接受委托办理会计业务。代理记账机构是指依法取得代理记账资格，从事代理记账业务的机构。

（一）代理记账机构的审批

除会计师事务所以外的机构从事代理记账业务，应当经县级以上人民政府财政部门（以下简称"审批机关"）批准，领取由财政部统一规定样式的代理记账许可证书。具体审批机关由省、自治区、直辖市、计划单列市人民政府财政部门确定。

会计师事务所及其分所可以依法从事代理记账业务。

（二）代理记账的业务范围

代理记账机构可以接受委托办理下列业务。

（1）根据委托人提供的原始凭证和其他相关资料，按照国家统一的会计制度的规定进行会计核算，包括审核原始凭证、填制记账凭证、登记会计账簿、编制财务会计报告等。

（2）对外提供财务会计报告。

（3）向税务机关提供税务资料。

（4）委托人委托的其他会计业务。

（三）委托人、代理记账机构及其从业人员各自的义务

（1）委托人委托代理记账机构代理记账，应当在相互协商的基础上，订立书面委托合同。委托合同除应具备法律规定的基本条款外，应当明确下列内容：①双方对会计资料真实性、完整性各自应当承担的责任；②会计资料传递程序和签收手续；③编制和提供财务会计报告的要求；④会计档案的保管要求及相应的责任；⑤终止委托合同应当办理的会计业务交接事宜。

（2）委托人应当履行下列义务：①对本单位发生的经济业务事项，应当填制或者取得符合国家统一的会计制度规定的原始凭证；②应当配备专人负责日常货币收支和保管；③及时向代理记账机构提供真实、完整的原始凭证和其他相关资料；④对于代理记账机构退回的，要求按照国家统一的会计制度规定进行更正、补充的原始凭证，应当及时予以更正、补充。

（3）代理记账机构及其从业人员应当履行下列义务：①遵守有关法律、法规和国家统一的会计制度的规定，按照委托合同办理代理记账业务；②对在执行业务中知悉的商业秘密予以保密；③对委托人要求其作出不当的会计处理，提供不实的会计资料，以及其他不符合法律、法规和国家统一的会计制度行为的，予以拒绝；④对委托人提出的有关会计处理相关问题予以解释。

代理记账机构为委托人编制的财务会计报告，经代理记账机构负责人和委托人负责人签名并盖章后，按照有关法律、法规和国家统一的会计制度的规定对外提供。

三、会计岗位设置

（一）会计工作岗位设置要求

会计工作岗位，是指一个单位会计机构内部根据业务分工而设置的职能岗位。根据《会计基础工作规范》的要求，各单位应当根据会计业务需要设置会计工作岗位。会计工作岗位一般

可分为：会计机构负责人（会计主管人员），出纳，财产物资核算，收入核算，工资核算，成本费用（支出）核算、财务成果核算，资金核算，往来结算，总账报表，稽核，会计档案管理等。实行会计信息化、应用管理会计的单位，可以根据需要设置相应工作岗位，也可以与其他工作岗位相结合。

　　会计工作岗位，可以一人一岗、一人多岗或者一岗多人，但应遵循不相容岗位相分离的原则。出纳人员不得兼任稽核、会计档案保管，收入、支出、费用、债权债务账目的登记工作和会计软件管理工作。会计软件管理人员不得兼任其他会计工作岗位。会计人员的工作岗位应当有计划地进行轮换。档案管理部门的人员管理会计档案，不属于会计岗位。

（二）会计人员回避制度

　　国家机关、国有的和国有资本占控股地位或主导地位的企业、事业单位任用会计人员应当实行回避制度。单位负责人、单位主管会计工作负责人（总会计师）的亲属不得担任本单位的会计机构负责人（会计主管人员）。会计机构负责人（会计主管人员）的亲属不得在本单位担任出纳工作。需要回避的直系亲属为：夫妻关系、直系血亲关系、三代以内旁系血亲以及近姻亲关系。

02

 课堂讨论

　　小张与小李是会计专业本科应届毕业生，在人才招聘会上同时应聘广东长江科技有限公司的会计职位。经过激烈的初试、复试后，两人均进入了最后的面试阶段。财务经理对小张、小李面试的表现都十分满意，难以取舍。在等待通知期间，小张、小李分别接到财务经理的来电："单位的出纳休产假三个月，你担任会计时同意兼任出纳吗？"小张说："没问题！年轻人应该在实践工作中多锻炼。"而小李说："不合适吧，会计不可以兼任出纳，经理还是另做安排为好。"

　　请回答：

　　（1）广东长江科技有限公司最终应录取小张还是小李？为什么？

　　（2）请列出四对不相容的职务。

 **素养贴士**

　　公司对于不相容的职务如果不实行相互分离的措施，就容易发生错误和舞弊等行为，而且这些错误和舞弊行为容易被掩盖，不容易被及时发现并纠正，导致公司的财产损失。不相容职务分离的核心在于实现牵制、制衡，在管理上堵塞漏洞、消除隐患，防止并及时发现、纠正错误和舞弊行为，保护公司资产的安全和完整。会计人员一定要廉洁自律，不贪不占、遵纪守法。

四、会计人员

（一）会计人员的概念和范围

　　会计人员，是指根据《会计法》的规定，在国家机关、社会团体、企业、事业单位和其他组织（以下统称"单位"）中从事会计核算、实行会计监督等会计工作的人员。

　　会计人员包括从事下列具体会计工作的人员：①出纳；②稽核；③资产、负债和所有者权益（净资产）的核算；④收入、费用（支出）的核算；⑤财务成果（政府预算执行结果）的核算；⑥财务会计报告（决算报告）编制；⑦会计监督；⑧会计机构内会计档案管理；⑨其他会计工作。担任单位会计机构负责人（会计主管人员）、总会计师的人员，属于会计人员。

（二）对会计人员的一般要求

会计人员从事会计工作，应当符合下列要求：①遵守《会计法》和国家统一的会计制度等法律法规；②具备良好的职业道德；③按照国家有关规定参加继续教育；④具备从事会计工作所需要的专业能力。

会计人员具有会计类专业知识，基本掌握会计基础知识和业务技能，能够独立处理基本会计业务，表明具备从事会计工作所需要的专业能力。

会计机构负责人或会计主管人员，是在一个单位内具体负责会计工作的中层领导人员。担任单位会计机构负责人（会计主管人员）的人员，应当具备会计师以上专业技术职务资格或者从事会计工作3年以上的经历。

（三）会计工作的禁入规定

因有提供虚假财务会计报告，做假账，隐匿或者故意销毁会计凭证、会计账簿、财务会计报告，贪污，挪用公款，职务侵占等与会计职务有关的违法行为被依法追究刑事责任的人员，不得再从事会计工作。

因伪造、变造会计凭证、会计账簿，编制虚假财务会计报告，隐匿或者故意销毁依法应当保存的会计凭证、会计账簿、财务会计报告，尚不构成犯罪的人员，5年内不得从事会计工作。

会计人员具有违反国家统一的会计制度的一般违法行为，情节严重的，5年内不得从事会计工作。

（四）会计专业职务与会计专业技术资格

1. 会计专业职务（会计职称）

根据2019年1月11日人力资源和社会保障部、财政部发布的《关于深化会计人员职称制度改革的指导意见》（人社部发〔2019〕8号），会计人员职称层级分为初级、中级和高级。初级职称只设助理级，高级职称分设副高级和正高级，形成初级、中级、高级层次清晰、相互衔接、体系完整的会计人员职称评价体系。初级、中级、副高级和正高级职称名称依次为助理会计师、会计师、高级会计师和正高级会计师。

2. 会计专业技术资格

会计专业技术资格，是指担任会计专业职务的任职资格，简称"会计资格"。

会计专业技术资格分为初级资格、中级资格和高级资格三个级别，分别对应初级、中级、副高级会计职称（会计专业职务）的任职资格。目前，初级、中级资格实行全国统一考试制度，高级会计师资格实行考试与评审相结合制度。

通过全国统一考试取得初级或中级会计专业技术资格的会计人员，表明其已具备担任相应级别会计专业技术职务的任职资格。用人单位可根据工作需要和德才兼备的原则，从获得会计专业技术资格的会计人员中择优聘任。

（五）会计人员继续教育

根据《会计专业技术人员继续教育规定》，国家机关、企业、事业单位以及社会团体等组织（以下简称"单位"）具有会计专业技术资格的人员，或不具有会计专业技术资格但从事会计工作的人员（以下简称"会计专业技术人员"）享有参加继续教育的权利和接受继续教育的义务。用人单位应当保障本单位会计专业技术人员参加继续教育的权利。

具有会计专业技术资格的人员应当自取得会计专业技术资格的次年开始参加继续教育，并在规定时间内取得规定学分。不具有会计专业技术资格但从事会计工作的人员应当自从事会计工作的次年开始参加继续教育，并在规定时间内取得规定学分。

继续教育内容包括公需科目和专业科目。公需科目包括会计专业技术人员应当普遍掌握的法律法规、政策理论、职业道德、技术信息等基本知识。专业科目包括会计专业技术人员从事会计工作应当掌握的财务会计、管理会计、财务管理、内部控制与风险管理、会计信息化、会计职业道德、财税金融、会计法律法规等相关专业知识。

会计专业技术人员参加继续教育实行学分制管理。每年参加继续教育取得的学分不少于 90 学分，其中，专业科目一般不少于总学分的三分之二。会计专业技术人员参加继续教育取得的学分，在全国范围内当年度有效，不得结转以后年度。对会计专业技术人员参加继续教育情况实行登记管理。

用人单位应当建立本单位会计专业技术人员继续教育与使用、晋升相衔接的激励机制，将参加继续教育情况作为会计专业技术人员考核评价、岗位聘用的重要依据。会计专业技术人员参加继续教育情况，应当作为聘任会计专业技术职务或者申报评定上一级资格的重要条件。

（六）总会计师

总会计师是主管本单位会计工作的行政领导，是单位行政领导成员，协助单位主要行政领导人工作，直接对单位主要行政领导人负责。凡设置总会计师的单位，在单位行政领导成员中，不设与总会计师职权重叠的副职。总会计师组织领导本单位的财务管理、成本管理、预算管理、会计核算和会计监督等方面的工作，参与本单位重要经济问题的分析和决策。

《会计法》规定，国有的和国有资产占控股地位或者主导地位的大、中型企业必须设置总会计师。《会计基础工作规范》要求，大、中型企业、事业单位、业务主管部门应当根据法律和国家有关规定设置总会计师。总会计师由具有会计师以上专业技术资格的人员担任。《总会计师条例》规定，事业单位和业务主管部门根据需要，经批准可以设置总会计师。其他单位可以根据业务需要，自行决定是否设置总会计师。

 课堂自测

根据《会计法》的规定，下列关于必须设置总会计师的单位的表述中，完整、准确的是（　　　）。

A. 国有大、中型企业

B. 国有资产占控股地位的大、中型企业

C. 国有资产占主导地位的大、中型企业

D. 国有的和国有资产占控股地位或主导地位的大、中型企业

五、会计工作交接

（一）会计工作交接的概念与责任

会计工作交接，是指会计人员工作调动或因故离职时，与接替人员办理交接手续的一种工作程序。办理好会计工作交接，有利于分清移交人员和接替人员的责任，可以使会计工作前后衔接，保证会计工作顺利进行。

会计人员工作调动或者因故离职，必须将本人所经管的会计工作全部移交给接替人员。没有办清交接手续的，不得调动或者离职。移交人员对所移交的会计凭证、会计账簿、会计报表和其

他有关资料的合法性、真实性承担法律责任。接替人员应当认真接管移交工作，并继续办理移交的未了事项。

会计人员临时离职或者因病不能工作且需要接替或者代理的，会计机构负责人（会计主管人员）或者单位领导人必须指定有关人员接替或者代理，并办理交接手续。临时离职或者因病不能工作的会计人员恢复工作的，应当与接替或者代理人员办理交接手续。移交人员因病或者其他特殊原因不能亲自办理移交的，经单位领导人批准，可由移交人员委托他人代办移交，但委托人应当对所移交的会计凭证、会计账簿、会计报表和其他有关资料的合法性、真实性承担法律责任。

单位撤销时，必须留有必要的会计人员，会同有关人员办理清理工作，编制决算。未移交前，会计人员不得离职。接收单位和移交日期由主管部门确定。单位合并、分立的，其会计工作交接手续比照上述有关规定办理。

（二）会计工作移交前的准备工作

会计人员办理移交手续前，必须及时做好以下工作。

（1）已经受理的经济业务尚未填制会计凭证的，应当填制完毕。

（2）尚未登记的账目，应当登记完毕，并在最后一笔余额后加盖经办人员印章。

（3）整理应该移交的各项资料，对未了事项写出书面材料。

（4）编制移交清册，列明应当移交的会计凭证、会计账簿、会计报表、印章、现金、有价证券、支票簿、发票、文件、其他会计资料和物品等内容；实行会计电算化的单位，从事该项工作的移交人员还应当在移交清册中列明会计软件及密码、会计软件数据磁盘（磁带等）及有关资料、实物等内容。

（三）会计工作交接与监交

会计人员办理交接手续，必须有监交人负责监交。一般会计人员办理交接手续，由会计机构负责人（会计主管人员）监交；会计机构负责人（会计主管人员）办理交接手续，由单位负责人监交，必要时主管单位可以派人会同监交。

移交人员在办理移交时，要按移交清册逐项移交；接替人员要逐项核对点收。

（1）现金、有价证券要根据会计账簿有关记录进行点交。库存现金、有价证券必须与会计账簿记录保持一致。不一致时，移交人员必须限期查清。

（2）会计凭证、会计账簿、会计报表和其他会计资料必须完整无缺。如有短缺，必须查清原因，并在移交清册中注明，由移交人员负责。

（3）银行存款账户余额要与银行对账单核对，如不一致，应当编制银行存款余额调节表调节相符，各种财产物资和债权债务的明细账户余额要与总账有关账户余额核对相符；必要时，要抽查个别账户的余额，与实物核对相符，或者与往来单位、个人核对清楚。

（4）移交人员经管的票据、印章和其他实物等，必须交接清楚；移交人员从事会计电算化工作的，要对有关电子数据在实际操作状态下进行交接。

（5）会计机构负责人（会计主管人员）移交时，还必须将全部财务会计工作、重大财务收支和会计人员的情况等，向接替人员详细介绍。对需要移交的遗留问题，应当写出书面材料。

交接完毕后，交接双方和监交人要在移交清册上签名或者盖章，并应在移交清册上注明：单位名称，交接日期，交接双方和监交人的职务、姓名，移交清册页数以及需要说明的问题和意见等。移交清册一般应当填制一式三份，交接双方各执一份，存档一份。

接替人员应当继续使用移交的会计账簿，不得自行另立新账，以保持会计记录的连续性。

课堂讨论

2024 年 10 月 27 日，昌盛公司原会计科科长李某因身体原因辞去会计科科长职务，与新上任的会计科科长王某办理会计工作交接手续，人事科科长进行监交。请讨论该企业在会计工作交接过程中有无不妥行为。

素养贴士

存在上述问题的一个重要原因是一些企业负责人和企业会计主管人员对会计工作交接的有关规定不了解。应在这方面加强对企业负责人和企业会计主管人员的培训，使他们认识到做好会计工作交接是会计基础工作规范化的重要内容，也是保证会计工作正常开展以及保证会计资料的完整性的重要措施，还要让他们掌握有关会计工作交接的具体要求和方法。同时，会计人员要定期参加继续教育，勤学苦练，刻苦钻研，不断进取，提高业务水平。

02

任务四　会计法律责任

违反会计法律制度应当承担的法律责任，在《会计法》及相关法律、法规、规章中都有相应的规定。本任务主要介绍《会计法》对会计违法行为的法律责任的规定。

1. 违反国家统一的会计制度的法律责任

违反《会计法》规定，有下列行为之一的，由县级以上人民政府财政部门责令限期改正，给予警告、通报批评，对单位可以并处 20 万元以下的罚款，对其直接负责的主管人员和其他直接责任人员可以处 5 万元以下的罚款；情节严重的，对单位可以并处 20 万元以上 100 万元以下的罚款，对其直接负责的主管人员和其他直接责任人员可以处 5 万元以上 50 万元以下的罚款；属于公职人员的，还应当依法给予处分。

（1）不依法设置会计账簿的；

（2）私设会计账簿的；

（3）未按照规定填制、取得原始凭证或者填制、取得的原始凭证不符合规定的；

（4）以未经审核的会计凭证为依据登记会计账簿或者登记会计账簿不符合规定的；

（5）随意变更会计处理方法的；

（6）向不同的会计资料使用者提供的财务会计报告编制依据不一致的；

（7）未按照规定使用会计记录文字或者记账本位币的；

（8）未按照规定保管会计资料，致使会计资料毁损、灭失的；

（9）未按照规定建立并实施单位内部会计监督制度或者拒绝依法实施的监督或者不如实提供有关会计资料及有关情况的；

（10）任用会计人员不符合《会计法》规定的。

会计人员有上述所列行为之一，构成犯罪的，依法追究刑事责任。

会计人员有上述所列行为之一，情节严重的，五年内不得从事会计工作。

有关法律对上述所列行为的处罚另有规定的，依照有关法律的规定办理。

2. 伪造、变造会计凭证、会计账簿，编制虚假财务会计报告，隐匿或者故意销毁依法应当保存的会计凭证、会计账簿、财务会计报告的法律责任

伪造、变造会计凭证、会计账簿，编制虚假财务会计报告，隐匿或者故意销毁依法应当保存的会计凭证、会计账簿、财务会计报告的，由县级以上人民政府财政部门责令限期改正，给予警告、通报批评，没收违法所得，违法所得 20 万元以上的，对单位可以并处违法所得 1 倍以上 10 倍以下的罚款，没有违法所得或者违法所得不足 20 万元的，可以并处 20 万元以上 200 万元以下的罚款；对其直接负责的主管人员和其他直接责任人员可以处 10 万元以上 50 万元以下的罚款，情节严重的，可以处 50 万元以上 200 万元以下的罚款；属于公职人员的，还应当依法给予处分；其中的会计人员，五年内不得从事会计工作；构成犯罪的，依法追究刑事责任。

3. 授意、指使、强令会计机构、会计人员及其他人员伪造、变造会计凭证、会计账簿，编制虚假财务会计报告或者隐匿、故意销毁依法应当保存的会计凭证、会计账簿、财务会计报告的法律责任

授意、指使、强令会计机构、会计人员及其他人员伪造、变造会计凭证、会计账簿，编制虚假财务会计报告或者隐匿、故意销毁依法应当保存的会计凭证、会计账簿、财务会计报告的，由县级以上人民政府财政部门给予警告、通报批评，可以并处 20 万元以上 100 万元以下的罚款；情节严重的，可以并处 100 万元以上 500 万元以下的罚款；属于公职人员的，还应当依法给予处分；构成犯罪的，依法追究刑事责任。

4. 单位负责人对依法履行职责、抵制违反《会计法》规定行为的会计人员实行打击报复的法律责任

单位负责人对依法履行职责、抵制违反《会计法》规定行为的会计人员以降级、撤职、调离工作岗位、解聘或者开除等方式实行打击报复，依法给予处分；构成犯罪的，依法追究刑事责任。对受打击报复的会计人员，应当恢复其名誉和原有职务、级别。

5. 财政部门及有关行政部门工作人员在实施监督管理职务中违法的法律责任

财政部门及有关行政部门的工作人员在实施监督管理中滥用职权、玩忽职守、徇私舞弊或者泄露国家秘密、工作秘密、商业秘密、个人隐私、个人信息的，依法给予处分；构成犯罪的，依法追究刑事责任。

收到对违反《会计法》和国家统一的会计制度规定的行为检举的部门及负责处理检举的部门，将检举人姓名和检举材料转给被检举单位和被检举人个人的，依法给予处分。

违反《会计法》规定，但具有《中华人民共和国行政处罚法》规定的从轻、减轻或者不予处罚情形的，依照其规定从轻、减轻或者不予处罚。

因违反《会计法》规定受到处罚的，按照国家有关规定记入信用记录。

违反《会计法》规定，同时违反其他法律规定的，由有关部门在各自职权范围内依法进行处罚。

 **课堂自测**

下列各项中，属于隐匿或者故意销毁依法应当保存的会计凭证、会计账簿、财务会计报告，情节严重的犯罪人可能承担的法律责任有（　　　）。

A. 五年以下有期徒刑   B. 二万元以上二十万元以下罚金

C. 拘役   D. 五十万元以上二百万元以下的罚款

课堂讨论

2021 年 12 月，为完成利润指标，会计机构负责人张某采取虚增营业收入等方法，调整了财务会计报告，并经法定代表人周某同意，向乙公司提供了未经审计的财务会计报告。分析张某调整财务会计报告行为的性质及法律后果。

项目小结

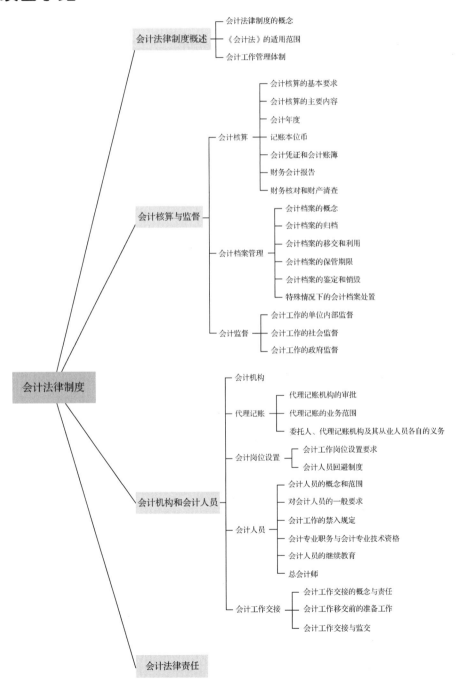

02

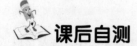

课后自测

一、单项选择题

1. 根据《会计法》的规定，行使会计工作管理职能的政府部门是（　　）。

    A. 税务部门　　　　B. 财政部门　　　　C. 审计部门　　　　D. 金融主管部门

2. 甲企业会计王某采用涂改手段，将金额为 10 000 元的购货发票改为 40 000 元。根据会计法律制度规定，该行为属于（　　）。

    A. 伪造会计凭证　　B. 变造会计凭证　　C. 伪造会计账簿　　D. 变造会计账簿

3. 下列各项中，不属于原始凭证的是（　　）。

    A. 结算凭证　　　　B. 记账凭证　　　　C. 领料单　　　　　D. 入库单

4. 下列关于对外来发票出现错误金额的处理中，符合会计法律制度规定的是（　　）。

    A. 退回原出具单位，并由原出具单位重新开发票

    B. 退回原出具单位，并由原出具单位划线更正并加盖公章

    C. 接受单位直接更正，并要求原出具单位说明情况，同时加盖单位公章

    D. 接受单位直接更正，并说明情况，同时加盖单位公章

5. 在中国境内的外商投资企业，会计记录使用的文字符合规定的是（　　）。

    A. 只能使用中文，不能使用其他文字

    B. 只能使用外文

    C. 在中文和外文中任选一种使用

    D. 使用中文，同时可以使用一种外文

6. 《会计法》规定，我国会计年度自（　　）。

    A. 公历 1 月 1 日起至 12 月 31 日止　　　　B. 公历 1 月 1 日起至次年 1 月 1 日止

    C. 公历 4 月 1 日起至次年 3 月 31 日止　　　D. 公历 10 月 1 日起至次年 9 月 30 日止

7. 某单位从超市购买一批食品，作为福利发放给单位员工，要求超市开具办公用品发票，该发票属于（　　）。

    A. 不合法的原始凭证　　　　　　　　B. 不真实的原始凭证

    C. 不合法的记账凭证　　　　　　　　D. 不真实的记账凭证

8. 财务会计报告应当（　　）编制。

    A. 根据经审核的会计凭证

    B. 以各类会计报表为直接依据

    C. 以实际发生的经济业务事项为直接依据

    D. 根据经过审核的会计账簿记录及相关资料

9. 根据会计法律制度的规定，下列关于单位有关负责人在财务会计报告上签章的做法中，正确的是（　　）。

    A. 签名　　　　　　B. 盖章　　　　　　C. 签名或盖章　　　D. 签名并盖章

10. 下列各项中，不属于会计档案的是（　　）。

    A. 会计档案移交清册　　　　　　　　B. 会计档案保管清册

    C. 财务会计报告　　　　　　　　　　D. 年度工作计划

11. 单位的会计档案不得外借,如果遇到特殊情况经(   )批准可供查阅和复制。
    A. 单位负责人   B. 上级主管单位   C. 会计主管人员   D. 总会计师

12. 企业和其他组织的记账凭证保管期限一般为(   )年。
    A. 10   B. 30   C. 20   D. 25

13. 下列关于会计账簿的表述中,不正确的是(   )。
    A. 会计账簿分为总账、明细账、日记账以及备查账
    B. 会计账簿出现跳行现象的,更正后应由会计人员在更正处盖章
    C. 会计账簿必须依据经过审核的会计凭证进行登记
    D. 任何单位不得在法定账簿之外私设会计账簿

14. 下列各项,不属于财务会计报告组成内容的是(   )。
    A. 会计报表   B. 报表附注   C. 财务情况说明书   D. 经济活动分析书

15. 根据《会计法》的规定,担任单位会计机构负责人的,应当具备的法定条件是(   )。
    A. 具备助理会计师专业技术职务资格或从事会计工作三年的经历
    B. 具备助理会计师专业技术职务资格或从事会计工作二年的经历
    C. 具备会计师以上专业技术职务资格或从事会计工作三年以上的经历
    D. 具备注册会计师资格或者从事会计工作二年的经历

16. 下列关于会计机构的设置的表述中,不正确的是(   )。
    A. 不具备设置条件的,应当委托经批准设立从事会计代理记账业务的中介机构代理记账
    B. 企业必须设置会计机构
    C. 企业可以不设置会计机构,在有关机构中设置会计人员并指定会计主管人员
    D. 各单位根据业务的需要,设置会计机构

17. 下列各项中,不符合内部控制要求的是(   )。
    A. 出纳人员管理票据   B. 出纳人员管理有价证券
    C. 出纳人员管理现金   D. 出纳人员兼管会计档案保管

18. 国有企业中,(   )没有违背会计法律规定的回避制度。
    A. 法定代表人的妻子担任本单位财务部门经理
    B. 会计科科长的女儿担任本部门出纳员
    C. 董事长的养子担任财务部门经理
    D. 财务处处长的同学担任本部门出纳员

19. 以下内容中属于初级会计专业职务的是(   )。
    A. 助理会计师   B. 会计师   C. 注册会计师   D. 会计专业本科学历

二、多项选择题

1. 下列各项中,属于国家统一的会计制度内容的有(   )。
   A. 国家统一会计核算制度   B. 会计监督制度
   C. 会计机构和会计人员管理制度   D. 会计工作管理制度

2. 下列选项中,属于会计核算具体内容的有(   )。
   A. 债权、债务的发生和结算   B. 资本的增减
   C. 签订购销合同   D. 制订财务计划

3. 下列关于会计核算要求的说法中错误的有（   ）。

    A. 我国的会计年度为阴历的 1 月 1 日至 12 月 31 日

    B. 业务收支以人民币以外的货币为主的单位，可以选择其中一种外币作为记账本位币来编制财务会计报告

    C. 在民族自治地方，会计记录可以仅使用当地通用的一种民族文字

    D. 使用电子计算机进行会计核算的，其使用的会计核算软件也必须符合国家统一的会计制度的规定

4. 下列有关单位负责人在内部会计监督中的职责的表述正确的有（   ）。

    A. 单位负责人应事必躬亲认真组织、管理好本单位的会计工作

    B. 单位负责人应对本单位会计资料的真实性负责

    C. 单位负责人应对本单位会计资料的完整性负责

    D. 单位负责人应依法做好会计监督工作

5. 根据《会计档案管理办法》的规定，下列说法正确的有（   ）。

    A. 会计档案销毁清册应永久保管

    B. 会计档案保管清册应永久保管

    C. 银行存款余额调节表应永久保管

    D. 原始凭证应永久保管

6. 单位内部监督的主体有（   ）。

    A. 会计机构   B. 会计人员   C. 单位经济活动   D. 企业领导

7. 下列各项中，属于单位内部控制应当遵循的原则的有（   ）。

    A. 成本效益原则   B. 准确性原则   C. 制衡性原则   D. 重要性原则

8. 某档案馆设有以下岗位，其中属于会计工作岗位的有（   ）。

    A. 财产物资的收发、增减核算岗位   B. 档案部门档案管理岗位

    C. 工资核算岗位   D. 单位内部审计岗位

9. 根据规定，会计人员回避制度中的直系亲属包括（   ）。

    A. 夫妻关系   B. 直系血亲关系

    C. 三代以内的旁系血亲   D. 姻亲关系

10. 根据会计法律制度的规定，下列关于代理记账机构及其从业人员义务表述中，正确的有（   ）。

    A. 对执行代理记账业务中知悉的商业秘密予以保密

    B. 拒绝委托人提供不实会计资料的要求

    C. 对委托人提出的有关会计处理相关问题予以解释

    D. 拒绝委托人让其作出不当会计处理的要求

11. 有法定行为之一的，由县级以上人民政府财政部门责令限期改正，可以对单位并处二十万元以下的罚款，这类违法行为包括（   ）。

    A. 不依法设置会计账簿的行为

    B. 随意变更会计处理方法的行为

    C. 任用会计人员不符合会计法规定的行为

    D. 未按照规定使用会计记录文字或者记账本位币的行为

12.《会计法》规定，没收违法所得，违法所得二十万元以上的，对单位可以并处违法所得一倍以上十倍以下的罚款的行为有（　　）。

    A. 伪造、变造会计凭证、会计账簿，编制虚假财务会计报告

    B. 隐匿应当保存的财务会计报告

    C. 故意销毁应当保存的会计凭证

    D. 不依法设置会计账簿

三、判断题

1. 一个质量可靠的会计软件可以生成真实、完整的会计资料，因此对于实行会计电算化的单位生成的会计资料无特别要求。（　　）

2. 对于特殊格式的电子会计档案，需要打印出纸质资料进行移交。（　　）

3. 除特殊情形外，单位保管的会计档案一律不得外借。（　　）

4. 不相容岗位相互分离属于行政事业单位内部控制的一种方法。（　　）

5. 某企业因规模较小，未设置独立的会计机构，只在行政部门内配备了两名会计人员，并指定其中一名为会计主管人员。该企业这一做法违反了《会计法》中会计机构设置的有关规定。（　　）

6. 所有单位任用会计人员均应当实行回避制度。（　　）

7. 不依法设置会计账簿等会计违法行为，构成犯罪的，应依法追究刑事责任。（　　）

8. 隐匿、故意销毁依法应当保存的会计凭证、会计账簿、财务会计报告，将承担法律责任。（　　）

9. 会计档案的保管期限分为 3 年、10 年、25 年。（　　）

10. 会计工作的政府监督是一种外部监督。（　　）

四、经典案例分析

1. 甲企业会计主管离任，由李某接任。李某接任后安排其女儿任出纳。因财务人员较少，甲企业未设立会计档案管理机构，李某要求出纳兼管会计档案。一天，反贪局到甲企业调查上任会计主管经济问题，会计档案保管人员得到李某同意后，将部分记账凭证和数本账册借给反贪局。由于记账凭证太多，李某要求财会人员将保存满 10 年的会计凭证销毁。

问：

（1）李某的女儿能否担任出纳？为什么？

（2）出纳能否兼管会计档案？

（3）会计档案能否借给反贪局？

（4）根据《会计档案管理办法》，会计凭证应保留多少年后才能销毁？

2. 2024 年 10 月 10 日，甲公司会计人员张某在办理报销工作中，发现收到的两张乙公司开具的销货发票均有更改现象：一张发票更改了用途，另一张发票更改了金额。两张发票均盖有乙公司的单位印章。张某全部予以报销。

问：会计人员张某将原始凭证均予以报销的做法是否正确？简要说明理由。

3. 2024 年 11 月 10 日，甲公司收到一张应由甲公司与乙公司共同负担费用支出的原始凭证。甲公司会计人员张某根据该原始凭证及应承担的费用进行账务处理，并保存该原始凭证；同时应乙公司要求将该原始凭证复制件提供给乙公司用于账务处理。年终，甲公司拟销毁一批保管期满

的会计档案，其中有一张未结清债权债务的原始凭证，会计人员李某认为只要保管期满的会计档案就可以销毁。

问：

（1）会计人员张某将原始凭证复制件提供给乙公司用于账务处理的做法是否正确？简要说明理由。

（2）会计人员李某的观点是否正确？简要说明理由。

4. 力帆公司内部机构调整：会计李某负责会计档案保管工作，调离会计工作岗位，离岗前与接替者王某在财务科科长的监交下办妥了会计工作交接手续。李某在负责会计档案保管工作后，公司档案管理部门会同财务科将已结账的到期会计档案编造清册，报请公司负责人批准后，由李某自行销毁。年底，财政部门对该公司进行检查时，发现该公司原会计李某所记的账目中有会计作假行为，而接替者王某在会计工作交接时并未发现这一问题。财政部门在调查时，原会计李某说："已经办理会计交接手续，现任会计王某和财务科科长均在移交清册上签了字，自己不再承担任何责任。"

问：

（1）公司销毁会计档案是否符合规定？

（2）公司负责人是否对会计作假行为承担责任？简要说明理由。

（3）原会计李某的说法是否正确？简要说明理由。

项目三
支付结算法律制度

1. 掌握票据的分类、概念、权利、责任和追索。
2. 掌握银行汇票、商业汇票、银行本票和支票。
3. 掌握银行卡账户和交易、银行卡计息与收费。
4. 掌握支付机构的概念和支付服务的种类。
5. 熟悉银行结算账户的开立、变更、撤销和使用。
6. 熟悉银行卡收单、条码支付、网络支付、预付卡。
7. 了解支付结算的概念和支付结算的工具。
8. 了解银行结算账户的概念和种类。
9. 了解银行卡的概念和分类以及网上银行。

能力目标 ↓

1. 具备正确使用支付结算工具的能力。
2. 具备开具和申请票据的能力。

素质目标 ↓

1. 养成守规矩、明是非的职业道德操守。
2. 强化学生的诚信意识；培养学生坚持准则的职业操守和职业习惯，强化学生遵纪守法意识、岗位责任意识及廉洁自律意识。
3. 教育学生树立实事求是、诚实守信、严谨细致、一丝不苟的工作作风。

案例导读 ↓

2024年6月，甲工厂某采购人员持由该厂开户银行签发的、不能用于支取现金的银行本票，前往乙公司购置一批价值10万元的物资。由于该采购人员保管不慎，在途中将装有银行本票的提包丢失。随后，甲工厂根据该采购人员的报告，将银行本票遗失情况通知该银行本票的付款银行，要求挂失止付。但该银行对上述情况进行审查后拒绝办理挂失止付。

【任务描述】

1. 根据上述情况，试分析该银行拒绝挂失止付是否正确，并说明理由。
2. 甲工厂在被银行拒绝挂失止付后，可以采取哪些措施维护自己的权益？

任务一 支付结算概述

一、支付结算的概念

支付结算是指单位、个人在社会经济活动中使用票据、银行卡和汇兑、委托收款、托收承付以及电子支付等结算方式进行货币给付及资金清算的行为。支付结算作为社会经济金融活动的重要组成部分，其主要功能是完成资金从一方当事人向另一方当事人的转移。

 素养贴士

伴随着支付新业态的发展，支付监管也逐渐趋严。针对电信网络新型违法犯罪新形势和新问题，中国人民银行 2019 年 3 月 25 日发布《关于进一步加强支付结算管理防范电信网络新型违法犯罪有关事项的通知》，从健全紧急止付和快速冻结机制、加强账户实名制管理、强化特约商户与受理终端管理等方面提出 21 项措施，进一步筑牢金融业支付结算安全防线。

二、支付结算的工具

传统的人民币非现金支付工具或方式主要包括"三票一卡"和结算方式。"三票一卡"是指汇票、本票、支票（见表 3-1）和银行卡（见表 3-2）；结算方式是指汇兑、托收承付和委托收款。随着互联网技术的发展，网上银行、条码支付、网络支付等电子支付方式得到快速发展。目前，我国已形成了以票据和银行卡为主体、以电子支付为发展方向的非现金支付工具体系。票据和汇兑是我国经济活动中不可或缺的重要支付工具及方式，被广大单位和个人广泛使用，并在大额支付中占据主导地位。网络支付、银行卡收单、预付卡（见表 3-3）、条码支付等在小额支付中占据主导地位。

表 3-1　　　　　　　　　2021 年度各类票据业务占比

票据种类	业务笔数占全部票据业务笔数比例	业务金额占全部票据业务金额比例
商业汇票	19.45%	19.76%
支票	80.27%	79.80%
银行汇票	0.10%	0.12%
银行本票	0.18%	0.32%

表 3-2　　　　　　　　　2021 年度各类银行卡业务占比

种类	占银行卡在用发卡数量比例	交易笔数占全部银行卡交易笔数比例	交易金额占全部银行卡交易金额比例
借记卡	91.33%	88.55%	95.46%
信用卡	8.67%	11.45%	4.54%

表 3-3　　　　　　　　　　2021 年度各类支付机构支付业务占比

业务种类	业务笔数占全部支付机构支付业务笔数比例	业务金额占全部支付机构支付业务金额比例
网络支付	93.78%	83.12%
银行卡收单	5.60%	16.87%
预付卡	0.62%	0.01%

三、支付结算的原则

支付结算的原则，是指参与银行支付结算活动的各方当事人，如银行、单位和个人都应遵守的准则。经过多年的实践与总结，我国形成了以下与经济活动相适应的支付结算的原则，如图 3-1 所示。

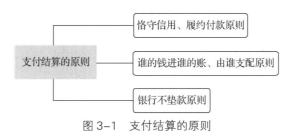

图 3-1　支付结算的原则

四、支付结算的基本要求

（1）单位、个人和银行办理支付结算，必须使用按中国人民银行统一规定印制的票据凭证和结算凭证。

（2）票据和结算凭证上的签章和其他记载事项应当真实，不得伪造、变造。

（3）填写各种票据和结算凭证应当规范。

① 基本规范要求。填写票据和结算凭证，必须做到要素齐全、数字正确、字迹清晰、不错漏、不潦草，防止涂改。

② 收款人名称。单位和银行的名称应当记载全称或者规范化简称。规范化简称应当具有排他性，与全称在实质上具有同一性。

③ 出票日期。票据的出票日期必须使用中文大写。为防止变造票据的出票日期，在填写月、日时，月为"壹""贰""壹拾"的，日为"壹"至"玖"和"壹拾""贰拾""叁拾"的，应在其前加"零"；日为"拾壹"至"拾玖"的，应在其前加"壹"。如 1 月 15 日，应写成"零壹月壹拾伍日"；再如 10 月 20 日，应写成"零壹拾月零贰拾日"。

④ 金额。票据和结算凭证金额以中文大写和阿拉伯数码同时记载，二者必须一致，二者不一致的票据无效；二者不一致的结算凭证银行不予受理。

 课堂自测

下列各项中，属于办理支付结算应遵循的原则有（　　　）。

A. 恪守信用、履约付款　　　　　　B. 谁的钱进谁的账、由谁支配

C. 银行不垫款　　　　　　　　　　D. 文明服务

任务二　银行结算账户

一、银行结算账户的概念和种类

银行结算账户是指银行为存款人开立的办理资金收付结算的活期存款账户。其中，"银行"是指在中国境内经批准经营支付结算业务的银行业金融机构，"存款人"是指在中国境内开立银行结算账户的机关、团体、部队、企业、事业单位、其他组织（以下统称单位）、个体工商户和自然人。

银行结算账户按存款人不同分为单位银行结算账户和个人银行结算账户。存款人以单位名称开立的银行结算账户为单位银行结算账户。单位银行结算账户按用途分为基本存款账户、一般存款账户、专用存款账户、临时存款账户。个体工商户凭营业执照以字号或经营者姓名开立的银行结算账户纳入单位银行结算账户管理。存款人凭个人身份证件以自然人名称开立的银行结算账户为个人银行结算账户。

二、银行结算账户的开立、变更和撤销

（一）银行结算账户的开立

1. 开户银行的选择

存款人应在注册地或住所地开立银行结算账户。符合异地（跨省、市、县）开户条件的，也可以在异地开立银行结算账户。开立银行结算账户应遵循存款人自主原则。

2. 开户流程

（1）存款人申请开立银行结算账户时，应填制开立银行结算账户申请书。开户申请的签章要求如下。

① 单位：单位"公章"和法定代表人或其授权代理人的签名或盖章。

② 个人：个人本名的签名或盖章。

🤓 **小贴士**

单位在开户申请上的签章只能是"公章"而不是"财务专用章"。变更和撤销申请的签章要求与开户申请相同。

（2）开立银行结算账户时，银行应与存款人签订银行结算账户管理协议，明确双方的权利与义务。

（3）银行应对存款人的开户申请书填写的事项和相关证明文件的真实性、完整性、合规性进行认真审查。

（4）银行办理开户手续。

符合开立一般存款账户、其他专用存款账户和个人银行结算账户条件的，银行应办理开户手续，并于开户之日起5个工作日内向中国人民银行当地分支行备案。银行为存款人开立一般存款账户、专用存款账户和临时存款账户的，应自开户之日起3个工作日内书面通知基本存款账户开户银行。

3. 基本存款账户编号

（1）银行完成企业基本存款账户信息备案后，账户管理系统生成基本存款账户编号，代替原

基本存款账户核准号使用。

（2）持有基本存款账户编号的企业申请开立一般存款账户、专用存款账户、临时存款账户时，应当向银行提供基本存款账户编号。

 法律小贴士

账户正式开立之日的区分：核准类账户正式开立之日为中国人民银行当地分支行的核准日期；非核准类账户正式开立之日为开户银行为存款人办理开户手续的日期。

（二）银行结算账户的变更

存款人变更账户名称、单位的法定代表人或主要负责人、地址以及其他开户证明文件后，应及时向开户银行办理变更手续，填写变更银行结算账户申请书。

（1）银行发现企业名称、法定代表人或者单位负责人发生变更的，应当及时通知企业办理变更手续；企业自通知送达之日起在合理期限内仍未办理变更手续，且未提出合理理由的，银行有权采取措施适当控制账户交易。

（2）企业营业执照、法定代表人或者单位负责人有效身份证件列明有效期限的，银行应当于到期日前提示企业及时更新，有效期到期后，在合理期限内企业仍未更新，且未提出合理理由的，银行应当按规定中止其办理业务。

（3）存款人更改名称，但不改变开户银行及账号的，应于5个工作日内向开户银行提出银行结算账户的变更申请，并出具有关部门的证明文件。

（4）单位的法定代表人或主要负责人、住址以及其他开户资料发生变更时，应于5个工作日内书面通知开户银行并提供有关证明。

（三）银行结算账户的撤销

1. 自愿申请撤销银行结算账户

撤销是指存款人因开户资格或其他原因终止银行结算账户使用的行为。存款人申请撤销银行结算账户时，应填写撤销银行结算账户申请书。属于申请撤销单位银行结算账户的，应加盖单位公章和有法定代表人（单位负责人）或其授权代理人的签名或者盖章；属于申请撤销个人银行结算账户的，应加其个人签章。银行在收到存款人撤销银行结算账户的申请后，对于符合销户条件的，应在2个工作日内办理撤销手续。

2. 银行办理撤销银行结算账户的手续

存款人撤销银行结算账户，必须与开户银行核对银行结算账户存款余额，交回各种重要空白票据及结算凭证和开户许可证，银行核对无误后方可办理销户手续。企业因转户原因撤销基本存款账户的，银行还应打印"已开立银行结算账户清单"并交付企业。

3. 应当申请撤销银行结算账户的情形

有下列情形之一的，存款人应向开户银行提出撤销银行结算账户的申请。

（1）被撤并、解散、宣告破产或关闭的；

（2）注销、被吊销营业执照的；

（3）因迁址需要变更开户银行的；

（4）其他原因需要撤销银行结算账户的。

存款人有以上第（1）项、第（2）项情形的，应于5个工作日内向开户银行提出撤销银行结算账户的申请。撤销银行结算账户时，应先撤销一般存款账户、专用存款账户、临时存款账户，将账户资金转入基本存款账户后，方可办理基本存款账户的撤销。银行得知存款人有第（1）项、第（2）项情形的，存款人超过规定期限未主动办理撤销银行结算账户手续的，银行有权停止其银行结算账户的对外支付。存款人因以上第（3）项、第（4）项情形撤销基本存款账户后，需要重新开立基本存款账户的，应在撤销原基本存款账户后 10 日内申请重新开立基本存款账户。

4. 撤销银行结算账户的其他规定

存款人尚未清偿其开户银行债务的，不得申请撤销该银行结算账户。对于按照账户管理规定应撤销而未办理销户手续的单位银行结算账户，银行通知该单位银行结算账户的存款人自发出通知之日起 30 日内办理销户手续，逾期视同自愿销户，未划转款项列入久悬未取专户管理。存款人撤销核准类银行结算账户时，应交回开户许可证。

三、各类银行结算账户的开立和使用

（一）基本存款账户

1. 基本存款账户的概念

基本存款账户是存款人因办理日常转账结算和现金收付需要开立的银行结算账户。

2. 开户证明文件

存款人申请开立基本存款账户，需提供不同的开户证明文件，具体参见二维码链接内容。

基本存款账户开户
证明文件

3. 基本存款账户的使用

基本存款账户是存款人的主办账户，一个单位只能开立一个基本存款账户。存款人日常经营活动的资金收付及其工资、奖金和现金的支取，应通过基本存款账户办理。

 课堂讨论

某公司刚成立，主营农用化肥生产。经公司法定代表人张某的授权，公司财务人员王某携带相关开户证明文件到 P 银行办理基本存款账户开户手续。请问王某的开户证明文件应包括哪些？

（二）一般存款账户

1. 一般存款账户的概念

一般存款账户是存款人因借款或其他结算需要，在基本存款账户开户银行以外的银行营业机构开立的银行结算账户。

2. 开户证明文件

存款人申请开立一般存款账户，应向银行出具其开立基本存款账户规定的证明文件、基本存款账户开户许可证或企业基本存款账户编号和下列证明文件。

（1）存款人因向银行借款需要，应出具借款合同；

（2）存款人因其他结算需要，应出具有关证明。

3. 一般存款账户的使用

一般存款账户用于办理存款人借款转存、借款归还和其他结算的资金收付。一般存款账户可以办理现金缴存，但不得办理现金支取。

课堂讨论

某房地产开发公司在 X 银行开有基本存款账户。2024 年 5 月 8 日，该公司因贷款需要又在 Y 银行开立了一般存款账户（账号为 998123668989）。同日，该公司财务人员签发了一张现金支票（支票上的出票人账号为 998123668989），并向 Y 银行提示付款，要求提取现金三万元。Y 银行工作人员对支票审查后，拒绝为该公司办理现金支取业务。请分析 Y 银行工作人员的做法是否正确。

（三）专用存款账户

1. 专用存款账户的概念

专用存款账户是存款人按照法律、行政法规和规章，对其特定用途资金进行专项管理和使用而开立的银行结算账户。

2. 适用范围

专用存款账户适用于对下列资金的管理和使用：①基本建设资金；②更新改造资金；③粮、棉、油收购资金；④证券交易结算资金；⑤期货交易保证金；⑥信托基金；⑦政策性房地产开发资金；⑧住房基金；⑨社会保障基金；⑩收入汇缴资金和业务支出资金；⑪党、团、工会设在单位的组织机构经费；⑫其他需要专项管理和使用的资金。

3. 开户证明文件

存款人申请开立专用存款账户，应向银行出具其开立基本存款账户规定的证明文件、基本存款账户开户许可证或企业基本存款账户编号等证明文件，具体参见二维码链接内容。

专用存款账户开户
证明文件

4. 专用存款账户的使用

（1）证券交易结算资金、期货交易保证金和信托基金专用存款账户不得支取现金。

（2）基本建设资金、更新改造资金、政策性房地产开发资金账户需要支取现金的，应在开户时报中国人民银行当地分支行批准。

（3）粮、棉、油收购资金，社会保障基金，住房基金和党、团、工会经费等专用存款账户支取现金应按照国家现金管理的规定办理。银行应按照国家对粮、棉、油收购资金使用管理的规定加强监督，不得办理不符合规定的资金收付和现金支取。

（4）收入汇缴资金和业务支出资金，是指基本存款账户存款人附属的非独立核算单位或派出机构发生的收入和支出的资金。收入汇缴账户除向其基本存款账户或预算外资金财政专用存款账户划缴款项外，只收不付，不得支取现金。业务支出账户除从其基本存款账户拨入款项外，只付不收，其现金支取必须按照国家现金管理的规定办理。

（四）预算单位零余额账户

（1）预算单位零余额账户是指预算单位经财政部门批准，在国库集中支付代理银行和非税收入收缴代理银行开立的，用于办理国库集中收付业务的银行结算账户。预算单位零余额账户的性质为基本存款账户或专用存款账户。预算单位未开立基本存款账户，或原基本存款账户在国库集中支付改革后已经按财政部门要求撤销的，经同级财政部门批准，预算单位零余额账户作为基本存款账户；除上述情况外，预算单位零余额账户作为专用存款账户。

（2）预算单位使用财政性资金，应当按照规定的程序和要求，向财政部门提出设立零余额账户的申请，财政部门同意预算单位开设零余额账户后通知代理银行。

（3）代理银行根据《人民币银行结算账户管理办法》的规定，具体办理开设预算单位零余额账户业务，并将所开账户的开户银行名称、账号等详细情况书面报告财政部门和中国人民银行。

（4）预算单位根据财政部门的开户通知，具体办理预留印鉴手续。印鉴卡内容如有变动，预算单位应及时通过一级预算单位向财政部门提出变更申请，办理印鉴卡更换手续。

（5）一个基层预算单位开设一个零余额账户。

（6）预算单位零余额账户用于财政授权支付，可以办理转账、提取现金等结算业务，可以向本单位按账户管理规定保留的相应账户划拨工会经费、住房公积金及提租补贴，以及财政部门批准的特殊款项，不得违反规定向本单位其他账户和上级主管单位及所属下级单位账户划拨资金。

（五）临时存款账户

1. 临时存款账户的概念

临时存款账户是指存款人因临时需要并在规定期限内使用而开立的银行结算账户。

2. 适用范围

临时存款账户适用于以下情形。

（1）设立临时机构，例如工程指挥部、筹备领导小组、摄制组等。

（2）异地临时经营活动，例如建筑施工及安装单位等在异地的临时经营活动。

（3）注册验资、增资。

（4）军队、武警单位承担基本建设或者异地执行作战、演习、抢险救灾、应对突发事件等临时任务。

3. 开户证明文件

存款人申请开立临时存款账户，需提供不同的开户证明文件，具体参见二维码链接内容。

临时存款账户开户
证明文件

 课堂讨论

A公司到其基本存款账户开户银行要求增资，银行告知其将增资款存入基本存款账户并在备注栏注明投资款就可以增资了。该银行的做法对吗？若不对，正确的处理方法是什么？

4. 临时存款账户的使用

临时存款账户用于办理临时机构以及存款人临时经营活动发生的资金收付。临时存款账户应根据有关开户证明文件确定的期限或存款人的需要确定其有效期限，最长不得超过2年。临时存款账户支取现金，应按照国家现金管理的规定办理。注册验资的临时存款账户在验资期间只收不付。

 课堂自测

根据支付结算法律制度的规定，临时存款账户的有效期最长不得超过一定期限，该期限为（　　）。

  A. 1年   B. 10年   C. 5年   D. 2年

（六）个人银行结算账户

1. 个人银行结算账户的概念

个人银行结算账户是指存款人因投资、消费、结算等需要而凭个人身份证件以自然人名称开立的银行结算账户。

2. 个人银行结算账户的分类

个人银行结算账户分为Ⅰ类银行结算账户、Ⅱ类银行结算账户和Ⅲ类银行结算账户（以下分别简称"Ⅰ类户""Ⅱ类户""Ⅲ类户"）。个人银行结算账户功能及开户方式如表3-4所示。

表3-4　　　　　　　　　　　　　　个人银行结算账户功能及开户方式

账户	功能	开户方式
Ⅰ类户	为存款人提供存款、购买投资理财产品等金融产品、转账、消费和缴费支付、支取现金等服务（全功能）	柜面、自助机具（现场核验）
Ⅱ类户	可以办理存款、购买投资理财产品等金融产品、限额消费和缴费、限额向非绑定账户转出资金业务，可以配发实体卡片［全功能限金额（理财除外）］	柜面、自助机具（现场核验＋非现场核验）、电子渠道
Ⅲ类户	为存款人提供限定金额的消费和缴费支付服务（限功能限金额）	

开立银行账户或者办理其他个人银行账户业务，原则上应当由开户申请人本人亲自办理，符合条件的，可以由他人代理办理。

3. 开户证明文件

根据个人银行账户实名制的要求，存款人申请开立个人银行账户时，应向银行出具本人有效身份证件，银行通过有效身份证件仍无法准确判断开户申请人身份的，应要求其出具辅助身份证明材料。

有效身份证件如下。

（1）在中华人民共和国境内已登记常住户口的中国公民为居民身份证；不满16周岁的，可以使用居民身份证或户口簿。

（2）香港、澳门特别行政区居民为港澳居民来往内地通行证、港澳居民居住证。

（3）台湾地区居民为台湾居民来往大陆通行证、台湾居民居住证。

（4）定居国外的中国公民为中国护照。

（5）外国公民为护照或者外国人永久居留证（外国边民，按照边贸结算的有关规定办理）。

（6）法律、行政法规规定的其他身份证明文件。

辅助身份证明材料包括但不限于：①中国公民为户口簿、护照、机动车驾驶证、居住证、社会保障卡、军人和武装警察身份证件、公安机关出具的户籍证明、工作证；②香港、澳门特别行政区居民为香港、澳门特别行政区居民身份证；③台湾地区居民为在台湾居住的有效身份证明；④定居国外的中国公民为定居国外的证明文件；⑤外国公民为外国居民身份证、使领馆人员身份证件或者机动车驾驶证等其他带有照片的身份证件；⑥完税证明、水电煤缴费单等税费凭证。

军人、武装警察尚未领取居民身份证的，除出具军人和武装警察身份证件外，还应出具军人保障卡或所在单位开具的尚未领取居民身份证的证明材料。

4. 个人银行结算账户的使用

个人银行结算账户用于办理个人转账收付和现金存取。下列款项可以转入个人银行结算账户：

①工资、奖金收入；②稿费、演出费等劳务收入；③债券、期货、信托等投资的本金和收益；④个人债权或产权转让收益；⑤个人贷款转存；⑥证券交易结算资金和期货交易保证金；⑦继承、赠与款项；⑧保险理赔、保费退还等款项；⑨纳税退还；⑩农、副、矿产品销售收入；⑪其他合法款项。

单位从其银行结算账户支付给个人银行结算账户的款项，每笔超过 5 万元（不包含 5 万元）的，应向其开户银行提供付款依据（参见二维码链接内容）。从单位银行结算账户支付给个人银行结算账户的款项应纳税的，税收代扣单位付款时应向其开户银行提供完税证明。

付款依据

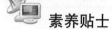 **素养贴士**

个人不要出租、出借、出售银行结算账户，避免被不法分子利用从事违法犯罪活动。对长期不使用的银行结算账户及时清理，确认今后不再使用的银行结算账户请及时到银行销户，避免产生年费和账户管理费，造成资金损失。社会公众可以根据需要，主动管理自己的账户，把资金量较大的账户设定为Ⅰ类户，把经常用于网络支付、移动支付的账户降级，或者新增开设Ⅱ类户、Ⅲ类户用于这些支付，这样既能有效保障账户资金安全，又能体验各种便捷、创新的支付方式，达到支付安全性和便捷性的统一。妥善保管个人身份证件、企业营业执照或单位证明文件，防止个人身份信息泄露从而被不法分子利用。

（七）异地银行结算账户

1. 异地银行结算账户的概念

异地银行结算账户，是存款人在其注册地或住所地行政区域之外（跨省、市、县）开立的银行结算账户。

2. 适用范围

异地银行结算账户适用于下列情形。

（1）营业执照注册地与经营地不在同一行政区域（跨省、市、县）需要开立基本存款账户的。

（2）办理异地借款和其他结算需要开立一般存款账户的。

（3）存款人因附属的非独立核算单位或派出机构发生的收入汇缴或业务支出需要开立专用存款账户的。

（4）异地临时经营活动需要开立临时存款账户的。

（5）自然人根据需要在异地开立个人银行结算账户的。

任务三　银行非现金支付业务

目前，我国银行非现金支付业务主要有票据类业务、银行卡业务和汇兑等传统结算方式，以及随着互联网技术发展而广泛使用的银行卡收单、网上银行、条码支付等新型支付方式。

一、票据

（一）票据的概念和种类

票据的概念有广义和狭义之分。广义上的票据包括各种有价证券和凭证，如股票、企业债券、发票、提单等；狭义上的票据，即《中华人民共和国票据法》(以下简称《票据法》)中规定的"票据"，包括汇票、本票和支票，是指由出票人签发的、约定自己或者委托付款人在见票时或指定的日期向收款人或持票人无条件支付一定金额的有价证券，如图 3-2 所示。

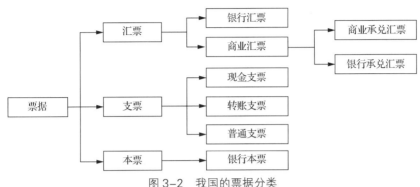

图 3-2　我国的票据分类

（二）票据当事人

票据当事人是指在票据法律关系中，享有票据权利、承担票据义务的主体。

票据当事人分为基本当事人和非基本当事人。

（1）基本当事人是指票据作成和交付时就已存在的当事人，包括出票人、收款人和付款人。

（2）非基本当事人是指票据作成并交付后，通过一定票据行为加入票据关系而享有一定权利、承担一定义务的当事人，包括承兑人、背书人、被背书人和保证人。

二、票据权利与责任

（一）票据权利的概念和分类

票据权利是指票据持票人向票据债务人请求支付票据金额的权利，包括付款请求权和追索权。

付款请求权是指持票人向汇票的承兑人、本票的出票人、支票的付款人出示票据要求付款的权利，是第一顺序权利。行使付款请求权的持票人可以是票据记载的收款人或最后的被背书人；担负付款义务的主要是主债务人。

追索权是指票据当事人行使付款请求权遭到拒绝或有其他法定原因存在时，向其前手请求偿还票据金额及其他法定费用的权利，是第二顺序权利。行使追索权的当事人除票据记载的收款人和最后被背书人外，还可能是代为清偿票据债务的保证人、背书人。

（二）票据权利的取得

取得票据享有票据权利的情形：

（1）依法接受出票人签发的票据；

（2）依法接受背书转让的票据；

（3）因税收、继承、赠与可以依法无偿取得票据。

（三）票据权利的行使与保全

票据权利的行使是指持票人请求票据的付款人支付票据金额的行为，例如行使付款请求权以获得票款，行使追索权以请求清偿法定的金额和费用等。票据权利的保全是指持票人为了防止票据权利的丧失而采取的措施。

票据权利的保全行为大都是票据权利的行使行为，所以《票据法》通常将二者一并进行规定。票据权利行使和保全的方法通常包括"按期提示"和"依法证明"两种。"按期提示"是指要按照规定的期限向票据债务人提示票据，包括提示承兑或提示付款，以及时保全或行使追索权。"依法证明"是指持票人为了证明自己曾经依法行使票据权利而遭拒绝或者根本无法行使票据权利而以法律规定的时间和方式取得相关的证据。

（四）票据权利丧失补救

票据丧失是指票据因灭失（如不慎被烧毁）、遗失（如不慎丢失）、被盗等而使票据权利人脱离其对票据的占有。票据一旦丧失，票据的债权人不采取措施补救就不能阻止债务人向拾获者履行义务，从而造成正当票据权利人经济上的损失。因此，需要进行票据丧失补救。票据丧失后，可以采取挂失止付、公示催告和普通诉讼三种形式进行补救。

1. 挂失止付

挂失止付是指失票人将丧失票据的情况通知付款人或代理付款人，由接收通知的付款人或代理付款人审查后暂停支付的一种方式。只有确定付款人或代理付款人的票据丧失时才可进行挂失止付，具体包括已承兑的商业汇票、支票、填明"现金"字样和代理付款人的银行汇票以及填明"现金"字样的银行本票四种。挂失止付并不是票据丧失后采取的必经措施，而只是一种暂时的预防措施，最终要通过申请公示催告或提起普通诉讼来补救票据权利。

2. 公示催告

公示催告是指在票据丧失后由失票人向人民法院提出申请，请求人民法院以公告方式通知不确定的利害关系人限期申报权利，逾期未申报者，则权利失效，而由人民法院通过除权判决宣告所丧失的票据无效的制度或程序。根据《票据法》的规定，失票人应当在通知挂失止付后的 3 日内，也可以在票据丧失后，依法向票据支付地人民法院申请公示催告。申请公示催告的主体必须是可以背书转让的票据的最后持票人。

3. 普通诉讼

普通诉讼是指以丧失票据的人为原告，以承兑人或出票人为被告，请求人民法院判决其向失票人付款的诉讼活动。如果与票据上的权利有利害关系的人是明确的，无须公示催告，可按一般的票据纠纷向人民法院提起诉讼。

 课堂自测

下列表述中，正确的是（　　　）。

A. 申请公示催告必须先申请挂失止付

B. 办理挂失止付应有确定的"付款人"，因此未填明代理付款人的银行汇票不得挂失止付

C. 银行网点下班后，因为紧急情况可以到该银行网点负责人的家中提示付款

D. 公示催告可以在当地晚报上刊发

（五）票据权利时效

票据权利时效是指票据权利在时效期间内不行使，即引起票据权利丧失。《票据法》根据不同情况，将票据权利时效划分为 2 年、6 个月、3 个月。《票据法》规定，票据权利在下列期限内不行使而消灭。

（1）持票人对票据的出票人和承兑人的权利自票据到期日起 2 年。见票即付的汇票、本票自出票日起 2 年。

（2）持票人对支票出票人的权利，自出票日起 6 个月。

（3）持票人对前手的追索权，自被拒绝承兑或者被拒绝付款之日起 6 个月。

（4）持票人对前手的再追索权，自清偿日或者被提起诉讼之日起 3 个月。

之所以规定支票的权利时效短于其他票据，是因为支票主要是一种短期支付工具，其权利的行使以迅速为宜，规定较短的时效，可以督促权利人及时行使票据权利。

 **课堂自测**

下列说法中，正确的是（　　　）。

A. 票据权利时效期间是指提示付款期间

B. 持票人对支票出票人的权利，自出票日起 3 个月

C. 持票人对前手的再追索权，自清偿日或者被提起诉讼之日起 3 个月

D. 持票人对前手的追索权，自被拒绝承兑或者被拒绝付款之日起 3 个月

（六）票据责任

票据责任是指票据债务人向持票人支付票据金额的义务。实务中，票据债务人承担票据义务一般有四种情况：一是汇票承兑人因承兑而应承担付款义务；二是本票出票人因出票而承担自己付款的义务；三是支票付款人在与出票人有资金关系时承担付款义务；四是汇票、本票、支票的背书人，汇票、支票的出票人、保证人，在票据不获承兑或不获付款时的付款清偿义务。

（1）提示付款。持票人应按规定期限提示付款（见表 3-5）。持票人未按照规定期限提示付款的，在作出说明后，承兑人或者付款人仍应当继续对持票人承担付款责任。通过委托收款银行或者通过票据交换系统向付款人提示付款的，视同持票人提示付款。本票持票人未按照规定提示付款的，丧失对出票人以外的前手的追索权；支票持票人超过提示付款期限提示付款的，付款人可以不予付款，付款人不予付款的，出票人仍应对持票人承担票据责任。

表 3-5　　　　　　　　　　票据的提示付款期限

票据种类	提示付款期限
支票	自出票日起 10 日
银行汇票	自出票日起 1 个月
银行本票	自出票日起最长不超过 2 个月
商业汇票	自票据到期日起 10 日

（2）付款人付款。持票人依照规定提示付款的，付款人必须在当日足额付款。付款人及其代理付款人付款时，应当审查票据背书的连续，并审查提示付款人合法身份证明或者有效证件。票据金额为外币的，按照付款日的市场汇价，以人民币支付。票据当事人对票据支付的货币种类另有约定的，从其约定。

（3）拒绝付款。如果存在背书不连续等合理事由，票据债务人可以对票据债权人拒绝履行义务，这就是所谓的票据"抗辩"。票据债务人可以对不履行约定义务的与自己有直接债权债务关系

的持票人进行抗辩。但不得以自己与出票人或者与持票人的前手之间的抗辩事由，对抗持票人。当然，若持票人明知存在抗辩事由而取得票据的除外。

（4）获得付款。持票人获得付款的，应当在票据上签收，并将票据交给付款人。持票人委托银行收款的，受委托的银行将代收的票据金额转账收入持票人账户，视同签收。电子商业汇票的持票人可委托接入机构即银行代为发出提示付款、逾期提示付款行为申请。

（5）相关银行的责任。持票人委托的收款银行的责任，限于按照票据上记载事项将票据金额转入持票人账户。付款人委托的付款银行的责任，限于按照票据上记载事项从付款人账户支付票据金额。付款人及其代理付款人以恶意或者有重大过失付款的，应当自行承担责任。对定日付款、出票后定期付款或者见票后定期付款的票据，付款人在到期日前付款的，由付款人自行承担所产生的责任。

（6）票据责任解除。付款人依法足额付款后，全体票据债务人的责任解除。

课堂自测

下列说法中，正确的是（　　　　）。

A. 票据债务人可以以自己与出票人或者与持票人的前手之间的抗辩事由，对抗持票人

B. 持票人未按照规定期限提示付款的，付款人的票据责任解除

C. 持票人委托的收款银行的责任，限于按照票据上记载事项将票据金额转入持票人账户

D. 付款人委托的付款银行的责任，限于按照票据上记载事项从付款人账户支付票据金额，不必审查背书连续

三、票据追索

（一）票据追索的情形

票据追索分两种情形，分别为到期后追索和到期前追索。

到期后追索，是指票据到期被拒绝付款的，持票人对背书人、出票人以及票据的其他债务人行使的追索。

到期前追索，是指票据到期日前，持票人对下列情形之一行使的追索：①汇票被拒绝承兑的；②承兑人或者付款人死亡、逃匿的；③承兑人或者付款人被依法宣告破产的或者因违法被责令终止业务活动的。

（二）被追索人的确定

票据的出票人、背书人、承兑人和保证人对持票人承担连带责任。持票人行使追索权，可以不按照票据债务人的先后顺序，对其中任何一人、数人或者全体行使追索权。持票人对票据债务人中的一人或者数人已经进行追索的，对其他票据债务人仍可以行使追索权。

（三）追索的内容

（1）持票人行使追索权，可以请求被追索人支付下列金额和费用：①被拒绝付款的票据金额；②票据金额自到期日或者提示付款日起至清偿日止，按照中国人民银行规定的利率计算的利息；③取得有关拒绝证明和发出通知书的费用。被追索人清偿债务时，持票人应当交出票据和有关拒绝证明，并出具所收到利息和费用的收据。

（2）被追索人依照前述规定清偿后，可以向其他票据债务人行使再追索权，请求其他票据债

务人支付下列金额和费用：①已清偿的全部金额；②前项金额自清偿日起至再追索清偿日止，按照中国人民银行规定的利率计算的利息；③发出通知书的费用。行使再追索权的被追索人获得清偿时，应当交出票据和有关拒绝证明，并出具所收到利息和费用的收据。

（四）追索权的行使

（1）获得有关证明。持票人行使追索权时，应当提供被拒绝承兑或者拒绝付款的有关证明。

（2）行使追索。持票人应当自收到被拒绝承兑或者被拒绝付款的有关证明之日起 3 日内，将被拒绝事由书面通知其前手；其前手应当自收到通知之日起 3 日内书面通知其再前手。持票人也可以同时向各票据债务人发出书面通知。

未按照规定期限通知的，持票人仍可以行使追索权。因延期通知给其前手或者出票人造成损失的，由没有按照规定期限通知的票据当事人承担对该损失的赔偿责任，但是所赔偿的金额以汇票金额为限。

（五）追索的效力

被追索人依照规定清偿债务后，其责任解除，与持票人享有同一权利。

课堂讨论

2021 年 7 月 8 日，甲公司为支付 50 万元货款向乙公司签发并承兑一张定日付款的商业汇票，汇票到期日为 2022 年 1 月 8 日。乙公司将该商业汇票背书转让给丙公司，并记载"不得转让"字样。丙公司再次将该汇票转让给丁公司，丁公司将汇票背书转让给戊公司。戊公司在提示付款期限内向甲公司提示付款遭到拒绝，遂向前手发起追索。思考：戊公司可以向谁发起追索？

四、银行汇票

（一）银行汇票的概念和适用范围

银行汇票是出票银行签发的，由其在见票时按照实际结算金额无条件支付给收款人或者持票人的票据。单位和个人各种款项结算，均可使用银行汇票，如图 3-3 和图 3-4 所示。

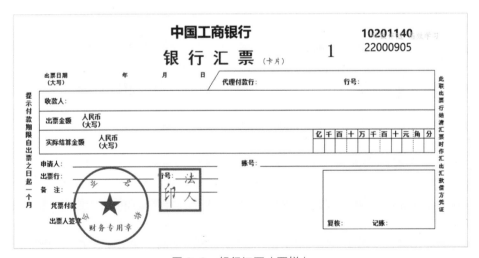

图 3-3　银行汇票（票样）

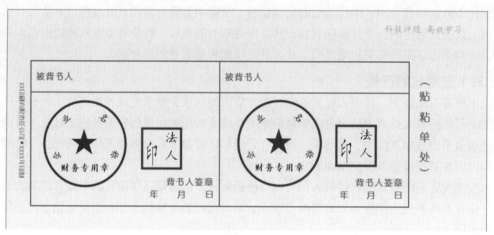

图 3-4　银行汇票背书

（二）银行汇票的出票

1. 申请

申请人使用银行汇票，应向出票银行填写"银行汇票申请书"，填明收款人名称、汇票金额、申请人名称、申请日期等事项并签章，签章为其预留银行的签章。申请人和收款人均为个人，需要使用银行汇票向代理付款人支取现金的，申请人须在"银行汇票申请书"上填明代理付款人名称，在"出票金额"栏先填写"现金"字样，后填写汇票金额。申请人或者收款人为单位的，不得在"银行汇票申请书"上填明"现金"字样。

2. 签发并交付

出票银行受理银行汇票申请书，收妥款项后签发银行汇票，并将银行汇票和解讫通知一并交给申请人。签发银行汇票必须记载下列事项：表明"银行汇票"的字样；无条件支付的承诺；出票金额；付款人名称；收款人名称；出票日期；出票人签章。欠缺记载上列事项之一的，银行汇票无效。

签发现金银行汇票，申请人和收款人必须均为个人，收妥申请人交存的现金后，在银行汇票"出票金额"栏先填写"现金"字样，后填写出票金额，并填写代理付款人名称。申请人或者收款人为单位的，银行不得为其签发现金银行汇票。

申请人应将银行汇票和解讫通知一并交付给汇票上记明的收款人。收款人受理银行汇票时，应审查下列事项：①银行汇票和解讫通知是否齐全、汇票号码和记载的内容是否一致；②收款人是否确为本单位或本人；③银行汇票是否在提示付款期限内；④必须记载的事项是否齐全；⑤出票人签章是否符合规定，大小写出票金额是否一致；⑥出票金额、出票日期、收款人名称是否更改，更改的其他记载事项是否由原记载人签章证明。

（三）填写实际结算金额

收款人受理申请人交付的银行汇票时，应在出票金额以内，根据实际需要的款项办理结算，并将实际结算金额和多余金额准确、清晰地填入银行汇票和解讫通知的有关栏内。银行汇票的实际结算金额低于出票金额的，其多余金额由出票银行退交申请人。未填明实际结算金额和多余金额或实际结算金额超过出票金额的，银行不予受理。银行汇票的实际结算金额一经填写不得更改，更改实际结算金额的银行汇票无效。

（四）银行汇票背书

被背书人受理银行汇票时，除按照收款人接受银行汇票的程序进行相应的审查外，还应审查下列事项：①银行汇票是否记载实际结算金额，有无更改，其金额是否超过出票金额；②背书是否连续，背书人签章是否符合规定，背书使用粘单的是否按规定签章；③背书人为个人的身份证件。

银行汇票的背书转让以不超过出票金额的实际结算金额为准。未填写实际结算金额或实际结算金额超过出票金额的银行汇票不得背书转让。

（五）银行汇票提示付款

银行汇票的提示付款期限为自出票日起 1 个月。持票人超过付款期限提示付款的，代理付款人不予受理。持票人向银行提示付款时，须同时提交银行汇票和解讫通知，缺少任何一联，银行不予受理。持票人超过期限向代理付款银行提示付款却不获付款的，须在票据权利时效内向出票银行作出说明，并提供本人身份证件或单位证明，持银行汇票和解讫通知向出票行请求付款。

（六）银行汇票退款和丧失

申请人因银行汇票超过付款提示期限或其他原因要求退款时，应将银行汇票和解讫通知同时提交到出票银行。申请人为单位的，应出具该单位的证明；申请人为个人的，应出具本人的身份证件。对于代理付款银行查询的要求退款的银行汇票，应在汇票提示付款期满后方能办理退款。出票银行对于转账银行汇票的退款，只能转入原申请人账户；对于符合规定填明"现金"字样银行汇票的退款，才能退付现金。申请人缺少解讫通知要求退款的，出票银行应于银行汇票提示付款期满 1 个月后办理。

银行汇票丧失，失票人可以凭人民法院出具的其享有票据权利的证明，向出票银行请求付款或退款。

 课堂自测

根据支付结算法律制度的规定，下列关于银行汇票使用的表述中，正确的是（　　　）。

A. 银行汇票不能用于个人款项结算

B. 银行汇票不能支取现金

C. 银行汇票的提示付款期限为自出票日起 1 个月

D. 银行汇票必须按出票金额付款

五、商业汇票

（一）商业汇票的概念和种类

商业汇票是出票人签发的，委托付款人在指定日期无条件支付确定的金额给收款人或者持票人的票据。商业汇票按照承兑人的不同分为商业承兑汇票和银行承兑汇票。

（二）商业汇票的出票

1. 出票人的资格条件

商业承兑汇票的出票人，为在银行开立存款账户的法人以及其他组织，并与付款人具有真实的委托付款关系，具有支付汇票金额的可靠资金来源。银行承兑汇票的出票人必须是在承兑银行开立存款账户的法人以及其他组织，并与承兑银行具有真实的委托付款关系，资信状况良好，具有支付汇票金额的可靠资金来源。

2. 出票人的确定

商业承兑汇票可以由付款人签发并承兑，也可以由收款人签发交由付款人承兑。银行承兑汇票应由在承兑银行开立存款账户的存款人签发。

3. 出票的记载事项

签发商业汇票必须记载下列事项：表明"商业承兑汇票"或"银行承兑汇票"的字样；无条件支付的委托；确定的金额；付款人名称；收款人名称；出票日期；出票人签章。欠缺记载上述事项之一的，商业汇票无效。其中，"出票人签章"为该单位的财务专用章或者公章加其法定代理人或其授权的代理人的签名或者盖章。电子商业汇票信息以电子商业汇票系统的记录为准。电子商业汇票出票必须记载下列事项：表明"电子银行承兑汇票"或"电子商业承兑汇票"的字样；无条件支付的委托；确定的金额；出票人名称；付款人名称；收款人名称；出票日期；票据到期日；出票人签章。

商业汇票的付款期限记载有三种形式：定日付款的汇票付款期限自出票日起计算，并在汇票上记载具体的到期日；出票后定期付款的汇票付款期限自出票日起按月计算，并在汇票上记载；见票后定期付款的汇票付款期限自承兑或拒绝承兑日起按月计算，并在汇票上记载。电子商业汇票的出票日是指出票人记载在电子商业汇票上的出票日期。

纸质商业汇票的付款期限，最长不得超过 6 个月。电子商业汇票的付款期限自出票日至到期日不超过 1 年。

（三）商业汇票的承兑

商业汇票可以在出票时向付款人提示承兑后使用，也可以在出票后先使用再向付款人提示承兑。付款人拒绝承兑的，必须出具拒绝承兑的证明。付款人承兑汇票后，应当承担到期付款的责任。

（四）商业汇票的贴现

1. 贴现的概念

贴现是指票据持票人在票据未到期时为获得现金向银行贴付一定利息而发生的票据转让行为。贴现按照交易方式，分为买断式和回购式。

2. 贴现的基本规定

（1）贴现条件。商业汇票的持票人向银行办理贴现必须具备下列条件：票据未到期；票据未记载"不得转让"事项；持票人是在银行开立存款账户的企业法人以及其他组织；与出票人或者直接前手之间具有真实的商品交易关系。

（2）贴现利息的计算。贴现的期限从其贴现之日起至汇票到期日止。实付贴现金额按票面金额扣除贴现日至汇票到期前 1 日的利息计算。承兑人在异地的纸质商业汇票，贴现的期限以及贴现利息的计算应另加 3 日的划款日期。

 法律小贴士

贴现利息的计算如表 3-6 所示。

表 3-6　　　　　　　　　　　　贴现利息的计算

地区	计算公式
同城	票面金额×日利率×（贴现日至到期日前 1 日的天数）=贴现利息
异地	票面金额×日利率×（贴现日至到期日前 1 日的天数＋3）=贴现利息

（3）贴现的收款。贴现到期，贴现银行应向付款人收取票款。不获付款的，贴现银行应向其前手追索票款。贴现银行追索票款时可从申请人的存款账户直接收取票款。办理电子商业汇票贴现以及提示付款业务，可选择票款对付方式或同城票据交换、通存通兑、汇兑等方式清算票据资金。

电子商业汇票当事人在办理回购式贴现业务时，应明确赎回开放日、赎回截止日。

（五）商业汇票的到期处理

1. 票据到期后偿付顺序

票据到期后偿付顺序如下。

（1）票据未经承兑人付款确认和保证增信即交易的，若承兑人未付款，应当由贴现人先行偿付。该票据在交易后又经承兑人付款确认的，应当由承兑人付款；若承兑人未付款，应当由贴现人先行偿付。

（2）票据经承兑人付款确认且未保证增信即交易的，应当由承兑人付款；若承兑人未付款，应当由贴现人先行偿付。

（3）票据保证增信后即交易且未经承兑人付款确认的，若承兑人未付款，应当由保证增信行先行偿付；保证增信行未偿付的，应当由贴现人先行偿付。

（4）票据保证增信后且经承兑人付款确认的，应当由承兑人付款；若承兑人未付款，应当由保证增信行先行偿付；保证增信行未偿付的，应当由贴现人先行偿付。

2. 提示付款

商业汇票的提示付款期限为自汇票到期日起10日，持票人应在提示付款期内向付款人提示付款。

（1）商业承兑汇票承兑人在提示付款当日同意付款的，承兑人账户余额足够支付票款的，承兑人开户行应当代承兑人作出同意付款应答，并于提示付款日向持票人付款。承兑人账户余额不足以支付票款的，则视同承兑人拒绝付款。承兑人开户行应当于提示付款日代承兑人作出拒付应答并说明理由，同时通过票据市场基础设施通知持票人。

（2）银行承兑汇票的出票人应于汇票到期前将票款足额交存其开户银行，银行承兑汇票的出票人于汇票到期日未能足额交存票款时，承兑银行付款后，对出票人尚未支付的汇票金额按照每天万分之五计收利息。

课堂讨论

2024年3月11日，甲公司签发一张商业汇票，收款人为乙公司，到期日为2024年9月11日，由甲公司的开户银行P银行承兑该汇票。2020年6月30日，乙公司从丙公司采购一批货物，将该汇票背书转让给丙公司，丙公司于9月30日持该汇票到其开户银行Q银行办理委托收款。思考：丙公司去银行办理该汇票提示付款的期限应是何时？

课堂自测

根据支付结算法律制度的规定，电子承兑汇票付款期限自出票日至到期日不得超过一定期限，该期限为（　　）。

A．6个月　　　　B．1年　　　C．3个月　　　　D．2年

六、银行本票

（一）本票的概念和适用范围

本票是指出票人签发的，承诺自己在见票时无条件支付确定的金额给收款人或者持票人的票据，如图 3-5 所示。在我国，本票仅限于银行本票，即银行出票、银行付款。银行本票可以用于转账，注明"现金"字样的银行本票可以用于支取现金。单位和个人在同一票据交换区域需要支付各种款项，均可以使用银行本票。

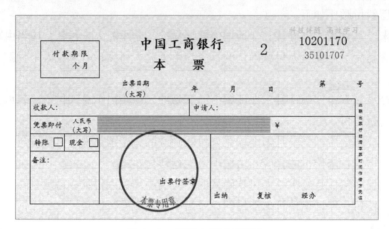

图 3-5　银行本票（票样）

（二）银行本票的出票

申请人使用银行本票，应向银行填写"银行本票申请书"，填明收款人名称、申请人名称、支付金额、申请日期等事项并签章。申请人和收款人均为个人，需要支取现金的，应在"金额"栏先填写"现金"字样，后填写支付金额。

出票银行受理"银行本票申请书"，收妥款项，签发银行本票交给申请人。

申请人应将银行本票交付本票上记明的收款人。收款人受理银行本票时，应审查下列事项：①收款人是否确为本单位或本人；②银行本票是否在提示付款期限内；③必须记载的事项是否齐全；④出票人签章是否符合规定，大小写出票金额是否一致；⑤出票金额、出票日期、收款人名称是否更改，更改的其他记载事项是否由原记载人签章证明。

 课堂讨论

甲公司向 P 银行申请签发一张银行本票交付乙公司。思考：乙公司在收票时应当审查的项目有哪些？

 素养贴士

银行票据的使用十分普遍，种类也多，比如汇票、本票、支票、信用证等，银行票据已经成为经济往来和贸易中不可或缺的交易支付手段。而很多票据持有人对银行票据在使用中存在的风险还不太了解，对应该注意的问题和结算知识也不是很明了，给银行票据的推广和使用带来一定的困难，增加了风险隐患。会计人员对票据要严格审核，严谨细致，防患于未然。

（三）银行本票的付款

银行本票见票即付。银行本票的提示付款期限为自出票日起最长不得超过 2 个月。本票的出票人在持票人提示见票时，必须承担付款的责任。持票人超过提示付款期限不获付款的，在票据权利时效内向出票银行作出说明，并提供本人身份证件或单位证明，可持银行本票向出票银行请求付款。

课堂自测

根据支付结算法律制度的规定，下列关于银行本票使用的表述中，不正确的是（　　　　）。

A. 银行本票的出票人在持票人提示见票时，必须承担付款的责任

B. 银行本票只限于单位使用，个人不得使用

C. 注明"现金"字样的银行本票可以用于支取现金

D. 收款人可以将银行本票背书转让给他人

七、支票

（一）支票的概念、种类和适用范围

1. 概念

支票是指出票人签发的、委托办理支票存款业务的银行在见票时无条件支付确定的金额给收款人或者持票人的票据。

2. 种类

支票分为现金支票、转账支票和普通支票三种。支票上印有"现金"字样的为现金支票，如图 3-6 所示，现金支票只能用于支取现金。支票上印有"转账"字样的为转账支票，如图 3-7 所示，转账支票只能用于转账。支票上未印有"现金"或"转账"字样的为普通支票，普通支票可以用于支取现金，也可以用于转账。在普通支票左上角划两条平行线的，为划线支票，划线支票只能用于转账，不得用于支取现金。

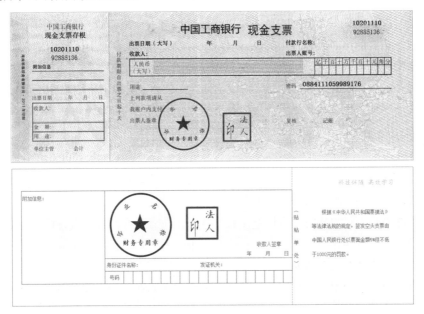

图 3-6　现金支票（票样）

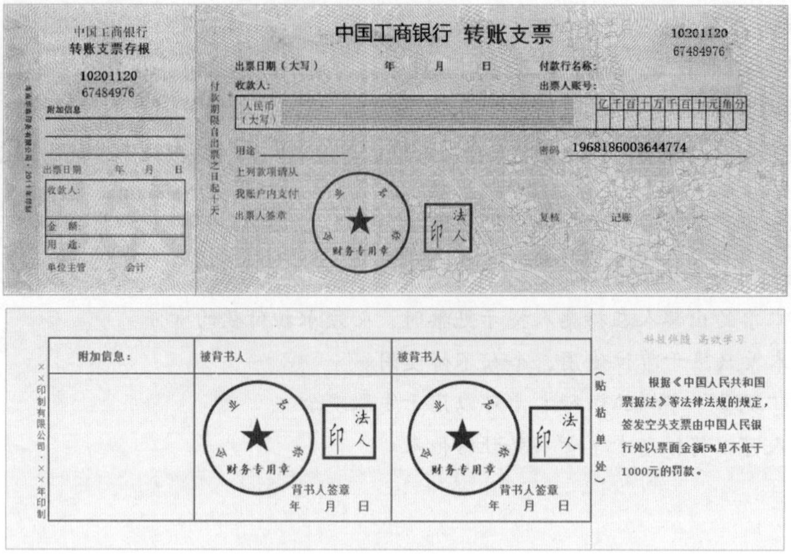

图 3-7　转账支票（票样）

3. 适用范围

单位和个人在同一票据交换区域的各种款项结算，均可以使用支票。全国支票影像系统支持全国使用。

（二）支票的出票

1. 开立支票存款账户

开立支票存款账户，申请人必须使用本名，提交证明其身份的合法证件，并应当预留其本名的签名式样和印鉴。

2. 出票

签发支票必须记载下列事项：表明"支票"的字样；无条件支付的委托；确定的金额；付款人名称；出票日期；出票人签章。支票上未记载前款规定事项之一的，支票无效。其中，支票的付款人为支票上记载的出票人开户银行。

支票的金额、收款人名称，可以由出票人授权补记，未补记前不得背书转让和提示付款。支票上未记载付款地的，付款人的营业场所为付款地。支票上未记载出票地的，出票人的营业场所、住所或者经常居住地为出票地。出票人可以在支票上记载自己为收款人。

（三）支票付款

1. 提示付款

支票的提示付款期限为自出票日起 10 日。持票人可以委托开户银行收款或直接向付款人提示付款。用于支取现金的支票仅限于收款人向付款人提示付款。

持票人委托开户银行收款时，应作委托收款背书，在支票背面背书人签章栏签章，记载"委托收款"字样、背书日期，在被背书人栏记载开户银行名称，并将支票和填制的进账单送交开户银行。持票人持用于转账的支票向付款人提示付款时，应在支票背面背书人签章栏签章，并将支票和填制的进账单送交出票人开户银行。收款人持用于支取现金的支票向付款人提示付款时，应在支票背面收款人签章处签章，持票人为个人的，还需交验本人身份证件，并在支票背面注明证件名称、号码及发证机关。

2. 付款

出票人必须按照签发的支票金额承担保证向该持票人付款的责任。出票人在付款人处的存款足以支付支票金额时，付款人应当在见票当日足额付款。

付款人依法支付支票金额的，对出票人不再承担受委托付款的责任，对持票人不再承担付款的责任。但付款人以恶意或者有重大过失付款的除外。

法律小贴士

签发支票的注意事项

 课堂自测

下列属于支票授权补记的有（　　　）。

A. 出票日期　　　B. 金额　　　C. 收款人名称　　　D. 付款人名称

任务四　银行卡

一、银行卡的概念和分类

（一）银行卡的概念

银行卡是指经批准由商业银行向社会发行的具有消费信用、转账结算、存取现金等全部或部分功能的信用支付工具。

（二）银行卡的分类

根据不同标准，银行卡有不同的分类，如表 3-7 所示。

表 3-7　　　　　　　　　　　银行卡的分类

分类标准	分类
透支功能	信用卡（可透支）、借记卡（不可透支）
	（1）信用卡按是否向发卡银行交存备用金分为：贷记卡（在信用额度内先消费、后还款的信用卡）；准贷记卡（交存一定金额的备用金，余额不足时，可在信用额度内透支的信用卡）
	（2）借记卡按功能不同分为：转账卡、专用卡、储值卡
币种	人民币卡、外币卡（以除人民币以外的货币作为清算货币的银行卡）
发行对象	单位卡（商务卡）、个人卡
信息载体	磁条卡、芯片（IC）卡

 课堂自测

银行卡按是否具有透支功能可分为（　　　）。

A. 磁条卡与芯片卡　　　　　　　B. 人民币卡与外币卡

C. 信用卡与借记卡　　　　　　　D. 单位卡与个人卡

二、银行卡账户和交易

（一）银行卡申领、注销和丧失

单位或个人申领信用卡，应按规定填制申请表，连同有关资料一并送交发卡银行。发卡银行可根据申请人的资信程度，要求其提供担保。担保的方式可采用保证、抵押或质押。银行卡及其账户只限经发卡银行批准的持卡人本人使用，不得出租和转借。

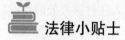

法律小贴士

信用卡账户开立流程（见图3-8）

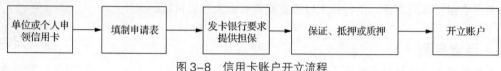

图3-8　信用卡账户开立流程

个人贷记卡申请的基本条件：①年满18周岁，有固定职业和稳定收入，工作单位和户口在常住地的城乡居民；②填写申请表，并在持卡人处亲笔签字；③向发卡银行提供本人及附属卡持卡人、担保人的有效身份证件复印件；外地、境外人员及现役军官以个人名义领卡应出具当地公安部门签发的临时户口或有关部门开具的证明，并须提供具备担保条件的担保单位或有当地户口、在当地工作的担保人。

持卡人在还清全部交易款项、透支本息和有关费用后，可申请办理销户。发卡行受理注销申请之日起45日后，被注销信用卡账户方能清户。

持卡人丧失银行卡，应立即持本人有效身份证件或其他有效证明，并按规定提供有关情况，向发卡银行或代办银行申请挂失，发卡银行或代办银行审核后办理挂失手续。

课堂讨论

甲公司会计人员于2024年11月6日在开户银行P银行为单位开立了一个单位人民币借记卡账户，并从基本存款账户转入款项60万元。2024年12月3日，异地乙公司业务人员随身携带现金4万元与甲公司洽谈生意。洽谈结束后，乙公司按照洽谈意见，需要预付货款5万元。乙公司业务人员交付携带的4万元现金后，甲公司授意其将剩余的1万元从乙公司的异地账户直接汇入甲公司银行卡账户。2024年12月10日，甲公司银行卡账户中收到乙公司的1万元预付货款，同日甲公司会计人员到开户银行P银行将银行卡账户中的2万元转入该公司总经理在Q银行开立的个人银行卡账户。请分析甲公司会计人员的以上做法中哪些违反了银行卡业务管理的有关规定。

（二）银行卡交易的基本规定

1. 信用卡预借现金业务

信用卡预借现金业务包括现金提取、现金转账和现金充值。现金提取是指持卡人通过柜面和自动柜员机等自助机具，以现钞形式获得信用卡预借现金额度内资金。现金转账是指持卡人将信用卡预借现金额度内资金划转到本人银行结算账户。现金充值是指持卡人将信用卡预借现金额度内资金划转到本人在非银行支付机构开立的支付账户。信用卡持卡人通过ATM机等自助机具办理现金提取业务，每卡每日累计不得超过人民币1万元；持卡人通过柜面办理现金提取业务，通过各类渠道办理现金转账业务的每卡每日限额，由发卡机构与持卡人通过协议约定；发卡机构可自主确定是否提供现金充值服务，并与持卡人协议约定每卡每日限额。发卡机构不得将持卡人信用卡预借现金额度内资金划转至其他信用卡，以及非持卡人的银行结算账户或支付账户。发卡银行应当对借记卡持卡人在ATM机等自助机具取款设定交易上限，每卡每日累计提款不得超过2

万元人民币，储值卡的面值或卡内币值不得超过 1 000 元人民币。

2. 贷记卡持卡人的待遇

贷记卡持卡人非现金交易可享受免息还款期和最低还款额待遇，银行记账日到发卡银行规定的到期还款日之间为免息还款期，持卡人在到期还款日前偿还所使用全部银行款项有困难的，可按照发卡银行规定的最低还款额还款。持卡人透支消费享受免息还款期和最低还款额待遇的条件和标准等，由发卡机构自主确定。

3. 发卡银行追偿的途径

发卡银行通过下列途径追偿透支款项和诈骗款项：扣减持卡人保证金、依法处理抵押物和质物；向保证人追索透支款项；通过司法机关的诉讼程序进行追偿。

 课堂自测

下列情形中，符合银行卡管理规定的有（　　　　）。

A. 20 周岁的赵某丢失借记卡后即持本人有效身份证件到发卡行挂失

B. 刘某在还清全部交易款项、透支本息和有关费用后申请信用卡销户

C. 王某将本人的信用卡转借给李某使用

D. 15 周岁的张某申请个人贷记卡

三、银行卡计息与收费

发卡银行对准贷记卡及借记卡（不含储值卡）账户内的存款，按照中国人民银行规定的同期同档次存款利率及计息办法计付利息。自 2021 年 1 月 1 日起，信用卡透支利率由发卡机构与持卡人自主协商确定，取消信用卡透支利率上限和下限管理。信用卡透支的计结息方式，以及对信用卡溢缴款是否计付利息及其利率标准，由发卡机构自主确定。

发卡机构调整信用卡利率的，应至少提前 45 个自然日按照约定方式通知持卡人。持卡人有权在新利率标准生效之日前选择销户，并按照已签订的协议偿还相关款项。

取消信用卡滞纳金，对于持卡人违约逾期未还款的行为，发卡机构应与持卡人通过协议约定是否收取违约金，以及相关收取方式和标准。发卡机构向持卡人提供超过授信额度用卡的，不得收取超限费。

发卡机构对向持卡人收取的违约金和年费、取现手续费、货币兑换费等服务费不得计收利息。

四、银行卡收单

（一）银行卡收单业务概念

银行卡收单业务，是指收单机构与特约商户签订银行卡受理协议，在特约商户按约定受理银行卡并与持卡人达成交易后，为特约商户提供交易资金结算服务。

（二）银行卡收单业务管理规定

收单机构拓展特约商户，应遵循"了解你的客户"原则，对特约商户实行实名制管理。特约商户的收单银行结算账户应当为其同名单位银行结算账户，或其指定的、与其存在合法资金管理关系的单位银行结算账户。特约商户为个体工商户或自然人的，可使用其同名个人银行结算账户作为收单银行结算账户。

收单机构应当对实体特约商户收单业务进行本地化经营和管理，通过在特约商户及其分支机构所在省（自治区、直辖市）域内的收单机构或其分支机构提供收单服务，不得跨省（自治区、直辖市）域开展收单业务。

收单机构应按协议约定及时将交易资金结算到特约商户的收单银行结算账户，资金结算时限最迟不得超过持卡人确认可直接向特约商户付款的支付指令生效日后 30 个自然日，因涉嫌违法违规等风险交易需延迟结算的除外。

收单机构向商户收取的收单服务费实行市场调节价，由收单机构与商户协商确定具体费率。发卡机构收取的发卡行服务费不区分商户类别，实行政府指导价、上限管理。

任务五　银行电子支付

电子支付是指单位、个人通过计算机、手机等电子终端发出支付指令，依托网络系统以电子信息传递形式进行的货币支付与资金转移。电子支付服务的主要提供方有银行和支付机构，银行的电子支付方式主要有网上银行、手机银行和条码支付等，支付机构的电子支付方式主要有网络支付、条码支付等。

一、网上银行

（一）网上银行的概念

网上银行就是银行在互联网上设立虚拟银行柜台，使传统的银行服务不再通过物理的银行分支机构来实现，而是借助于网络与信息技术手段在互联网上实现，因此网上银行也称网络银行。网上银行又被称为"3A 银行"，因为它不受时间、空间限制，能够在任何时间（Anytime）、任何地点（Anywhere），以任何方式（Anyway）为客户提供金融服务。

（二）网上银行的分类

按照不同的标准，网上银行可以分为不同的类型。

（1）按主要服务对象不同，网上银行分为企业网上银行和个人网上银行。

（2）按经营组织不同，网上银行分为分支型网上银行和纯网上银行。

（三）网上银行的主要功能

1. 企业网上银行子系统

其主要业务功能包括：①账户信息查询；②支付指令；③企业对企业（Business to Business，B2B）网上支付；④批量支付。

2. 个人网上银行子系统

其主要业务功能包括：①账户信息查询；②人民币转账业务；③银证转账业务；④外汇买卖业务；⑤账户管理业务；⑥企业对用户（Business to Customer，B2C）网上支付。

法律小贴士

网上银行主要业务流程

1. 开户

（1）客户前往银行柜台办理网上银行开户。

（2）客户先在网上自助申请开户，再到柜台签约。

网上银行开户流程如图 3-9 所示。

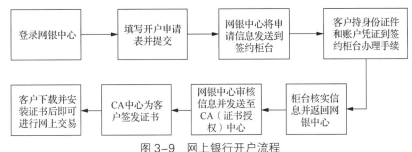

图 3-9　网上银行开户流程

2. 交易

网上银行交易流程如图 3-10 所示。

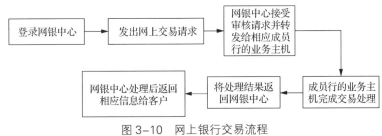

图 3-10　网上银行交易流程

课堂自测

个人网上银行子系统主要业务功能包括（　　　）。

A. 账户信息查询　　B. 人民币转账业务　　C. 外汇买卖业务　　D. B2B 网上支付

二、条码支付

（一）条码支付的概念

条码支付是指银行、支付机构应用条码技术，实现收付款人之间货币资金转移的活动。条码支付包括付款扫码和收款扫码。

目前，常见的条码支付，除银行及支付机构的条码支付外，还有由中国银联携手各商业银行、支付机构共同开发建设、共同维护运营的便民支付服务，以及融合了多个银行和支付机构的支付端口、提供聚合类型二维码的聚合支付。聚合支付又称第四方支付，由提供聚合支付服务的机构或银行融合不同支付机构及银行的多个支付端口，将不同机构分别生成的二维码聚合为一个二维码，使商户仅需提供一个二维码即可实现付款人自主选择使用不同银行或支付机构的 App 扫码付款。

（二）条码支付的交易验证及限额

条码支付业务可以组合选用下列三种要素进行交易验证：一是仅客户本人知悉的要素，如静态密码等；二是仅客户本人持有并特有的，不可复制或者不可重复利用的要素，如经过安全认证的数字证书、电子签名，以及通过安全渠道生成和传输的一次性密码等；三是客户本人生物特征要素，如指纹等。

根据交易验证方式和风险防范能力的不同，条码支付有四种限额要求：一是风险防范能力达到 A 级，即采用包括数字证书或电子签名在内的两类（含）以上有效要素对交易进行验证的，银行、支付机构可与客户通过协议自主约定单日累计限额；二是风险防范能力达到 B 级，即采用不包括数字证书、电子签名在内的两类（含）以上有效要素对交易进行验证的，同一客户单个银行账户或所有支付账户单日累计交易金额应不超过 5 000 元；三是风险防范能力达到 C 级，即采用不足两类要素对交易进行验证的，同一客户单个银行账户或所有支付账户单日累计交易金额应不超过 1 000 元；四是风险防范能力达到 D 级，即使用静态条码的，同一客户单个银行账户或所有支付账户单日累计交易金额应不超过 500 元。

银行、支付机构提供收款扫码服务的，应使用动态条码，设置条码有效期、使用次数等方式，防止条码被重复使用导致重复扣款，确保条码真实有效。

 素养贴士

条码支付安全小知识

移动支付确实给大家带来了便利，但与此同时有骗子利用新的支付方式进行诈骗，令人防不胜防，尤其是条码支付。该如何防患于未然？

1. 避免见码就扫

条码中存储多种支付要素，也可携带非法链接或程序代码。不法分子将木马病毒、钓鱼网站链接制成含病毒条码，诱导他人扫描，窃取他人支付敏感信息。因此，日常生活中应提高警惕，确认交易商户名称，尽量使用官方 App 扫码，避免见码就扫。

2. 分清收款码和付款码

付款码由条形码和二维码组成，用于付款时向商家出示；收款码分为三种，分别是个人收款码、个人经营码和商家收款码，用于收款时出示。

3. 保护好个人付款码

（1）不要将付款码轻易发给他人，设置高级别在线密码形式，如指纹密码、手势密码等。

（2）避免过早打开付款码。有些人为节约时间，在排队的时候早早打开二维码，不法分子乘机用手机或者其他扫码设备偷扫付款码，造成损失。因此，线下付款时避免过早打开付款码，一旦打开，务必注意遮挡，并尽快完成扫码支付。

4. 确保支付工具实名认证

将支付工具实名认证，绑定真实有效的身份证件，手机丢失后及时挂失，用真实身份信息保护账户安全，遭遇诈骗后要第一时间报警，用法律手段挽回损失。

任务六　支付机构非现金支付业务

一、支付机构的概念和支付服务的种类

（一）支付机构的概念

支付机构是指依法取得支付业务许可证，在收付款人之间作为中介机构提供下列部分或全部

货币资金转移服务的非金融机构。

（1）网络支付。

（2）预付卡的发行与受理。

（3）银行卡收单。

（4）中国人民银行确定的其他支付服务。

支付机构依法接受中国人民银行的监督管理。未经中国人民银行批准，任何非金融机构和个人不得从事或变相从事支付业务。

（二）支付服务的种类

1. 网络支付

网络支付指依托公共网络或专用网络在收付款人之间转移货币资金的行为，包括货币汇兑、互联网支付、移动电话支付、固定电话支付、数字电视支付等。

2. 预付卡

预付卡指以盈利为目的发行的、在发行机构之外购买商品或服务的预付凭证，包括采取磁条、芯片等技术以卡片、密码等形式发行的预付卡。

3. 银行卡收单

银行卡收单指通过销售点（POS）终端等为银行卡特约商户代收货币资金的行为。

支付机构的银行卡收单以及条码支付与银行相同，在此不赘述。

03

二、网络支付

（一）网络支付机构

依法取得支付业务许可证，获准办理互联网支付、移动电话支付、固定电话支付、数字电视支付等网络支付业务的支付机构可以办理网络支付业务。目前从事网络支付的支付机构主要有两类：金融型支付企业、互联网支付企业。

（二）支付账户

1. 支付账户的概念

支付账户，是指获得互联网支付业务许可的支付机构，根据客户的真实意愿为其开立的，用于记录预付交易资金余额、客户凭以发起支付指令、反映交易明细信息的电子簿记。

支付账户不得透支，不得出借、出租、出售，不得利用支付账户从事或者协助他人从事非法活动。

2. 支付账户的开户要求

支付机构为客户开立支付账户的，应当对客户实行实名制管理。支付机构在为单位和个人开立支付账户时，应当与单位和个人签订协议，约定支付账户与支付账户、支付账户与银行账户之间的日累计转账限额和笔数，超出限额和笔数的，不得再办理转账业务。

支付机构为单位开立支付账户，应当要求单位提供相关证明文件，并自主或者委托合作机构以面对面的方式核实客户身份，或者以非面对面方式通过至少3个合法安全的外部渠道对单位基本信息进行多重交叉验证。

支付机构可以为个人客户开立Ⅰ类、Ⅱ类、Ⅲ类支付账户。

课堂讨论

某单位在支付机构开立支付账户时，支付机构要求该单位提供营业执照、法人有效身份证件等相关证明文件，还要与该单位的法定代表人现场会面或者视频会面，然后才能给该单位开立支付账户。请分析支付机构的做法是否正确。

三、预付卡

（一）预付卡的分类

预付卡按用途可分为单用途预付卡与多用途预付卡，二者的监管要求不相同。单用途预付卡的发卡企业应在开展单用途预付卡业务之日起 30 日内在商务部门进行备案；多用途预付卡的发卡机构必须取得中国人民银行颁发的支付业务许可证，在核准地域范围内开展业务，中国人民银行对多用途预付卡备付金实行集中存管。预付卡按是否记载持卡人身份信息分为记名预付卡和不记名预付卡。

（二）预付卡的相关规定

预付卡的相关规定如表 3-8 所示。

表 3-8　　　　　　　　　　　　　预付卡的相关规定

项目	具体规定
计价	人民币
可否透支	不可透支
购买	（1）不得使用信用卡购卡
	（2）单位一次性购卡 5 000 元以上的，个人一次性购卡 50 000 元以上的，应当通过转账等非现金结算方式购卡
使用	预付卡在发卡机构拓展、签约的特约商户中使用，不得用于或变相用于提取现金，不得用于购买、交换非本发卡机构发行的预付卡、单一行业卡及其他商业预付卡或向其充值，卡内资金不得向银行账户或向非本发卡机构开立的网络支付账户转移
充值	（1）只能通过现金或银行转账方式进行充值，不得使用信用卡为预付卡充值
	（2）单张预付卡充值后的资金余额不得超过规定限额
	（3）一次性充值金额 5 000 元以上的，不得使用现金
	（4）单次 5 000 元以下通过发卡机构网点，同日累计现金充值在 200 元以下的，可通过自助充值终端、销售合作机构代理等方式充值

课堂讨论

张某到某支付机构购买 10 000 元预付卡，支付机构要求张某提供有效身份证件。张某一次性支付现金 10 000 元，为单位购买了 10 张预付卡，每张面额 1 000 元，随后张某又通过信用卡支付 2 000 元，以个人名义购买了一张面额为 2 000 元的预付卡。请分析支付机构的做法是否正确。

项目小结

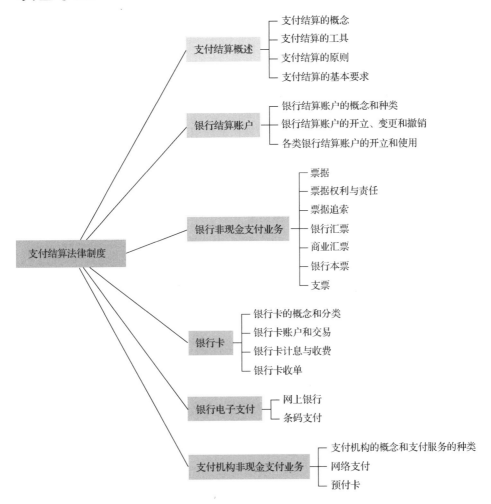

 **课后自测**

一、单项选择题

1. 根据支付结算法律制度的规定，某支票的出票日期为 2019 年 10 月 20 日，下列选项中，填写正确的是（　　）。

　　A. 贰零壹玖年拾月贰拾日　　　　　　　B. 贰零壹玖年零壹拾月零贰拾日

　　C. 贰零壹玖年壹拾月零贰拾日　　　　　　D. 贰零壹玖年壹拾月零贰拾日

2. 基本存款账户是存款人的主办账户。下列关于基本存款账户的表述中，不正确的是（　　）。

　　A. 异地常设机构可以申请开立基本存款账户

　　B. 一个单位只能开立一个基本存款账户

　　C. 基本存款账户可用于办理存款人日常经营活动中的资金收付

　　D. 发放的工资、奖金禁止从基本存款账户中支取

3. 下列银行结算账户中，不得支取现金的是（　　　）。

  A. 个人银行结算账户（Ⅰ类户）   B. 一般存款账户

  C. 基本存款账户   D. 党、团、工会经费专用存款账户

4. 根据支付结算法律制度的规定，下列关于信用卡的表述中，错误的是（　　　）。

  A. 信用卡持卡人通过 ATM 等自助机具办理现金提取业务，每卡每日累计不得超过人民币 10 000 元

  B. 信用卡透支利率的上限为日利率万分之五，下限为日利率万分之五的 0.8 倍

  C. 信用卡溢缴款是否计息及其利率标准，由发卡机构自主确定

  D. 发卡机构向信用卡持卡人提供超过授信额度用卡的，不得收取超限费

5. 根据规定，单张记名预付卡资金限额不得超过（　　　）。

  A. 1 000 元   B. 2 000 元   C. 5 000 元   D. 10 000 元

6. 根据支付结算法律制度的规定，持票人对出票后定期付款的商业汇票的出票人和承兑人的权利，会因在一段期限内不行使而消灭，该期限为（　　　）。

  A. 自出票日起 6 个月   B. 自出票日起 2 年

  C. 自到期日起 6 个月   D. 自到期日起 2 年

7. 根据支付结算法律制度的规定，发卡行应对借记卡持卡人在 ATM 机等自助机具取款设定交易上限，每卡每日累计提款不得超过一定限额，该限额为（　　　）。

  A. 1 000 元   B. 10 000 元   C. 20 000 元   D. 30 000 元

8. 根据条码支付的限额要求，银行、支付机构可以与客户通过协议自主约定单日累计限额时，要求风险防范能力等级达到（　　　）。

  A. D 级   B. C 级   C. B 级   D. A 级

9. 下列选项中，属于企业网上银行子系统的主要业务功能的是（　　　）。

  A. 账户业务管理 B. 外汇买卖管理 C. B2B 网上支付 D. 银证转账业务

10. 甲公司为向乙公司支付货款，向其签发了一张金额为 100 万元的转账支票，付款人为甲公司的开户银行 A 银行，保证人为 B 银行。根据票据法律制度的规定，下列选项中，不属于该支票基本当事人的是（　　　）。

  A. 甲公司   B. 乙公司   C. A 银行   D. B 银行

11. 2024 年 1 月 1 日，甲公司向乙公司签发一张承兑人为 A 银行的银行承兑汇票，到期日为 2024 年 4 月 20 日。2024 年 3 月 1 日，乙公司将该汇票背书转让给丙公司。2024 年 4 月 25 日，丙公司向 A 银行提示付款被拒绝并取得拒绝证明。根据票据法律制度的规定，丙公司拟直接向乙公司进行追索，则其对乙公司的追索权的消灭时间是（　　　）。

  A. 2024 年 7 月 20 日   B. 2024 年 7 月 25 日

  C. 2024 年 10 月 25 日   D. 2024 年 4 月 25 日

12. 根据支付结算法律制度的规定，下列关于票据权利丧失补救的说法中，不正确的是（　　　）。

  A. 票据丧失后，可采取挂失止付、公示催告和普通诉讼进行补救

  B. 挂失止付是票据丧失后采取的必经程序

  C. 已经承兑的商业汇票丢失可以申请挂失止付

  D. 申请公示催告的主体必须是可以背书转让的票据的最后持票人

13. 根据支付结算法律制度的规定，下列关于银行卡分类的表述中，不正确的是（ ）。

    A. 按是否具有透支功能分为信用卡和贷记卡

    B. 按币种不同分为外币卡和人民币卡

    C. 按发行对象分为单位卡和个人卡

    D. 按信息载体分为磁条卡和芯片卡

14. 根据支付结算法律制度的规定，银行卡收单机构应及时将交易资金结算至特约商户账户。除因涉嫌风险交易需延迟结算的外，下列关于其结算时限的表述中，正确的是（ ）。

    A. 持卡人确认支付指令生效日后 30 个自然日

    B. 持卡人确认支付指令生效之日

    C. 持卡人确认支付指令生效日后 5 个工作日

    D. 持卡人确认支付指令生效日后 20 个工作日

15. 个人网上银行具体业务功能不包括（ ）。

    A. 个人余额查询   B. 信用卡的购物明细查询

    C. 网上支付   D. B2B 支付

二、多项选择题

1. 下列选项中，属于我国目前使用的人民币非现金支付工具的有（ ）。

    A. 本票   B. 银行卡   C. 汇兑   D. 委托收款

2. 关于某公司一次性购买预付卡的下列表述中，正确的有（ ）。

    A. 转账支票购买 2 万元   B. 银行卡柜台转账 2 万元

    C. 银行卡网上银行转账 2 万元   D. 现金购买 2 万元

3. 下列选项中，存款人可以申请设立基本存款账户的有（ ）。

    A. 单位附属独立核算的食堂   B. 单位附属独立核算的幼儿园

    C. 业主委员会   D. 美国驻华机构

4. 根据支付结算法律制度的规定，票据的下列记载事项中，更改（ ）会导致票据无效。

    A. 出票人名称   B. 收款人名称   C. 付款人名称   D. 出票金额

5. 根据支付结算法律制度的规定，下列款项可以转入个人银行结算账户的有（ ）。

    A. 工资、奖金收入   B. 稿费、演出费等劳务收入

    C. 继承、赠与款项   D. 农、副、矿产品销售收入

6. 根据支付结算法律制度的规定，下列关于预付卡的表述正确的有（ ）。

    A. 单位一次性购买预付卡 5 000 元以上，不得使用现金

    B. 个人一次性购买预付卡 50 000 元以上的，不得使用现金

    C. 预付卡一次性充值金额 5 000 元以上的，不得使用现金

    D. 购买预付卡、为预付卡充值，均不得使用信用卡

7. 下列情形中，存款人应向开户银行提出撤销银行结算账户申请的有（ ）。

    A. 存款人被宣告破产的   B. 存款人法定代表人改变

    C. 存款人被吊销营业执照的   D. 存款人被撤并的

8. 根据支付结算法律制度的规定，个人网上银行子系统的主要业务功能包括（ ）。

    A. 账户信息查询   B. 人民币转账业务   C. B2C 网上支付   D. 账户管理业务

9. 某上市公司的财务部发生了一起盗窃案，保险柜被人打开，出纳人员在盘点过程中发现以下四种票据丢失。根据票据法律制度的规定，可以进行挂失止付的有（　　）。

A. 未承兑的商业汇票

B. 填明"现金"字样但未填写代理付款人的银行汇票

C. 支票

D. 填明"现金"字样的银行本票

10. 根据票据法律制度的规定，票据到期之前，持票人可以行使追索权的情形包括（　　）。

A. 汇票被拒绝承兑的

B. 承兑人死亡、逃匿的

C. 承兑人被依法宣告破产的

D. 付款人因违法被责令终止业务活动的

三、判断题

1. 电子承兑汇票的付款期限，自出票日至到期日不超过 1 年。（　　）

2. 临时存款账户的有效期，最长不得超过 1 年。（　　）

3. 发卡机构向收单机构收取的发卡行服务费不区分商户类别，实行政府指导价、上限管理，其中，借记卡费率水平为不超过交易金额的 0.45%，单笔收费金额不超过 13 元。（　　）

4. 信用卡预借现金业务包括现金提取、现金转账。（　　）

5. 一个基层预算单位可以开设多个零余额账户。（　　）

6. 付款人对向其提示承兑的汇票，应当自收到提示承兑的汇票之日起 5 日内承兑或者拒绝承兑。（　　）

7. 银行承兑汇票的出票人于汇票到期日未能足额交存票款时，承兑银行除凭票向持票人无条件付款外，对出票人尚未支付的汇票金额按照每天千分之五计收利息。（　　）

8. 甲公司持有一张商业汇票，到期委托开户银行向承兑人收取票款，甲公司行使的票据权利是票据追索权。（　　）

9. 支票的出票人预留银行签章是银行审核支票付款的依据。出票人不得签发与其预留银行签章不符的支票。（　　）

10. 未填写实际结算金额的银行汇票不得背书转让。（　　）

四、经典案例分析

2024 年 3 月 1 日，为支付工程款项，A 公司向 B 公司签发一张以甲银行为承兑人、金额为 150 万元的银行承兑汇票，汇票到期日为 2024 年 9 月 1 日，甲银行作为承兑人在汇票票面上签章。

4 月 1 日，B 公司将该汇票背书转让给 C 公司，用于支付买卖合同价款。后因 C 公司向 B 公司出售的合同项下货物存在严重质量问题，双方发生纠纷。

5 月 1 日，C 公司为支付广告费，将该汇票背书转让给 D 公司。D 公司负责人知悉 B、C 公司之间合同纠纷的详情，对该汇票产生疑虑，遂要求 C 公司的关联企业 E 公司与 D 公司签订了一份保证合同。保证合同约定，E 公司就 C 公司对 D 公司承担的票据责任提供连带责任保证。但 E 公司未在汇票上记载有关保证事项，亦未签章。

6 月 1 日，D 公司将该汇票背书转让给 F 公司，以偿还所欠 F 公司的租金。

9 月 2 日，F 公司持该汇票向甲银行提示付款，甲银行以 A 公司资信状况不佳、账户余额不足为由拒付。

　　F公司遂向B、D公司追索。B公司以C公司违反买卖合同为由，对F公司的追索予以拒绝，D公司向F公司承担票据责任后，分别向B、E公司追索，B公司仍以C公司违反买卖合同为由，对D公司的追索予以拒绝，E公司亦拒绝。

　　问：

　　（1）甲银行的拒付理由是否成立？简要说明理由。

　　（2）B公司拒绝F公司追索的理由是否成立？简要说明理由。

　　（3）B公司拒绝D公司追索的理由是否成立？简要说明理由。

03

项目四

市场主体法律制度

知识目标 ↓

1. 掌握个人独资企业的设立、投资人和事务管理。
2. 掌握普通合伙企业和有限合伙企业的设立和事务执行。
3. 掌握有限责任公司和股份有限公司的设立和组织结构，国家出资公司组织机构和上市公司的特别规定。
4. 熟悉股东转让股权和退出公司，以及公司合并、分立、解散和清算。
5. 熟悉公司股票、债券。
6. 熟悉普通合伙企业、有限合伙企业的概念和区别。
7. 熟悉普通合伙企业和有限合伙企业的入伙和退伙。
8. 了解公司和公司法、个人独资企业和个人独资企业法、合伙企业和合伙企业法的概念。
9. 了解合伙企业的解散和清算。

能力目标 ↓

1. 具备执行有限责任公司和股份有限公司事务的能力。
2. 具备执行个人独资企业事务的能力。
3. 具备执行普通合伙企业和有限合伙企业事务的能力。

素质目标 ↓

1. 能够维护投资者利益，形成遵守《公司法》的职业素养。
2. 能够按照法律设立个人独资企业，形成遵守《个人独资企业法》的职业素养。
3. 能够维护合伙人利益，形成遵守《合伙企业法》的职业素养。

案例导读 ↓

2024 年 12 月，张某、李某、王某和赵某等 20 人拟共同出资设立一个有限责任公司，股东共同制定了公司章程。在公司章程中，对董事任期、监事会组成、股权转让规则等事项作了如下规定：①公司董事任期为 4 年；②公司设立监事会，监事会成员为 7 人，其中包括 2 名职工代表；③股东向股东以外的人转让股权，必须经 2/3 以上的其他股东同意。

【任务描述】

1. 公司章程中关于董事任期的规定是否合法？
2. 公司章程中关于监事会职工代表人数的规定是否合法？
3. 公司章程中关于股权转让的规定是否合法？

任务一　个人独资企业法

一、个人独资企业和个人独资企业法概述

（一）个人独资企业

个人独资企业，是指依照《中华人民共和国个人独资企业法》（以下简称《个人独资企业法》）在中国境内设立，由一个自然人投资，财产为投资人个人所有，投资人以其个人财产对企业债务承担无限责任的经营实体。

个人独资企业的特征如图 4-1 所示。

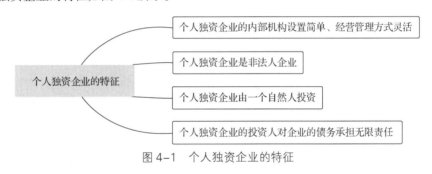

图 4-1　个人独资企业的特征

（二）个人独资企业法

个人独资企业法有广义和狭义之分。广义的个人独资企业法，是指国家关于个人独资企业的各种法律规范的总称；狭义的个人独资企业法，是指 1999 年 8 月 30 日第九届全国人民代表大会常务委员会第十一次会议通过，自 2000 年 1 月 1 日起施行的《中华人民共和国个人独资企业法》。

 课堂自测

下列关于个人独资企业的表述中，正确的是（　　　）。

A. 个人独资企业的投资人可以是法人或者其他组织
B. 个人独资企业的投资人对企业债务承担有限责任
C. 个人独资企业可以以自己的名义从事民事活动
D. 个人独资企业具有法人资格

二、个人独资企业的设立

设立个人独资企业，应当具备下列条件，如图 4-2 所示。

04

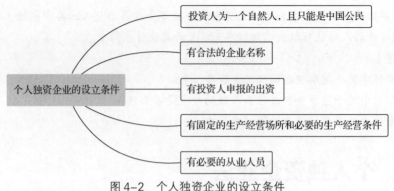

图 4-2 个人独资企业的设立条件

（1）投资人为一个自然人，且只能是中国公民。

（2）有合法的企业名称。个人独资企业的名称应当符合国家关于企业名称登记管理的有关规定，企业名称应与其责任形式及从事的营业相符合，可以叫厂、店、部、中心、工作室等，个人独资企业名称中不得使用"有限""有限责任""公司"字样。

（3）有投资人申报的出资。设立个人独资企业可以用货币出资，也可以用实物、土地使用权、知识产权或者其他财产权利出资。采取实物、土地使用权、知识产权或者其他财产权利出资的，应将其折算成货币数额。投资人申报的出资额应当与企业的生产经营规模相适应。投资人可以个人财产出资，也可以家庭共有财产作为个人出资。以家庭共有财产作为个人出资的，投资人应当在设立（变更）登记申请书上予以注明。

（4）有固定的生产经营场所和必要的生产经营条件。

（5）有必要的从业人员，即要有与生产经营范围、规模相适应的从业人员。

三、个人独资企业的投资人及事务管理

（一）个人独资企业的投资人

个人独资企业的投资人为具有中国国籍的自然人，但法律、行政法规禁止从事营利性活动的人，如国家公务员、党政机关领导干部、警官、法官、检察官、商业银行工作人员等，不得作为投资人申请设立个人独资企业。

投资人对个人独资企业的财产依法享有所有权，其有关权利可以依法进行转让或继承。企业的财产不论是投资人的原始投入还是经营所得，均归投资人所有。

由于个人独资企业是一个投资人以其个人财产对企业债务承担无限责任的经营实体，因此，个人独资企业财产不足以清偿债务的，投资人应当以其个人的其他财产予以清偿。如果个人独资企业投资人在申请企业设立登记时明确以其家庭共有财产作为个人出资的，应当依法以家庭共有财产对企业债务承担无限责任。

 课堂自测

下列选项中，依法可以投资设立个人独资企业的是（　　　　）。

A．某市中级人民法院法官李某　　　　B．某商业银行支行部门经理张某

C．某大学在校本科生袁某　　　　D．某县人民政府办公室主任金某

（二）个人独资企业的事务管理

个人独资企业投资人可以自行管理企业事务，也可以委托或者聘用其他具有民事行为能力的人负责企业的事务管理。

投资人委托或者聘用他人管理个人独资企业事务，应当与受托人或者被聘用的人签订书面合同。合同应订明委托的具体内容、授予的权利范围、受托人或者被聘用人应履行的义务、报酬和责任等。受托人或者被聘用人员应当履行诚信、勤勉义务，以诚实信用的态度对待投资人、企业，尽其所能依法保障企业利益，按照与投资人签订的合同负责个人独资企业的事务管理。

投资人对受托人或者被聘用人员职权的限制，不得对抗善意第三人。个人独资企业的投资人与受托人或者被聘用人员之间有关权利义务的限制只对受托人或者被聘用人员有效，对善意第三人并无约束力，受托人或者被聘用人员超出投资人的限制与善意第三人的有关业务交往应当有效。

课堂讨论

甲出资设立个人独资企业 A，从事服装批发业务。甲委托乙对企业进行经营管理，并签订委托经营管理协议，协议约定：乙从事标的额为 10 万元以上的业务，必须经过甲的批准。其后，乙在经营过程中与丙谈妥一单生意，标的额为 14 万元。乙准备向甲请示，但当时甲正在国外考察，无法取得联系。为了促成该笔业务，乙便与丙签订了合同。此合同是否对 A 企业发生效力？

课堂自测

王某投资设立甲个人独资企业（下称甲企业），委托宋某管理企业事务。授权委托书中明确宋某可以决定 20 万元以下的交易。宋某未经王某同意，以甲企业的名义向乙企业购买 30 万元原材料，乙企业不知甲企业对宋某权利的限制。下列关于合同效力及甲企业权利义务的表述中，符合个人独资企业法律制度规定的是（　　）。

A．合同无效，甲企业有权拒绝支付 30 万元货款

B．合同部分无效，甲企业向乙企业出示授权委托书后，有义务支付 20 万元货款

C．合同有效，甲企业有义务支付 30 万元货款

D．合同效力待定，甲企业追认后方有义务支付 30 万元货款

四、个人独资企业的解散和清算

（一）个人独资企业的解散

个人独资企业的解散，是指个人独资企业终止活动使其民事主体资格消灭的行为。个人独资企业有下列情形之一时，应当解散。

（1）投资人决定解散；

（2）投资人死亡或者被宣告死亡，无继承人或者继承人决定放弃继承；

（3）被依法吊销营业执照；

（4）法律、行政法规规定的其他情形。

04

（二）个人独资企业的清算

个人独资企业解散时，应当进行清算。

1. 通知和公告债权人

个人独资企业解散，由投资人自行清算或者由债权人申请人民法院指定清算人进行清算。投资人自行清算的，应当在清算前 15 日内书面通知债权人，无法通知的，应当予以公告。债权人应当在接到通知之日起 30 日内，未接到通知的应当在公告之日起 60 日内，向投资人申报债权。

2. 财产清偿顺序

个人独资企业解散的，财产应当按照下列顺序清偿：①所欠职工工资和社会保险费用；②所欠税款；③其他债务。

个人独资企业财产不足以清偿债务的，投资人应当以其个人的其他财产予以清偿。

3. 清算期间对投资人的要求

清算期间，个人独资企业不得开展与清算目的无关的经营活动，在按前述财产清偿顺序清偿债务前，投资人不得转移、隐匿财产。

4. 投资人的持续清偿责任

个人独资企业解散后，原投资人对个人独资企业存续期间的债务仍应承担偿还责任，但债权人在 5 年内未向债务人提出偿债请求的，该责任消灭。

5. 注销登记

个人独资企业清算结束后，投资人或者人民法院指定的清算人应当编制清算报告，并于清算结束之日起 15 日内到原登记机关办理注销登记。经登记机关注销登记，个人独资企业终止。个人独资企业办理注销登记时，应当交回营业执照。

课堂自测

判断题：个人独资企业解散后，其债权人在 2 年内未向原投资人提出偿债请求的，原投资人的偿还责任消失。（　　　）

课堂讨论

张某年满十八周岁，是某高校的毕业生，2020 年 8 月以个人财产登记出资 3 万元，设立一家个人独资企业，取名为"好滋味餐饮服务有限公司"。该企业在经营过程中聘用员工 3 名，张某认为自己开办的是个人独资企业，并不需要与员工签订劳动合同。后来该企业经营不善导致对外负债 8 万元，并欠税款 3 000 元。2022 年 10 月，张某决定自行解散企业，但因为企业财产不足以清偿债务而被企业债权人、员工起诉。

分析：

（1）该企业的设立是否存在违法之处？

（2）张某不与员工签订劳动合同的理由是否成立？

（3）张某能否自行解散企业？

（4）该个人独资企业的债务如何清偿？

任务二　合伙企业法

一、合伙企业的概念及分类

合伙企业，是指自然人、法人和其他组织依照《中华人民共和国合伙企业法》（以下简称《合伙企业法》）在中国境内设立的普通合伙企业和有限合伙企业。

普通合伙企业由普通合伙人组成，合伙人对合伙企业债务承担无限连带责任。《合伙企业法》对普通合伙人承担责任的形式有特别规定的，从其规定。有限合伙企业由普通合伙人和有限合伙人组成，普通合伙人对合伙企业债务承担无限连带责任，有限合伙人以其认缴的出资额为限对合伙企业债务承担责任。

二、合伙企业法的概念和基本原则

（一）合伙企业法的概念

合伙企业法有狭义和广义之分。狭义的合伙企业法，是指由国家立法机关依法制定的、规范合伙企业合伙关系的专门法律，即《合伙企业法》。广义的合伙企业法，是指国家立法机关或者其他有权机关依法制定的、调整合伙企业合伙关系的各种法律规范的总称。

（二）合伙企业法的基本原则

《合伙企业法》规定了下列基本原则：①协商原则；②自愿、平等、公平、诚实信用原则；③守法原则；④合法权益受法律保护原则；⑤依法纳税原则。

三、普通合伙企业

（一）普通合伙企业的概念

普通合伙企业，是指由普通合伙人组成，合伙人对合伙企业债务依照《合伙企业法》规定承担无限连带责任的一种合伙企业。

普通合伙企业具有以下特点。

（1）由普通合伙人组成。所谓普通合伙人，是指在合伙企业中对合伙企业的债务依法承担无限连带责任的自然人、法人和其他组织。

（2）合伙人对合伙企业债务依法承担无限连带责任，法律另有规定的除外。

（二）普通合伙企业的设立

设立普通合伙企业，应当具备下列条件。

1. 有两个以上合伙人

合伙人为自然人的，应当具有完全民事行为能力。普通合伙企业由2人以上的普通合伙人组成，对于普通合伙企业合伙人数的最高限额，我国《合伙企业法》未作规定，完全由设立人根据所设企业的具体情况决定。

要想成为合伙人，需要满足以下条件：①合伙人可以是自然人，也可以是法人或者其他组织。组成方式，除法律另有规定外不受限制。②合伙人为自然人的，应当具有完全民事行为能力。无民事行为能力人和限制民事行为能力人不得成为合伙企业的合伙人。③国有独资公司、国有企业、上市公司以及公益性的事业单位、社会团体不得成为普通合伙人。

2. 有书面合伙协议

合伙协议是指由各合伙人通过协商，共同决定相互间的权利义务，达成的具有法律约束力的协议。合伙协议应当依法由全体合伙人协商一致，以书面形式订立。

3. 有合伙人认缴或者实际缴付的出资

合伙人可以用货币、实物、知识产权、土地使用权或者其他财产权利出资，也可以用劳务出资。

4. 有合伙企业的名称和生产经营场所

普通合伙企业应当在其名称中标明"普通合伙"字样，其中，特殊的普通合伙企业应当在其名称中标明"特殊普通合伙"字样。

5. 法律、行政法规规定的其他条件

法律小贴士

合伙协议应当载明的事项

 课堂讨论

甲、乙、丙三人设立一普通合伙企业，并订立了一份合伙协议，部分内容如下：①甲的出资为现金 1 000 元和劳务作价 5 万元；②乙的出资为现金 5 万元，于合伙企业成立后半年内缴付；③丙的出资为作价 8 万元的房屋一栋，不办理财产权转移手续，且丙保留对该房屋的处分权；④合伙企业的经营期限，于合伙企业成立满 1 年时再协商确定。分析该协议的上述四项内容是否符合《合伙企业法》的规定。

 课堂自测

某社会团体与某私立学校共同出资设立一普通合伙企业，经营文具用品。两年后，因经营亏损，该普通合伙企业财产不足以清偿全部债务。下列关于各合伙人承担责任的表述中，符合《合伙企业法》规定的有（　　　）。

A. 该社会团体以其认缴的出资额为限对合伙企业债务承担责任

B. 该私立学校以其认缴的出资额为限对合伙企业债务承担责任

C. 该社会团体对合伙企业债务承担无限责任

D. 该私立学校对合伙企业债务承担无限责任

（三）普通合伙企业的财产

1. 合伙企业财产的构成

（1）合伙人的出资。

合伙人可以用货币、实物、知识产权、土地使用权或者其他财产权利出资，也可以用劳务出资。这些出资构成合伙企业的原始财产。

（2）以合伙企业名义取得的收益。

企业以其名义取得的收益作为合伙企业获得的财产，当然归属于合伙企业，成为合伙财产的一部分。

（3）依法取得的其他财产。

根据法律、行政法规的规定合法取得的其他财产，如合法接受的赠与财产等。

 课堂自测

李某、黄某等人出资设立甲普通合伙企业。根据《合伙企业法》的规定，下列各项中不属于

04

甲普通合伙企业财产的是（　　　　）。

    A. 合伙人黄某出资的房屋

    B. 甲普通合伙企业接受丙公司捐赠的原材料

    C. 甲普通合伙企业对乙公司的应收账款

    D. 合伙人李某对王某的货款债权

2. 合伙企业财产的特征

合伙企业的财产具有独立性和完整性两方面的特征。

所谓独立性，是指合伙企业的财产独立于合伙人，合伙人出资以后，一般来说，便丧失了对其作为出资部分的财产的所有权或者持有权、占有权，合伙企业的财产权主体是合伙企业，而不是单独的合伙人。

所谓完整性，是指合伙企业的财产作为一个完整的统一体而存在，合伙人对合伙企业的财产权益表现为合伙协议所确定的财产收益份额或者比例。

3. 合伙人财产份额的转让

合伙人财产份额的转让，是指合伙企业的合伙人向他人转让其在合伙企业中的全部或者部分财产份额的行为。由于合伙人财产份额的转让将会影响到合伙企业以及各合伙人的切身利益，因此，《合伙企业法》对合伙人财产份额的转让作了以下限制性规定。

（1）除合伙协议另有约定外，合伙人向合伙人以外的人转让其在合伙企业中的全部或者部分财产份额时，须经其他合伙人一致同意。

（2）合伙人之间转让在合伙企业中的全部或者部分财产份额时，应当通知其他合伙人。

（3）合伙人向合伙人以外的人转让其在合伙企业中的财产份额的，在同等条件下，其他合伙人有优先购买权；但是，合伙协议另有约定的除外。

合伙人以外的人依法受让合伙人在合伙企业中的财产份额的，经修改合伙协议即成为合伙企业的合伙人，依照《合伙企业法》和修改后的合伙协议享有权利，履行义务。合伙人以外的人成为合伙人须修改合伙协议，未修改合伙协议的，不应视为"合伙企业的合伙人"。

此外，合伙人以财产份额出质可能导致该财产份额依法发生权利转移，《合伙企业法》规定，合伙人以其在合伙企业中的财产份额出质的，须经其他合伙人一致同意；未经其他合伙人一致同意，其行为无效，由此给善意第三人造成损失的，由行为人依法承担赔偿责任。

 课堂自测

普通合伙企业的下列行为中，必须经全体合伙人一致同意的有（　　　　）。

A. 合伙人之间转让其在合伙企业中的财产份额

B. 合伙人向合伙人以外的人转让其在合伙企业中的财产份额

C. 合伙人以其在合伙企业中的财产份额出质

D. 执行合伙企业事务的合伙人以合伙企业名义为他人提供担保

（四）普通合伙企业的事务执行

1. 合伙事务执行的形式

合伙人执行合伙企业事务，可以有以下两种形式：

（1）全体合伙人共同执行合伙事务；

（2）委托一个或者数个合伙人执行合伙事务。

2. 合伙人的权利和义务

根据《合伙企业法》的规定，合伙人在执行合伙事务中的权利主要包括以下内容。

（1）（普通）合伙人对执行合伙事务享有同等的权利。

（2）执行合伙事务的合伙人对外代表合伙企业。

（3）合伙人分别执行合伙事务的，执行事务合伙人可以对其他合伙人执行的事务提出异议。提出异议时，应当暂停该项事务的执行。

（4）不执行合伙事务的合伙人有权监督执行事务合伙人执行合伙事务的情况。

（5）受委托执行合伙事务的合伙人不按照合伙协议或者全体合伙人的决定执行合伙事务的，其他合伙人可以决定撤销该委托。

（6）全体合伙人均有查阅合伙企业会计账簿等财务资料的权利。

根据《合伙企业法》的规定，合伙人在执行合伙事务中的义务主要包括以下内容。

（1）合伙事务执行人向不参加执行事务的合伙人报告企业经营状况和财务状况。

（2）合伙人不得自营或者同他人合作经营与本合伙企业相竞争的业务。

（3）合伙人不得同本合伙企业进行交易。

（4）合伙人不得从事损害本合伙企业利益的活动。

（五）普通合伙企业的入伙和退伙

1. 入伙

入伙，是指在合伙企业存续期间，合伙人以外的第三人加入合伙，从而取得合伙人资格。

新合伙人入伙，除合伙协议另有约定外，应当经全体合伙人一致同意，并依法订立书面入伙协议。

一般来讲，入伙的新合伙人与原合伙人享有同等权利，承担同等责任。但是，如果原合伙人愿意以更优越的条件吸引新合伙人入伙，或者新合伙人愿意以较为不利的条件入伙，也可以在入伙协议中另行约定。新合伙人对入伙前合伙企业的债务承担无限连带责任。

2. 退伙

退伙，是指合伙人退出合伙企业，从而丧失合伙人资格。合伙人退伙，一般有两种情况：一是自愿退伙；二是法定退伙。

自愿退伙，是指合伙人基于自愿的意思表示而退伙。自愿退伙可以分为协议退伙和通知退伙两种，具体见表4-1。

表4-1 　　　　　　　　　　　　　　　自愿退伙

项目		内容
协议退伙	前提	合伙协议约定合伙期限
	情形	① 合伙协议约定的退伙事由出现
		② 经全体合伙人一致同意
		③ 发生合伙人难以继续参加合伙的事由
		④ 其他合伙人严重违反合伙协议约定的义务
通知退伙		① 合伙协议未约定合伙期限
		② 不给合伙企业事务执行造成不利影响
		③ 应当提前30日通知其他合伙人

法定退伙，是指合伙人因出现法律规定的事由而退伙。法定退伙分为当然退伙和除名两类，具体见表4-2。

表4-2　　　　　　　　　　　　　　　法定退伙

项目	内容	提示
当然退伙	① 作为合伙人的自然人死亡或者被依法宣告死亡	【提示1】退伙事由实际发生之日为退伙生效日
	② 作为合伙人的法人或其他组织依法被吊销营业执照、责令关闭、撤销，或被宣告破产	【提示2】 ① 普通合伙人被依法认定为无民事行为能力人或者限制民事行为能力人的，经其他合伙人一致同意，可以依法转为有限合伙人（普通合伙企业依法转为有限合伙企业）；其他合伙人未能一致同意，退伙
	③ 法律规定或合伙协议约定合伙人必须具有相关资格而丧失该资格	
	④ 个人丧失偿债能力	② 作为有限合伙人的自然人在有限合伙企业存续期间丧失民事行为能力的，其他合伙人不得因此要求其退伙
	⑤ 合伙人在合伙企业中的全部财产份额被人民法院强制执行	
除名	① 未履行出资义务	【提示1】对合伙人的除名决议应当书面通知被除名人。被除名人接到除名通知之日，除名生效，被除名人退伙
	② 因故意或者重大过失给合伙企业造成损失	
	③ 执行合伙事务时有不正当行为	【提示2】被除名人对除名决议有异议的，可以自接到除名通知之日起30日内，向人民法院起诉
	④ 发生合伙协议约定的事由	

 课堂自测

张某欲加入李某、王某为合伙人的普通合伙企业，以下各项中，不属于张某在入伙时必须满足的条件的是（　　）。

A. 李某、王某一致同意，并与张某签订书面入伙协议

B. 李某、王某向张某告知合伙企业的经营和财务状况

C. 张某应向李某、王某说明自己的个人负债情况

D. 张某应当停止其已经从事的与该合伙企业相竞争的业务活动

04

（六）特殊的普通合伙企业

特殊的普通合伙企业，是指以专业知识和专门技能为客户提供有偿服务的专业服务机构。特殊的普通合伙企业名称中应当标明"特殊普通合伙"字样。

1. 特殊的普通合伙企业的责任形式

《合伙企业法》规定，一个合伙人或者数个合伙人在执业活动中因故意或者重大过失造成合伙企业债务的，应当承担无限责任或者无限连带责任，其他合伙人以其在合伙企业中的财产份额为限承担责任。合伙人在执业活动中非因故意或者重大过失造成的合伙企业债务以及合伙企业的其他债务，由全体合伙人承担无限连带责任。所谓重大过失，是指明知可能造成损失而轻率地作为或者不作为。

《合伙企业法》规定，合伙人执业活动中因故意或者重大过失造成的合伙企业债务，以合伙企业财产对外承担责任后，该合伙人应当按照合伙协议的约定，对给合伙企业造成的损失承担赔偿责任。

2. 特殊的普通合伙企业的执业风险防范

特殊的普通合伙企业应当建立执业风险基金、办理职业保险。

执业风险基金，主要是指为了化解经营风险，特殊的普通合伙企业从其经营收益中提取相应比例的资金留存或者根据相关规定上缴至指定机构所形成的资金。执业风险基金用于偿付合伙人执业活动造成的债务。执业风险基金应当单独立户管理。

职业保险，又称职业责任保险，是指承保各种专业技术人员因工作上的过失或者疏忽大意所造成的合同一方或者他人的人身伤害或者财产损失的经济赔偿责任的保险。

四、有限合伙企业

（一）有限合伙企业的概念

有限合伙企业，是指由有限合伙人和普通合伙人共同组成，普通合伙人对合伙企业债务承担无限连带责任，有限合伙人以其认缴的出资额为限对合伙企业债务承担责任的合伙组织。

（二）有限合伙企业设立的特殊规定

1. 有限合伙企业人数

有限合伙企业由 2 个以上 50 个以下合伙人设立，但是法律另有规定的除外，有限合伙企业至少应当有 1 个普通合伙人。按照规定，自然人、法人和其他组织可以依照法律规定设立有限合伙企业，但国有独资公司、国有企业、上市公司以及公益性的事业单位、社会团体不得成为有限合伙企业的普通合伙人。

有限合伙企业仅剩有限合伙人的，应当解散；有限合伙企业仅剩普通合伙人的，应当转为普通合伙企业。

2. 有限合伙企业名称

有限合伙企业名称中应当标明"有限合伙"字样。

3. 有限合伙人出资形式

有限合伙人可以用货币实物、知识产权、土地使用权或者其他财产权利作价出资。有限合伙人不得以劳务出资。劳务出资的实质是用未来劳动创造的收入来投资，其难以通过市场变现，法律上执行困难。

法律小贴士

有限合伙企业协议

4. 有限合伙人出资义务

有限合伙人应当按照合伙协议的约定按期足额缴纳出资；未按期足额缴纳的，应当承担补缴义务，并对其他合伙人承担违约责任。

5. 有限合伙企业登记事项

有限合伙企业登记事项中应当载明有限合伙人的姓名或者名称及认缴的出资数额。

 课堂自测

下列关于有限合伙企业设立的表述中，正确的有（ ）。

A. 国有企业可以成为有限合伙人

B. 有限合伙企业名称中应当标明"有限合伙"字样

C. 有限合伙企业至少应当有一个普通合伙人

D. 有限合伙人可以以劳务出资

（三）有限合伙企业财产出质与转让的特殊规定

（1）有限合伙人可以将其在有限合伙企业中的财产份额出质；但是，合伙协议另有约定的除外。

（2）有限合伙人可以按照合伙协议的约定向合伙人以外的人转让其在有限合伙企业中的财产份额，但应当提前30日通知其他合伙人。

（四）有限合伙企业事务执行的特殊规定

1. 有限合伙企业事务执行人

《合伙企业法》规定，有限合伙企业由普通合伙人执行合伙事务，有限合伙人不执行合伙事务，不得对外代表有限合伙企业。

2. 不视为执行合伙事务的情形

有限合伙人的下列行为，不视为执行合伙事务：①参与决定普通合伙人入伙、退伙；②对企业的经营管理提出建议；③参与选择承办有限合伙企业审计业务的会计师事务所；④获取经审计的有限合伙企业财务会计报告；⑤对涉及自身利益的情况，查阅有限合伙企业财务会计账簿等财务资料；⑥在有限合伙企业中的利益受到侵害时，向有责任的合伙人主张权利或者提起诉讼；⑦执行事务合伙人怠于行使权利时，督促其行使权利或者为了本企业的利益以自己的名义提起诉讼；⑧依法为本企业提供担保。

3. 有限合伙企业利润分配

《合伙企业法》规定，有限合伙企业不得将全部利润分配给部分合伙人；但是，合伙协议另有约定的除外。

4. 有限合伙人权利

（1）有限合伙人可以同本企业进行交易。

（2）有限合伙人可以经营与本企业相竞争的业务。

 课堂自测

根据合伙企业法律制度的规定，除有限合伙企业合伙协议另有约定外，下列行为中，有限合伙人可以实施的有（   ）。

A. 对外代表有限合伙企业

B. 同本有限合伙企业进行交易

C. 将其在有限合伙企业中的财产份额出质

D. 同他人合作经营与本有限合伙企业相竞争的业务

 课堂讨论

甲、乙、丙拟设A有限合伙企业（以下简称A企业）。合伙协议约定：甲为普通合伙人，以实物作价出资3万元；乙、丙为有限合伙人，各以5万元现金出资；丙自企业成立之日起2年内缴纳出资；甲执行A企业事务，并由A企业每月支付报酬3 000元；A企业定期接受审计，由甲和乙共同选定承办审计业务的会计师事务所；A企业的盈利在丙未缴纳5万元出资前全部分配给甲和乙。

要求：根据上述情况和《合伙企业法》的规定，回答下列问题。

（1）合伙协议可否约定每月支付甲3 000元的报酬？简要说明理由。

（2）合伙协议有关乙参与选定承办审计业务的会计师事务所的约定可否被视为乙在执行合伙企业事务？简要说明理由。

（3）合伙协议可否约定A企业的利润全部分配给甲和乙？简要说明理由。

（五）有限合伙企业入伙与退伙的特殊规定

1. 入伙

新入伙的有限合伙人对入伙前有限合伙企业的债务，以其认缴的出资额为限承担责任。

2. 退伙

（1）有限合伙人当然退伙。

有限合伙人出现下列情形时当然退伙：①作为合伙人的自然人死亡或者被依法宣告死亡；②作为合伙人的法人或者其他组织依法被吊销营业执照、责令关闭、撤销，或者被宣告破产；③法律规定或者合伙协议约定合伙人必须具有相关资格而丧失该资格；④合伙人在合伙企业中的全部财产份额被人民法院强制执行。

（2）有限合伙人丧失民事行为能力的处理。

作为有限合伙人的自然人在有限合伙企业存续期间丧失民事行为能力的，其他合伙人不得因此要求其退伙。这是因为有限合伙人对有限合伙企业只进行投资，而不负责事务执行。作为有限合伙人的自然人在有限合伙企业存续期间丧失民事行为能力，并不影响有限合伙企业的正常生产经营活动，其他合伙人不能要求该丧失民事行为能力的合伙人退伙。

（3）有限合伙人继承人的权利。

作为有限合伙人的自然人死亡、被依法宣告死亡或者作为有限合伙人的法人及其他组织终止时，其继承人或者权利承受人可以依法取得该有限合伙人在有限合伙企业中的资格。

（4）有限合伙人退伙后的责任承担。

有限合伙人退伙后，对基于其退伙前的原因发生的有限合伙企业债务，以其退伙时从有限合伙企业中取回的财产承担责任。

 课堂自测

1. 下列关于有限合伙企业的表述中，正确的是（　　　）。

　A. 有限合伙企业名称中应当标明"有限"字样

　B. 有限合伙企业至少应当有一个普通合伙人

　C. 有限合伙人可以用劳务出资

　D. 有限合伙企业登记事项中应当载明有限合伙人的姓名或者名称及实缴的出资数额

2. 有限合伙人出现一定情形时当然退伙，下列不属于有限合伙人当然退伙情形的是（　　　）。

　A. 有限合伙人丧失民事行为能力

　B. 有限合伙人死亡

　C. 有限合伙人被宣告破产

　D. 有限合伙人在合伙企业中的全部财产份额被人民法院强制执行

法律小贴士

合伙企业入伙与
退伙总结

04

五、合伙企业的解散和清算

（一）合伙企业的解散

合伙企业的解散，是指各合伙人解除合伙协议，合伙企业终止活动。合伙企业有下列情形之一的，应当解散：①合伙期限届满，合伙人决定不再经营；②合伙协议约定的解散事由出现；③全体合伙人决定解散；④合伙人已不具备法定人数满 30 天；⑤合伙协议约定的合伙目的已经实现或者无法实现；⑥依法被吊销营业执照、责令关闭或者被撤销；⑦法律、行政法规规定的其他原因。

（二）合伙企业的清算

合伙企业解散后应当进行清算。

1. 确定清算人

合伙企业解散，应当由清算人进行清算。清算人由全体合伙人担任；经全体合伙人过半数同意，可以自合伙企业解散事由出现后 15 日内指定一个或者数个合伙人，或者委托第三人担任清算人。自合伙企业解散事由出现之日起 15 日内未确定清算人的，合伙人或者其他利害关系人可以申请人民法院指定清算人。

2. 清算人职责

清算人在清算期间执行下列事务。

（1）清理合伙企业财产，分别编制资产负债表和财产清单。

（2）处理与清算有关的合伙企业未了结事务。

（3）清缴所欠税款。

（4）清理债权、债务。

（5）处理合伙企业清偿债务后的剩余财产。

（6）代表合伙企业参加诉讼或者仲裁活动。

3. 通知和公告债权人

清算人自被确定之日起 10 日内将合伙企业解散事项通知债权人，并于 60 日内在报纸上公告。债权人应当自接到通知书之日起 30 日内，未接到通知书的自公告之日起 45 日内，向清算人申报债权。债权人申报债权，应当说明债权的有关事项并提供证明材料。清算人应当对债权进行登记。清算期间，合伙企业存续，但不得开展与清算无关的经营活动。

4. 财产清偿顺序

合伙企业财产在支付清算费用和职工工资、社会保险费用、法定补偿金以及缴纳所欠税款、清偿债务后的剩余财产，依照《合伙企业法》关于利润分配和亏损分担的规定进行分配。

5. 注销登记

清算结束，清算人应当编制清算报告，经全体合伙人签名、盖章后，在 15 日内向企业登记机关报送清算报告，申请办理合伙企业注销登记。经企业登记机关注销登记，合伙企业终止。合伙企业注销后，原普通合伙人对合伙企业存续期间的债务仍应承担无限连带责任。

6. 合伙企业不能清偿到期债务的处理

合伙企业不能清偿到期债务的，债权人可以依法向人民法院提出破产清算申请，也可以要求普通合伙人清偿。合伙企业依法被宣告破产的，普通合伙人对合伙企业债务仍应承担无限连带责任。

课堂自测

根据合伙企业法律制度的规定，下列关于合伙企业清算人确定的表述中，正确的是（   ）。

A. 合伙人担任清算人必须经全体合伙人一致同意

B. 清算人只能在执行合伙事务的合伙人中选任

C. 合伙企业不可以委托合伙人以外的第三人担任清算人

D. 自合伙企业解散事由出现之日起 15 日内未确定清算人的，合伙人可以申请人民法院指定清算人

任务三　公司法

一、公司和公司法概述

（一）公司的概念和特征

根据我国《民法典》和《公司法》的规定，公司一般是指依法成立，以取得利润并分配给股东等出资人为目的的营利法人。

公司的特征如下。

（1）依法设立。

（2）以营利为目的。

（3）以股东投资行为为基础设立。

（4）具有独立法人资格。

（二）公司法的概念

公司法是规范公司的设立、组织活动和解散以及其他与公司组织有关的对内对外关系的法律规范的总称。公司法有广义和狭义之分。广义的公司法又称为实质意义的公司法，是指一切有关公司的法律、法规和最高人民法院的司法解释等。狭义的公司法又称为形式意义的公司法，是仅指冠以《公司法》之名的一部法律。本任务中除特别指出外，均指广义上的公司法。我国《公司法》由第八届全国人民代表大会常务委员会第五次会议于 1993 年 12 月 29 日通过，自 1994 年 7 月 1 日起施行。全国人民代表大会常务委员会于 1999 年、2004 年对《公司法》进行了两次修正，2005 年 10 月 27 日第十届全国人民代表大会常务委员会第十八次会议修订，并自 2006 年 1 月 1 日起施行。2013 年 12 月 28 日第十二届全国人民代表大会常务委员会第六次会议、2018 年 10 月 26 日第十三届全国人民代表大会常务委员会第六次会议进行了第三次、第四次修正。2023 年 12 月 29 日第十四届全国人民代表大会常务委员会第七次会议进行了第二次修订。

素养贴士

公司法是组织法与行为法的结合，在调整公司组织关系的同时，也对与公司组织活动有关的

行为加以调整，如公司股份的发行和转让等。公司法规定公司的法律地位，调整股东与股东之间、股东与公司之间的关系，规范公司的设立、变更与终止活动，规范公司内部组织机构的设置与运作、公司与其他企业间的控制关系等。《公司法》的立法宗旨是规范公司的组织和行为，保护公司、股东和债权人的合法权益，维护社会经济秩序，促进社会主义市场经济的发展。为了实现上述立法宗旨，公司从事经营活动，必须遵守法律、行政法规，遵守社会公德、商业道德，诚实守信，接受政府和社会公众的监督，承担社会责任。公司的合法权益受法律保护。

二、公司的登记管理

公司登记是国家赋予公司法人资格与企业经营资格，并对公司的设立、变更、歇业注销加以规范、公示的法律行为。《公司法》规定，设立公司，应当依法向公司登记机关申请设立登记。符合规定的设立条件的，由公司登记机关分别登记为有限责任公司或者股份有限公司。公司经公司登记机关依法登记，领取营业执照，取得企业法人资格。未经公司登记机关登记的，不得以公司名义从事经营活动。

公司登记事项包括：名称；住所；注册资本；经营范围；法定代表人的姓名；有限责任公司股东、股份有限公司发起人的姓名或者名称。

1. 公司名称

公司只能登记一个名称，经登记的公司名称受法律保护。公司名称由申请人依法自主申报。公司名称应当符合国家有关规定。有限责任公司必须在公司名称中标明"有限责任公司"或者"有限公司"字样；股份有限公司必须在公司名称中标明"股份有限公司"或者"股份公司"字样。根据《企业名称登记管理规定》，企业名称应当使用规范汉字，民族自治地方的企业名称可以同时使用本民族自治地方通用的民族文字。企业名称由行政区划名称、字号、行业或者经营特点、组织形式组成。

2. 公司住所

公司住所是公司进行经营活动的场所，经公司登记机关登记的公司的住所只能有一个。

3. 公司注册资本

除法律、行政法规或者国务院决定另有规定外，公司的注册资本实行认缴登记制，以人民币表示。有限责任公司的注册资本为在公司登记机关登记的全体股东认缴的出资额。股份有限公司的注册资本为在公司登记机关登记的已发行股份的股本总额。

4. 公司经营范围

经营范围是股东选择的公司生产和经营的商品类别、品种及服务项目。根据《公司法》的规定，经营范围由公司章程规定，并应依法登记。

5. 公司法定代表人的姓名

根据《公司法》的规定，公司的法定代表人依照公司章程的规定，由代表公司执行公司事务的董事或者经理担任，并依法登记。公司法定代表人变更，应当办理变更登记。

6. 有限责任公司股东、股份有限公司发起人的姓名或者名称

公司发起人是指创办公司的投资人，发起人在公司成立后转变为公司的股东。公司的股东可以是自然人或法人，也可以是非法人组织。股东、发起人如果是自然人的，应该登记股东、发起人的姓名；股东、发起人如果是法人或非法人组织的，应该登记股东、发起人的名称。

04

课堂自测

根据《公司法》的规定，公司的下列人员中，可以由公司章程规定担任公司法定代表人的有（　　）。

A. 董事长　　　　B. 执行董事　　　C. 董事　　　D. 经理

三、有限责任公司

（一）有限责任公司的设立

1. 有限责任公司设立的条件

设立有限责任公司，应当具备下列条件。

（1）股东符合法定人数。

有限责任公司由 1 个以上 50 个以下股东出资设立。有限责任公司股东既可以是自然人，也可以是法人或非法人主体。

（2）有符合公司章程规定的全体股东认缴的出资额。

有限责任公司的注册资本为在公司登记机关登记的全体股东认缴的出资额。全体股东认缴的出资额由股东按照公司章程的规定自公司成立之日起 5 年内缴足。法律、行政法规以及国务院决定对有限责任公司注册资本实缴、注册资本最低限额、股东出资期限另有规定的，从其规定。

（3）股东共同制定公司章程。

公司章程是记载公司组织、活动基本准则的公开性法律文件。设立有限责任公司必须由股东共同依法制定公司章程。股东应当在公司章程上签名或者盖章。公司章程对公司、股东、董事、监事、高级管理人员具有约束力。

（4）有公司名称，建立符合有限责任公司要求的组织机构。

公司的名称是公司的标志。公司设立自己的名称时，必须符合法律、法规的规定。公司应当设立符合有限责任公司要求的组织机构，即股东会、董事会或者董事、监事会或者监事、董事会、审计委员会等。

（5）有公司住所。

设立公司必须有住所。没有住所的公司，不得设立。公司以其主要办事机构所在地为住所。

2. 有限责任公司设立的程序

公司设立的程序就是指公司设立时必须完成的一系列具体设立行为的步骤与过程。

（1）设立时的股东发起。

有限责任公司只能采用发起设立。设立时的股东有数人时，应签订设立协议或作成发起人会议决议。协议或决议是明确设立时的股东各自在公司设立过程中权利义务的书面文件。

（2）制定公司章程。

股东设立有限责任公司，必须先制定公司章程，将要设立的公司基本情况以及各方面的权利

法律小贴士

有限责任公司章程载明事项

法律小贴士

有限责任公司设立总结

04

义务加以明确规定。

（3）必要的行政审批。

我国《公司法》第二十九条第二款规定："法律、行政法规规定设立公司必须报经批准的，应当在公司登记前依法办理批准手续。"

（4）股东缴纳出资。

股东应当按期足额缴纳公司章程中规定的各自所认缴的出资额。股东以货币出资的，应当将货币出资足额存入为设立有限责任公司而在银行开设的账户；以非货币财产出资的，应当依法办理其财产权的转移手续。

（5）申请设立登记。

股东认足公司章程规定的出资后，由全体股东指定的代表或者共同委托的代理人向公司登记机关报送公司登记申请书、公司章程等文件，申请设立登记。

（6）登记发照。

公司登记机关对设立登记申请进行审查，对符合法律、法规规定条件的，予以核准登记，发给公司营业执照；对不符合法律、法规规定条件的，不予登记。公司经核准登记后，领取公司营业执照，公司营业执照签发日期为公司成立日期。

（二）有限责任公司的组织机构

1. 股东会

（1）股东会的职权。

有限责任公司股东会由全体股东组成。股东会是公司的权力机构，依法行使下列职权：①选举和更换董事、监事，决定有关董事、监事的报酬事项；②审议批准董事会的报告；③审议批准监事会的报告；④审议批准公司的利润分配方案和弥补亏损方案；⑤对公司增加或者减少注册资本作出决议；⑥对发行公司债券作出决议；⑦对公司合并、分立、解散、清算或者变更公司形式作出决议；⑧修改公司章程；⑨公司章程规定的其他职权。

股东会可以授权董事会对发行公司债券作出决议。对前述股东会职权中所列事项股东以书面形式一致表示同意的，可以不召开股东会会议，直接作出决定，并由全体股东在决定文件上签名或者盖章。

只有一个股东的有限责任公司不设股东会。股东作出前述所列事项的决定时，应当采用书面形式，并由股东签名或者盖章后置备于公司。

（2）股东会会议的形式。

股东会会议分为定期会议和临时会议。定期会议应当按照公司章程的规定按时召开。代表 1/10 以上表决权的股东，1/3 以上的董事或者监事会提议召开临时会议的，应当召开临时会议。

（3）股东会会议的召开。

首次股东会会议由出资最多的股东召集和主持，依法行使职权。以后的股东会会议，公司设立董事会的，由董事会召集，董事长主持；董事长不能履行职务或者不履行职务的，由副董事长主持；副董事长不能履行职务或者不履行职务的，由过半数的董事共同推举 1 名董事主持。董事会不能履行或者不履行召集股东会会议职责的，由监事会召集和主持；监事会不召集和主持的，代表 1/10 以上表决权的股东可以自行召集和主持。

04

（4）股东会会议的决议。

股东会会议由股东按照出资比例行使表决权，但是公司章程另有规定的除外。股东会的议事方式和表决程序，除《公司法》有规定的外，由公司章程规定。股东会作出修改公司章程、增加或者减少注册资本的决议，以及公司合并、分立、解散或者变更公司形式的决议，应当经代表 2/3以上表决权的股东通过。

 课堂自测

甲公司（有限责任公司）注册资本为 120 万元，股东人数为 9 人，董事会成员为 5 人，监事会成员为 5 人。股东一次缴清出资，该公司章程对股东表决权行使事项无特别规定。根据《公司法》的规定，该公司出现的下列情形中，属于应当召开临时股东会的有（　　　）。

A. 出资 20 万元的某股东提议召开

B. 公司未弥补的亏损达到 40 万元

C. 2 名董事提议召开

D. 2 名监事提议召开

2. 董事会、经理

董事会是公司股东会的执行机构，对股东会负责。

（1）董事会的组成。

有限责任公司设董事会（依法不设董事会的除外），其成员为 3 人以上，其成员中可以有公司职工代表。职工人数 300 人以上的有限责任公司，除依法设监事会并有公司职工代表的外，其董事会成员中应当有公司职工代表。董事会中的职工代表由公司职工通过职工代表大会、职工大会或者其他形式民主选举产生。董事会设董事长 1 人，可以设副董事长。董事长、副董事长的产生办法由公司章程规定。

（2）董事会的职权。

董事会对股东会负责，行使下列职权：①召集股东会会议，并向股东会报告工作；②执行股东会的决议；③决定公司的经营计划和投资方案；④制订公司的利润分配方案和弥补亏损方案；⑤制订公司增加或者减少注册资本以及发行公司债券的方案；⑥制订公司合并、分立、解散或者变更公司形式的方案；⑦决定公司内部管理机构的设置；⑧决定聘任或者解聘公司经理及其报酬事项，并根据经理的提名决定聘任或者解聘公司副经理、财务负责人及其报酬事项；⑨制定公司的基本管理制度；⑩公司章程规定或者股东会授予的其他职权。公司章程对董事会职权的限制不得对抗善意相对人。

（3）董事会会议的召开。

董事会会议由董事长召集和主持；董事长不能履行职务或者不履行职务的，由副董事长召集和主持；副董事长不能履行职务或者不履行职务的，由过半数的董事共同推举 1 名董事召集和主持。

（4）董事会的决议。

董事会的议事方式和表决程序，除《公司法》有规定的外，由公司章程规定。董事会会议应当有过半数的董事出席方可举行。董事会作出决议，应当经全体董事的过半数通过。董事会应当对所议事项的决定作成会议记录，出席会议的董事应当在会议记录上签名。董事会决议的表决，应当一人一票。

 **课堂自测**

下列关于有限责任公司董事会的表述中，不符合《公司法》规定的有（　　　）。

A. 董事会成员中应当有公司职工代表

B. 董事任期由公司章程规定，每届任期不得超过 3 年

C. 董事长和副董事长依法由公司董事会选举产生

D. 董事长和副董事长不召集和主持董事会的，必须由全体董事共同推举 1 名董事召集和主持

（5）经理。

有限责任公司可以设经理，由董事会决定聘任或者解聘。经理对董事会负责，根据公司章程的规定或者董事会的授权行使职权。经理列席董事会会议。

3. 监事会

监事会是公司的监督机构。

（1）监事会的组成。

有限责任公司设立监事会，其成员为 3 人以上。规模较小或者股东人数较少的有限责任公司，可以不设监事会，设 1 名监事。监事会成员应当包括股东代表和适当比例的公司职工代表，其中，职工代表的比例不得低于 1/3，具体比例由公司章程规定。董事、高级管理人员不得兼任监事。

（2）监事会的职权。

监事会、不设监事会的公司的监事行使下列职权：①检查公司财务；②对董事、高级管理人员执行公司职务的行为进行监督，对违反法律、行政法规、公司章程或者股东会决议的董事、高级管理人员提出解任的建议；③当董事、高级管理人员的行为损害公司的利益时，要求董事、高级管理人员予以纠正；④提议召开临时股东会会议，在董事会不履行《公司法》规定的召集和主持股东会会议职责时召集和主持股东会会议；⑤向股东会会议提出提案；⑥依照《公司法》的规定，对董事、高级管理人员提起诉讼；⑦公司章程规定的其他职权。监事可以列席董事会会议，并对董事会决议事项提出质询或者建议。监事会、不设监事会的公司的监事发现公司经营情况异常，可以进行调查；必要时，可以聘请会计师事务所等协助其工作，费用由公司承担。监事会、不设监事会的公司的监事行使职权所必需的费用，由公司承担。

 课堂自测

根据《公司法》的规定，下列各项中，不属于有限责任公司监事会职权的是（　　　）。

A. 检查公司财务

B. 解聘公司财务负责人

C. 提议召开临时股东会会议

D. 建议罢免违反公司章程的经理

（三）有限责任公司的股权转让

有限责任公司股东转让股权，包括股东之间转让股权、股东向股东以外的人转让股权和人民法院强制转让股东股权等情形。

（1）股东之间转让股权。

《公司法》规定，有限责任公司的股东之间可以相互转让其全部或者部分股权。《公司法》

04

对股东之间转让股权没有任何限制，这是因为，股东向公司的其他股东转让股权，无论是转让全部股权还是转让部分股权，都不会有新股东的产生，因此也就没有必要对这种转让进行限制。

（2）股东向股东以外的人转让股权。

《公司法》规定，股东向股东以外的人转让股权，应当将股权转让的数量、价格、支付方式和期限等事项书面通知其他股东，其他股东在同等条件下有优先购买权。股东自接到书面通知之日起 30 日内未答复的，视为放弃优先购买权。两个以上股东行使优先购买权的，协商确定各自的购买比例；协商不成的，按照转让时各自的出资比例行使优先购买权。

公司章程对股权转让另有规定的，从其规定。

（3）人民法院强制转让股东股权。

人民法院依照法律规定的强制执行程序转让股东的股权时，应当通知公司及全体股东，其他股东在同等条件下有优先购买权。其他股东自人民法院通知之日起满 20 日不行使优先购买权的，视为放弃优先购买权。

有限责任公司股东转让股权后，公司应当及时注销原股东的出资证明书，向新股东签发出资证明书，并相应修改公司章程和股东名册中有关股东及其出资额的记载。对公司章程的该项修改不需要再由股东会表决。

（四）有限责任公司股东退出公司

《公司法》规定，有下列情形之一的，对股东会该项决议投反对票的股东可以请求公司按照合理的价格收购其股权：①公司连续 5 年不向股东分配利润，而公司该 5 年连续盈利，并且符合《公司法》规定的分配利润条件；②公司合并、分立、转让主要财产；③公司章程规定的营业期限届满或者章程规定的其他解散事由出现，股东会通过决议修改章程使公司存续。

（五）国家出资公司组织机构的特别规定

国家出资公司，是指国家出资的国有独资公司、国有资本控股公司，包括国家出资的有限责任公司、股份有限公司。

《公司法》规定，国家出资公司的组织机构，适用《公司法》第七章的规定；《公司法》第七章没有规定的，适用《公司法》其他规定。《公司法》第七章的规定，具体包括以下 7 个方面。

（1）国家出资公司，由国务院或者地方人民政府分别代表国家依法履行出资人职责，享有出资人权益。国务院或者地方人民政府可以授权国有资产监督管理机构或者其他部门、机构代表本级人民政府对国家出资公司履行出资人职责。

（2）国家出资公司中中国共产党的组织，按照中国共产党章程的规定发挥领导作用，研究讨论公司重大经营管理事项，支持公司的组织机构依法行使职权。

（3）国有独资公司章程由履行出资人职责的机构制定。国有独资公司不设股东会，由履行出资人职责的机构行使股东会职权。履行出资人职责的机构可以授权公司董事会行使股东会的部分职权，但公司章程的制定和修改，公司的合并、分立、解散、申请破产，增加或者减少注册资本，分配利润，应当由履行出资人职责的机构决定。

（4）国有独资公司的董事会依照《公司法》规定行使职权。国有独资公司的董事会成员中，应当过半数为外部董事，并应当有公司职工代表。董事会成员由履行出资人职责的机构委派；但是，董事会成员中的职工代表由公司职工代表大会选举产生。董事会设董事长 1 人，可以设副董事长。董事长、副董事长由履行出资人职责的机构从董事会成员中指定。

（5）国有独资公司的经理由董事会聘任或者解聘。经履行出资人职责的机构同意，董事会成员可以兼任经理。国有独资公司的董事、高级管理人员，未经履行出资人职责的机构同意，不得在其他有限责任公司、股份有限公司或者其他经济组织兼职。

（6）国有独资公司在董事会中设置由董事组成的审计委员会行使《公司法》规定的监事会职权的，不设监事会或者监事。

（7）国家出资公司应当依法建立健全内部监督管理和风险控制制度，加强内部合规管理。

课堂自测

下列各项中，符合国有独资公司董事长产生方式规定的是（　　）。

A. 由董事会选举

B. 由监事会选举

C. 由国有资产监督管理机构从董事会成员中指定

D. 由公司职工代表大会选举

四、股份有限公司

（一）股份有限公司的设立

1. 股份有限公司的设立方式

股份有限公司可以采取发起设立或者募集设立的方式设立。

发起设立，是指由发起人认购设立公司时应发行的全部股份而设立公司。

募集设立，是指由发起人认购设立公司时应发行股份的一部分，其余股份向社会公开募集或者向特定对象募集而设立公司。

2. 股份有限公司的设立条件

股份有限公司的设立条件如图 4-3 所示。

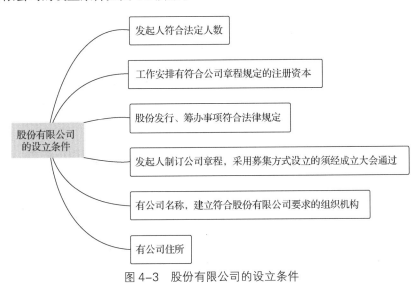

图 4-3　股份有限公司的设立条件

04

（二）股份有限公司的组织机构

股份有限公司的组织机构由股东会，董事会、经理，监事会等组成。

1. 股东会

（1）股东会的性质、组成和形式。

股份有限公司的股东会由全体股东组成，是公司的权力机构，是对公司重大事项行使最终决策权的机构。

股份有限公司的股东会分为年会和临时股东会会议两种。年会是指依照法律和公司章程的规定每年按时召开的股东会会议。股东会应当每年召开 1 次年会。上市公司的年度股东会会议应当于上一会计年度结束后的 6 个月内举行。临时股东会会议是指股份有限公司在出现召开临时股东会会议的法定事由时，应当在法定期限召开的股东会。有下列情形之一的，应当在 2 个月内召开临时股东会会议：①董事人数不足《公司法》规定人数或者公司章程所定人数的 2/3 时；②公司未弥补的亏损达股本总额 1/3 时；③单独或者合计持有公司 10%以上股份的股东请求时；④董事会认为必要时；⑤监事会提议召开时；⑥公司章程规定的其他情形。

 课堂自测

股份有限公司发生的下列情形中，依法应当在 2 个月内召开临时股东会会议的有（　　　　）。

A. 董事人数不足公司章程所定人数的 1/2 时

B. 公司未弥补亏损达股本总额的 1/3 时

C. 持有公司股份 5%的股东请求时

D. 监事会提议召开时

（2）股东会的职权。

股份有限公司股东会的职权与有限责任公司股东会的职权基本相同。

04

（3）股东会的召开。

股东会会议由董事会召集，董事长主持；董事长不能履行职务或者不履行职务的，由副董事长主持；副董事长不能履行职务或者不履行职务的，由过半数的董事共同推举 1 名董事主持。董事会不能履行或者不履行召集股东会会议职责的，监事会应当及时召集和主持；监事会不召集和主持的，连续 90 日以上单独或者合计持有公司 10%以上股份的股东可以自行召集和主持。

召开股东会会议，应当将会议召开的时间、地点和审议的事项于会议召开 20 日前通知各股东；临时股东会会议应当于会议召开 15 日前通知各股东。

（4）股东会的决议。

股东出席股东会会议，所持每一股份有一表决权，类别股股东除外。股东可以委托代理人出席股东会会议，代理人应当向公司提交股东授权委托书，并在授权范围内行使表决权。公司持有的本公司股份没有表决权。股东会作出决议，应当经出席会议的股东所持表决权过半数通过。但是，股东会作出修改公司章程、增加或者减少注册资本的决议，以及公司合并、分立、解散或者变更公司形式的决议，应当经出席会议的股东所持表决权的 2/3 以上通过。

股东会选举董事、监事，可以依照公司章程的规定或者股东会的决议，实行累积投票制。这里所称累积投票制，是指股东会选举董事或者监事时，每一股份拥有与应选董事或者监事人数相同的表决权，股东拥有的表决权可以集中使用。

 **课堂自测**

根据公司法律制度的规定，股份有限公司股东会所议下列事项中，必须经出席会议的股东所持表决权 2/3 以上通过的有（　　　　）。

A. 增加公司注册资本　　B. 修改公司章程　　C. 发行公司债券　　D. 与其他公司合并

2. 董事会、经理

（1）董事会的性质和组成。

股份有限公司的董事会是股东会的执行机构，对股东会负责。股份有限公司设董事会，其成员为 3 人以上。董事会成员中可以有公司职工代表，职工人数 300 人以上的股份有限公司，除依法设监事会并有公司职工代表的外，其董事会成员中应当有公司职工代表。董事会中的职工代表由公司职工通过职工代表大会、职工大会或者其他形式民主选举产生。股份有限公司的董事任期由公司章程规定，但每届任期不得超过 3 年，董事任期届满，连选可以连任。

（2）董事会的职权。

股份有限公司董事会的职权与有限责任公司董事会的职权基本相同。

（3）董事会的召开。

董事会设董事长 1 人，可以设副董事长。董事长和副董事长由董事会以全体董事的过半数选举产生。董事长召集和主持董事会会议，检查董事会决议的实施情况。副董事长协助董事长工作，董事长不能履行职务或者不履行职务的，由副董事长履行职务；副董事长不能履行职务或者不履行职务的，由半数以上董事共同推举 1 名董事履行职务。董事会每年度至少召开 2 次会议，每次会议应当于会议召开 10 日前通知全体董事和监事。代表 1/10 以上表决权的股东、1/3 以上董事或者监事会，可以提议召开临时董事会会议。董事长应当自接到提议后 10 日内，召集和主持董事会会议。董事会召开临时会议，可以另定召集董事会的通知方式和通知时限。

（4）董事会的决议。

董事会会议应有过半数的董事出席方可举行。董事会作出决议，必须经全体董事的过半数通过。董事会决议的表决，实行一人一票，即每个董事只能享有一票表决权。董事会会议，应由董事本人出席；董事因故不能出席，可以书面委托其他董事代为出席，委托书中应载明授权范围。董事会应当对会议所议事项的决定作成会议记录，出席会议的董事应当在会议记录上签名。董事应当对董事会的决议承担责任。董事会的决议违反法律、行政法规或者公司章程、股东会决议，致使公司遭受严重损失的，参与决议的董事对公司负赔偿责任。但经证明在表决时曾表明异议并记载于会议记录的，该董事可以免除责任。

（5）经理。

股份有限公司设经理，由董事会决定聘任或者解聘。经理对董事会负责，根据公司章程的规定或者董事会的授权行使职权。经理列席董事会会议。公司董事会可以决定由董事会成员兼任公司经理。

法律小贴士

有限责任公司和股份有限公司临时会议比较

04

 课堂自测

股份有限公司召开董事会，下列各项中，符合公司法律制度规定的有（　　　　）。

A. 董事长因故不能出席会议，会议由副董事长主持

B. 通过了有关公司董事报酬的决议

C. 通过了免除乙的经理职务，聘任副董事长甲担任经理的决议

D. 董事会的决议违反法律，致使公司遭受严重损失的，参与决议的全体董事对公司负赔偿责任

课堂讨论

甲公司（股份有限公司）于 2024 年 3 月 20 日召开董事会会议。公司董事会由 7 名董事组成。出席该次会议的董事有王某、张某、李某、陈某，董事何某、孙某、肖某因事不能出席会议。孙某电话委托董事王某代为出席会议并表决，肖某委托董事会秘书杨某代为出席会议并表决。根据总经理提名，出席本次会议的董事讨论并一致同意，聘任顾某为公司财务负责人，并决定给予顾某年薪 10 万元；董事会会议讨论通过了公司内部机构设置的方案，表决时，董事张某反对，其他董事表示同意。

请回答：出席该次董事会会议的董事人数是否符合规定？董事孙某、肖某委托他人出席该次董事会会议是否有效？董事会通过的两项决议是否符合规定？

3. 监事会

股份有限公司依法应当设立监事会，监事会为公司的监督机构。

（1）监事会的组成。

股份有限公司监事会成员为 3 人以上，应当包括股东代表和适当比例的公司职工代表，其中，职工代表的比例不得低于 1/3，具体比例由公司章程规定。监事会中的职工代表由公司职工通过职工代表大会、职工大会或者其他形式民主选举产生。董事、高级管理人员不得兼任监事。

（2）监事会的职权。

股份有限公司监事会的职权与有限责任公司监事会的职权基本相同。

（3）监事会的召开。

监事会设主席 1 人，可以设副主席。监事会主席和副主席由全体监事过半数选举产生。监事会主席召集和主持监事会会议；监事会主席不能履行职务或者不履行职务的，由监事会副主席召集和主持监事会会议；监事会副主席不能履行职务或者不履行职务的，由过半数的监事共同推举 1 名监事召集和主持监事会会议。

法律小贴士

有限责任公司与股份有限公司的监事会和监事会会议对比

（三）上市公司的特别规定

上市公司，是指其股票在证券交易所上市交易的股份有限公司。《公司法》对上市公司组织及活动原则的特别规定，主要包括以下几个方面。

1. 股东会特别决议事项

上市公司在 1 年内购买、出售重大资产或者向他人提供担保金额超过公司资产总额 30% 的，应当由股东会作出决议，并经出席会议的股东所持表决权的 2/3 以上通过。

2. 上市公司设立独立董事

上市公司独立董事，是指不在上市公司担任除董事外的其他职务，并与其所受聘的上市公司及其主要股东、实际控制人不存在直接或间接利害关系，或者其他可能影响其进行独立客观判断的关系的董事。独立董事除了应履行董事的一般职责外，主要职责在于对控股股东及其选任的上市公司的董事、高级管理人员，以及其与公司进行的关联交易等进行监督。

3. 上市公司章程及审计委员会的特别规定

上市公司的公司章程除载明《公司法》规定的股份有限公司章程应当载明的事项外，还应当依照法律、行政法规的规定载明董事会专门委员会的组成、职权以及董事、监事、高级管理人员薪酬考核机制等事项。

上市公司在董事会中设置审计委员会的，董事会对下列事项作出决议前应当经审计委员会全体成员过半数通过：①聘用、解聘承办公司审计业务的会计师事务所；②聘任、解聘财务负责人；③披露财务会计报告；④国务院证券监督管理机构规定的其他事项。

4. 上市公司设立董事会秘书

上市公司设立董事会秘书，负责公司股东会会议和董事会会议的筹备、文件保管以及公司股东资料的管理，办理信息披露事务等事宜。

5. 关联关系董事的表决权排除制度

上市公司董事与董事会会议决议事项所涉及的企业有关联关系的，不得对该项决议行使表决权，也不得代理其他董事行使表决权。该董事会会议由过半数的无关联关系董事出席即可举行，董事会会议所作决议须经无关联关系董事过半数通过。出席董事会的无关联关系董事人数不足 3人的，应将该事项提交上市公司股东会会议审议。

6. 信息披露与持股的特别规定

上市公司应当依法披露股东、实际控制人的信息，相关信息应当真实、准确、完整。禁止违反法律、行政法规的规定代持上市公司股票。

上市公司控股子公司不得取得该上市公司的股份。上市公司控股子公司因公司合并、质权行使等原因持有上市公司股份的，不得行使所持股份对应的表决权，并应当及时处分相关上市公司股份。

 课堂自测

根据公司法律制度的规定，下列人员中，不得担任上市公司独立董事的有（　　　）。

A. 在上市公司任职的人员

B. 为上市公司提供法律服务的人员

C. 上市公司前 10 名股东中的自然人股东

D. 在直接持有上市公司已发行股份 5%以上的股东单位任职的人员

五、公司股票、债券及财务会计

（一）公司股票

1. 股份和股票的概念和特征

股份是指将股份有限公司的注册资本按相同的金额或比例划分为相等的份额。股份作为代表公司资本的一部分，是公司资本的最小划分单位，股东根据其出资额度计算出其持有的股份数量，所有股东持有的股份加起来所代表的资本数额即为公司的资本总额。股票是指公司签发的证明股东所持股份的凭证，是股份的表现形式。

股票具有以下性质。①股票是有价证券。股票是一种具有财产价值的证券，股票记载着股票种类、票面金额及代表的股份数，反映着股票的持有人对公司的权利。②股票是证权证券。股票表现的是股东的权利，任何人只要合法占有股票，其就可以依法向公司行使权利，而且公司股票发生转移时，公司股东的权益也随之转移。③股票是要式证券。股票应当采取纸面形式或者国务院证券监督管理机构规定的其他形式，其记载的内容和事项应当符合法律的规定。④股票是流通证券。股票可以在证券交易市场依法进行交易。

2. 股票的分类

（1）普通股和类别股。

这是按照股东权利、义务的不同进行的分类。

普通股是指享有普通权利、承担普通义务的股份，是股份的最基本形式。依照规定，普通股股东享有决策参与权、利润分配权、优先认股权和剩余资产分配权。

类别股是指享有优先权或者权利受到限制的股份。根据《公司法》规定，公司可以按照公司章程的规定发行下列与普通股权利不同的类别股：①优先或者劣后分配利润或者剩余财产的股份；②每一股的表决权数多于或者少于普通股的股份；③转让须经公司同意等转让受限的股份；④国务院规定的其他类别股。优先股是典型的类别股。

（2）国有股、发起人股和社会公众股。

这是按照投资主体性质的不同进行的分类。

国有股包括国家股和国有法人股。国家股是指有权代表国家投资的政府部门或机构以国有资产投入公司形成的股份或依法定程序取得的股份。国有法人股是指具有法人资格的国有企业、事业及其他单位以其依法占用的法人资产向独立于自己的股份有限公司出资形成或依法定程序取得的股份。

发起人股是指股份有限公司的发起人认购的股份。

社会公众股是指个人和机构以合法财产购买并可依法流通的股份。

（3）记名股票和无记名股票。

这是按照票面上是否记载股东的姓名或名称进行的分类。

记名股票是指在票面上记载股东姓名或名称的股票。无记名股票是指在票面上不记载股东姓名或名称的股票。我国《公司法》曾允许发行无记名股票。2024年7月1日生效的《公司法》规定，公司发行的股票，应当为记名股票，不再允许发行无记名股票。

除上述分类以外，我国的股票还可根据发行对象的不同分为A股、B股、H股等；按股东有无表决权分为表决权股和无表决权股等。

3. 股票的发行

（1）发行原则。

① 公平、公正的原则。

② 同股同价原则。

（2）发行价格。

股票的发行价格是指股票发行时所使用的价格，也是投资者认购股票时所支付的价格。股票的发行价格可以分为平价发行的价格和溢价发行的价格。

（3）发行新股。

公司经国务院证券监督管理机构核准公开发行新股时，必须公告新股招股说明书和财务会计报告，并制作认股书。公司公开发行新股应当由依法设立的证券公司承销，签订承销协议，并同银行签订代收股款协议。公司发行新股，可以根据公司经营情况和财务状况，确定其作价方案。公司发行新股募足股款后，必须向公司登记机关办理变更登记，并公告。

4. 股份转让

股份转让，是指股份有限公司的股份持有人依法自愿将自己所拥有的股份转让给他人，使他人取得股份成为股东或增加股份数额的法律行为。

（1）股份转让的法律规定。

《公司法》对股份有限公司的股份转让作出了具体的规定，主要包括以下内容。

① 股份转让自由。股份有限公司的股东持有的股份可以向其他股东转让，也可以向股东以外的人转让；公司章程对股份转让有限制的，其转让按照公司章程的规定进行。

② 股份转让的地点。股东持有的股份可以依法转让。股东转让其股份，应当在依法设立的证券交易场所进行或者按照国务院规定的其他方式进行。上市公司的股票，依照有关法律、行政法规及证券交易所交易规则上市交易。

③ 股份转让的方式。股票的转让，由股东以背书方式或者法律、行政法规规定的其他方式转让，转让后由公司将受让人的姓名或者名称及住所记载于股东名册。股东会会议召开前 20 日内或者公司决定分配股利的基准日前 5 日内，不得变更股东名册。但是，法律、行政法规或者国务院证券监督管理机构对上市公司股东名册变更登记另有规定的，从其规定。

（2）股份转让的限制。

① 对公开发行股份前已发行股份转让的限制。根据《公司法》的规定，公司公开发行股份前已发行的股份，自公司股票在证券交易所上市交易之日起 1 年内不得转让。法律、行政法规或者国务院证券监督管理机构对上市公司的股东、实际控制人转让其所持有的本公司股份另有规定的，从其规定。

② 对公司董事、监事、高级管理人员转让股份的限制。根据《公司法》的规定，公司董事、监事、高级管理人员应当向公司申报所持有的本公司的股份及其变动情况，在就任时确定的任职期间每年转让的股份不得超过其所持有本公司股份总数的 25%；所持本公司股份自公司股票上市交易之日起 1 年内不得转让。上述人员离职后半年内，不得转让其所持有的本公司股份。公司章程可以对公司董事、监事、高级管理人员转让其所持有的本公司股份作出其他限制性规定。

上市公司的董事、监事和高级管理人员除了遵守上述规定外，还应遵守《上市公司董事、监事和高级管理人员所持本公司股份及其变动管理规则》（以下简称《管理规则》）的规定。《管理规则》规定，上市公司董事、监事和高级管理人员在就任时确定的任职期间，每年通过集中竞价、大宗交易、协议转让等方式转让的股份，不得超过其所持本公司股份总数的 25%，因司法强制执行、继承、遗赠、依法分割财产等导致股份变动的除外。上市公司董事、监事和高级管理人员所持股份不超过 1 000 股的，可一次全部转让，不受上述转让比例的限制。

上市公司董事、监事和高级管理人员在下列期间不得买卖本公司股票：上市公司年度报告、半年度报告公告前 15 日内；上市公司季度报告、业绩预告、业绩快报公告前 5 日内；自可能对本公司证券及其衍生品种交易价格产生较大影响的重大事项发生之日或在决策过程中，至依法披露之日止；证券交易所规定的其他期间。

③ 对公司收购自身股份的限制。根据《公司法》的规定，公司不得收购本公司股份。但

是，有下列情形之一的除外：a. 减少公司注册资本；b. 与持有本公司股份的其他公司合并；c. 将股份用于员工持股计划或者股权激励；d. 股东因对股东会作出的公司合并、分立决议持异议，要求公司收购其股份；e. 将股份用于转换公司发行的可转换为股票的公司债券；f. 上市公司为维护公司价值及股东权益所必需。公司因上述第 a 项、第 b 项规定的情形收购本公司股份的，应当经股东会决议；公司因上述第 c 项、第 e 项、第 f 项规定的情形收购本公司股份的，可以依照公司章程的规定或者股东会的授权，经 2/3 以上董事出席的董事会会议决议。上市公司收购本公司股份的，应当依照《中华人民共和国证券法》的规定履行信息披露义务。上市公司因上述第 c 项、第 e 项、第 f 项规定的情形收购本公司股份的，应当通过公开的集中交易方式进行。

④ 对公司股票质押的限制。根据《公司法》的规定，公司不得接受本公司的股份作为质权的标的。

⑤ 禁止对他人取得本公司及其母公司股份提供财务资助，公司实施员工持股计划的除外。

（3）股票被盗、遗失或者灭失，股东可以依照《民事诉讼法》规定的公示催告程序，请求人民法院宣告该股票失效。人民法院宣告该股票失效后，股东可以向公司申请补发股票。

 课堂讨论

甲公司、乙公司和朱某作为发起人募集设立了丙股份有限公司（以下简称丙公司），丙公司共有 200 万股股份，甲公司持有丙公司 40 万股股份，乙公司持有丙公司 20 万股股份，朱某持有丙公司 10 万股股份，其余股份向他人募集。丙公司为奖励公司杰出员工王某，经公司过半数董事出席的董事会决议收购了本公司 1 万股股票，但是在转让给王某前，王某辞职，丙公司遂决定由公司自己长期持有这 1 万股股票。丙公司董事会成员之间发生矛盾，公司章程规定的 9 名董事有 4 名辞职，公司管理混乱，董事会于 4 名董事辞职 3 个月后决定召开临时股东会会议增选 4 名董事。丙公司章程中规定实行累积投票制。临时股东会会议召开 12 日前董事会通知了甲公司、乙公司和朱某，并公告了会议召开的时间、地点和审议事项。

根据以上情况，回答下列问题。

（1）丙公司是否有权收购本公司股份？为什么？

（2）本案中丙公司收购本公司股份的行为有哪些不符合法律规定之处？

（3）丙公司召开临时股东会会议的程序有哪些不符合法律规定之处？

（4）甲公司、乙公司、朱某、丙公司在增选 4 名董事的表决中各拥有多少表决权？并说明理由。

（二）公司债券

1. 债券的概念的特征

公司债券是指公司依照法定程序发行，约定在一定期限还本付息的有价证券。公司债券与股票相比，具有下列特征。

（1）公司债券的持有人是公司的债权人，对于公司享有民法上规定的债权人的所有权利；而股票的持有人则是公司的股东，享有《公司法》所规定的股东权利。

（2）公司债券的持有人，无论公司是否有盈利，对公司享有按照约定给付利息的请求权；而股票持有人，则必须在公司有盈利时才能依法获得股利分配。

（3）公司债券到了约定期限，公司必须偿还债券本金；而股票持有人仅在公司解散时方可请求分配剩余财产。

（4）公司债券的持有人享有优先于股票持有人获得清偿的权利；而股票持有人必须在公司全部债务清偿之后，方可就公司剩余财产请求分配。

（5）公司债券的利率一般是固定不变的，风险较小；而股票股利分配的高低，与公司经营好坏密切相关，故常有变动，风险较大。

2. 债券的分类

债券可分为可转换公司债券和不可转换公司债券。

可转换公司债券是指可以转换成公司股票的公司债券。这种公司债券在发行时规定了转换为公司股票的条件与办法。当条件具备时，债券持有人拥有将公司债券转换为公司股票的选择权。

不可转换公司债券是指不能转换为公司股票的公司债券。凡在发行债券时未作出转换约定的，均为不可转换公司债券。

3. 债券的发行和转让

（1）公司债券的发行。

公开发行公司债券，应当经国务院证券监督管理机构注册，公告公司债券募集办法。公司债券募集办法中应当载明下列主要事项：公司名称；债券募集资金的用途；债券总额和债券的票面金额；债券利率的确定方式；还本付息的期限和方式；债券担保情况；债券的发行价格、发行的起止日期；公司净资产额；已发行的尚未到期的公司债券总额；公司债券的承销机构。

公司以纸面形式发行公司债券的，应当在债券上载明公司名称、债券票面金额、利率、偿还期限等事项，并由法定代表人签名，公司盖章。

（2）公司债券的转让。

公司债券可以转让，转让价格由转让人与受让人约定。公司债券在证券交易所上市交易的，按照证券交易所的交易规则转让。根据公司债券种类的不同，公司债券的转让有不同的方式。公司债券由债券持有人以背书方式或者法律、行政法规规定的其他方式转让；转让后，由公司将受让人的姓名或者名称及住所记载于公司债券持有人名册，以备公司存查。受让人一经持有该债券，即成为公司的债权人。

发行可转换为股票的公司债券的，公司应当按照其转换办法向债券持有人换发股票，但债券持有人对转换股票或者不转换股票有选择权。法律、行政法规另有规定的除外。

（三）公司财务会计

（1）公司应当依照法律、行政法规和国务院财政部门的规定建立本公司的财务、会计制度。

（2）公司应当在每一会计年度终了时编制财务会计报告，并依法经会计师事务所审计。

（3）有限责任公司应当按照公司章程规定的期限将财务会计报告送交各股东。股份有限公司的财务会计报告应当在召开股东会年会的 20 日前置备于本公司，供股东查阅；公开发行股份的股份有限公司应当公告其财务会计报告。

（4）公司除法定的会计账簿外，不得另立会计账簿。对公司资金，不得以任何个人名义开立账户存储。

04

（5）公司聘用、解聘承办公司审计业务的会计师事务所，依照公司章程的规定，由股东会、董事会或监事会决定。

 课堂自测

某有限责任公司的下列财务会计事项中，符合公司法律制度规定的是（　　　）。

A. 依照公司章程的规定，由董事会决定聘用承办公司审计业务的会计师事务所

B. 将公司部分货币资产以个人名义开立账户存储

C. 公司财务会计报告只提供给持有表决权 10%以上的股东查阅

D. 在法定会计账簿外另立会计账簿

六、利润分配

根据我国《公司法》及税务等相关法律的规定，公司应当按照如下顺序进行利润分配：①弥补以前年度的亏损，但不得超过税法规定的弥补期限；②缴纳所得税，即公司应依我国《企业所得税法》规定缴纳企业所得税；③弥补在税前利润弥补亏损之后仍存在的亏损；④提取法定公积金；⑤提取任意公积金；⑥向股东分配利润。

公司弥补亏损和提取公积金后所余税后利润，有限责任公司按照股东实缴的出资比例分配利润，全体股东约定不按照出资比例分配利润的除外；股份有限公司按照股东持有的股份比例分配利润，公司章程另有规定的除外。

公司违反《公司法》规定向股东分配利润的，股东应当将违反规定分配的利润退还公司；给公司造成损失的，股东及负有责任的董事、监事、高级管理人员应当承担赔偿责任。公司持有的本公司股份不得分配利润。股东会作出分配利润的决议的，董事会应当在股东会决议作出之日起6 个月内进行分配。

 课堂自测

根据公司法律制度的规定，下列关于公司利润分配的表述中，正确的是（　　　）。

A. 公司股东会可以决议在弥补亏损前向股东分配利润

B. 有限责任公司股东可以约定不按出资比例分配利润

C. 公司持有的本公司股份可以分配利润

D. 股份有限公司章程不得规定不按持股比例分配利润

七、公司合并、分立、解散和清算

（一）公司合并

1. 公司合并的概念和形式

公司合并是指两个以上的公司依照法定程序变为一个公司的行为。

公司合并的形式有两种：一是吸收合并；二是新设合并。吸收合并是指一个公司吸收其他公司加入本公司，被吸收的公司解散。新设合并是指两个以上公司合并设立一个新的公司，合并各方解散。

2. 公司合并的程序

公司合并的程序见图 4-4。

图 4-4　公司合并的程序

（二）公司分立

公司分立是指一个公司依法分为两个以上的公司。

《公司法》未明确规定公司分立的形式，一般有两种形式：第一种是派生分立，即公司以其部分财产和业务另设一个新的公司，原公司存续；第二种是新设分立，即公司以其全部财产设立两个以上的新公司，原公司解散。

公司分立的程序与公司合并的程序基本一样，要签订分立协议，编制资产负债表及财产清单，作出分立决议，通知债权人，办理工商登记等。公司分立前的债务由分立后的公司承担连带责任。但是，公司在分立前与债权人就债务清偿达成的书面协议另有约定的除外。

（三）公司解散

1. 公司解散的原因

根据《公司法》的规定，公司解散的原因有以下情形：①公司章程规定的营业期限届满或者公司章程规定的其他解散事由出现；②股东会决议解散；③因公司合并或者分立需要解散；④依法被吊销营业执照、责令关闭或者被撤销；⑤人民法院依法予以解散。

公司有上述第①项、第②项情形的，且尚未向股东分配财产的，可以通过修改公司章程或者经股东会决议而存续。公司依照规定修改公司章程的，有限责任公司须经持有 2/3 以上表决权的股东通过，股份有限公司须经出席股东会会议的股东所持表决权的 2/3 以上通过。

2. 公司司法解散

《公司法》规定，公司经营管理发生严重困难，继续存续会使股东利益受到重大损失，通过其他途径不能解决的，持有公司 10%以上表决权的股东，可以请求人民法院解散公司。

（四）公司清算

公司清算，是指公司解散后，为最终了结现存财产和其他法律关系，依照法定程序，对公司的财产和债权债务关系进行清理、处分和分配，从而消灭公司法人资格的法律行为。

1. 清算组

清算组由董事组成，但是公司章程另有规定或者股东会决议另选他人的除外。人民法院受理公司清算案件，应当及时指定有关人员组成清算组。

根据《公司法》的规定，清算组在清算期间行使的职权包括：①清理公司财产，分别编制资产负债表和财产清单；②通知、公告债权人；③处理与清算有关的公司未了结的业务；④清缴所欠税款以及清算过程中产生的税款；⑤清理债权、债务；⑥分配公司清偿债务后的剩余财产；⑦代表公司参与民事诉讼活动。

清算组在公司清算期间代表公司进行一系列民事活动，全权处理公司经济事务和民事诉讼活动。根据《公司法》的规定，清算组成员履行清算职责，负有忠实义务和勤勉义务。清算组成员怠于履行清算职责，给公司造成损失的，应当承担赔偿责任；因故意或重大过失给债权人造成损

04

失的，应当承担赔偿责任。

2. 公司清算的程序

（1）组织清算组。公司解散时，应当依法进行清算。根据《公司法》的规定，公司应当在解散事由出现之日起 15 日内成立清算组。

（2）清理公司财产，编制资产负债表和财产清单。

（3）公告和通知公司债权人。

《公司法》第二百三十五条规定，清算组应当自成立之日起 10 日内通知债权人，并于 60 日内在报纸上或者国家企业信用信息公示系统公告。债权人应当自接到通知之日起 30 日内，未接到通知的自公告之日起 45 日内，向清算组申报其债权。

（4）登记债权、编制清算方案。债权人在规定的期限内未申报债权，在公司清算程序终结前补充申报的，清算组应予登记。债权人补充申报的债权，可以在公司尚未分配财产中依法清偿。

（5）收取债权、清偿债务，分配剩余财产。公司财产在分别支付清算费用、职工的工资、社会保险费用和法定补偿金，缴纳所欠税款，清偿公司债务后的剩余财产，有限责任公司按照股东的出资比例分配，股份有限公司按照股东持有的股份比例分配。

（6）制作清算报告。

（7）简易程序注销。公司在存续期间未产生债务，或者已清偿全部债务的，经全体股东承诺，可以按照规定通过简易程序注销公司登记。

（8）公司登记机关注销公司登记。公司被吊销营业执照、责令关闭或者被撤销，满 3 年未向公司登记机关申请注销公司登记的，公司登记机关可以通过国家企业信用信息公示系统予以公告，公告期限不少于 60 日。公告期限届满后，未有异议的，公司登记机关可以注销公司登记。

04

 课堂讨论

甲公司、乙公司、丙公司和张某、李某共同出资设立了丁有限责任公司（以下简称丁公司），其中甲公司出资 40%，乙公司和丙公司各出资 20%，张某和李某各出资 10%。公司成立后，乙公司未征求其他股东的意见，直接将自己 10% 的股权转让给丙公司。张某拟将自己的股权转让给陈某，书面征求其他股东的意见，甲公司和李某表示同意，但都表示要购买张某的股权，乙公司一直不回复，丙公司明确表示反对。张某与甲公司、李某和陈某谈判，甲公司、李某和陈某的出价均为 50 万元，甲公司和李某表示要分期支付，陈某同意一次性支付，张某遂将股权转让给陈某。陈某受让股权后，向董事会提议召开临时股东会会议更换公司董事，董事会不予理会。陈某要求丁公司购买自己的股权，丁公司拒绝，陈某起诉丁公司要求收购自己的股权，法院判决陈某败诉。丁公司总经理王某为公司购买的新设备质次价高，李某经调查了解到王某收受了对方公司的贿赂，李某向监事会反映，监事会迟迟不予答复。

根据上述情况，分析以下问题：

（1）乙公司直接将股权转让给丙公司的做法是否合法？请说明理由。

（2）张某将股权转让给陈某的做法是否合法？请说明理由。

（3）法院判决陈某败诉是否正确？请说明理由。

（4）李某如何保护公司利益？

项目小结

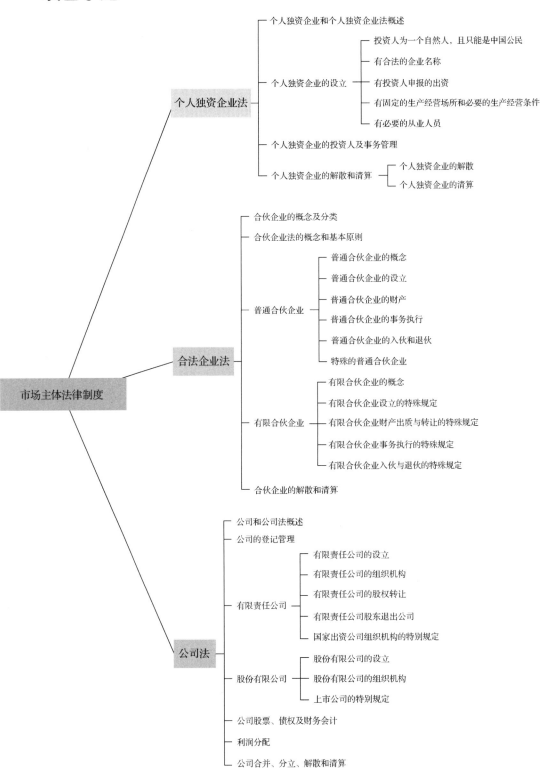

个人独资企业法
- 个人独资企业和个人独资企业法概述
- 个人独资企业的设立
  - 投资人为一个自然人，且只能是中国公民
  - 有合法的企业名称
  - 有投资人申报的出资
  - 有固定的生产经营场所和必要的生产经营条件
  - 有必要的从业人员
- 个人独资企业的投资人及事务管理
- 个人独资企业的解散和清算
  - 个人独资企业的解散
  - 个人独资企业的清算

合法企业法
- 合伙企业的概念及分类
- 合伙企业法的概念和基本原则
- 普通合伙企业
  - 普通合伙企业的概念
  - 普通合伙企业的设立
  - 普通合伙企业的财产
  - 普通合伙企业的事务执行
  - 普通合伙企业的入伙和退伙
  - 特殊的普通合伙企业
- 有限合伙企业
  - 有限合伙企业的概念
  - 有限合伙企业设立的特殊规定
  - 有限合伙企业财产出质与转让的特殊规定
  - 有限合伙企业事务执行的特殊规定
  - 有限合伙企业入伙与退伙的特殊规定
- 合伙企业的解散和清算

市场主体法律制度

公司法
- 公司和公司法概述
- 公司的登记管理
- 有限责任公司
  - 有限责任公司的设立
  - 有限责任公司的组织机构
  - 有限责任公司的股权转让
  - 有限责任公司股东退出公司
  - 国家出资公司组织机构的特别规定
- 股份有限公司
  - 股份有限公司的设立
  - 股份有限公司的组织机构
  - 上市公司的特别规定
- 公司股票、债权及财务会计
- 利润分配
- 公司合并、分立、解散和清算

04

课后自测

一、单项选择题

1. 甲公司（有限责任公司）由张某、李某、王某三人投资设立，张某出资 50%，李某、王某各出资 25%。因为张某、李某之间闹矛盾，张某拟对外转让 20% 股权，向王某转让 30% 股权，达到退出公司的目的。公司章程对股权转让没有其他规定，根据公司法律制度的规定，下列表述正确的是（ ）。

    A. 张某向王某转让股权，应当提前 30 日通知李某

    B. 张某向王某转让股权没有任何限制规定

    C. 李某不同意张某对外转让股权的，张某可以进行转让

    D. 张某对外转让股权事项应通过股东会表决

2. 下列关于公司组织机构的表述，符合《公司法》规定的是（ ）。

    A. 有限责任公司必须设立董事会，董事会成员中可以包括职工代表

    B. 股份有限公司必须设立董事会，董事会成员中应当包括职工代表

    C. 有限责任公司必须设立监事会，监事会成员中可以包括职工代表

    D. 股份有限公司必须设立监事会，监事会成员中应当包括职工代表

3. 甲公司是一家上市公司，根据有关规定，下列人员中，可以担任甲上市公司独立董事的是（ ）。

    A. 担任甲上市公司附属企业总经理之职的赵某

    B. 持有甲上市公司 31% 股份的李某公司的经理的儿子钱某

    C. 持有该上市公司已发行股份 3% 的王某公司的董事孙某的儿子

    D. 持有甲上市公司股份 2% 的李某

4. 股份有限公司董事、高级管理人员的下列行为，符合公司法律制度规定的是（ ）。

    A. 将公司资金以个人名义开立账户存储

    B. 违反公司章程的规定，未经股东会或者董事会同意，将公司资金借贷给他人或者以公司财产为他人提供担保

    C. 违反公司章程的规定或者未经股东会同意，与本公司订立合同或者进行交易

    D. 经股东会同意，利用职务便利为自己谋取属于公司的商业机会，自营与所任职公司同类的业务

5. 下列关于利润分配的表述，正确的是（ ）。

    A. 公司持有的本公司股份不得分配利润

    B. 有限责任公司必须按照股东实缴的出资比例分配利润

    C. 股份有限公司必须按持股比例分配利润

    D. 法定公积金按照公司税后利润的 5% 提取，当公司法定公积金累计额为公司注册资本的 50% 以上时可以不再提取

6. 因公司章程所规定的营业期限届满，甲有限责任公司进入清算程序。根据公司法律制度的规定，下列有关该公司清算的说法中，不正确的是（ ）。

    A. 公司解散逾期不成立清算组进行清算的，债权人有权申请人民法院指定清算组进行清算

B. 公司在清算期间，由清算组代表公司参加民事诉讼

C. 在公司清算程序终结前补充申报的，清算组应予登记

D. 法院指定清算的，清算方案报法院备案后，清算组即可执行

7. 下列关于个人独资企业的表述中，正确的是（　　　）。

A. 1 个有限责任公司只能成立 1 个个人独资企业

B. 美籍华人王某可以设立个人独资企业

C. 李某个人独资企业的投资人田某对该企业的债务承担无限责任

D. 如果陈某是王某个人独资企业的投资人，那么陈某不可以是该企业的经营者

8. 王某投资设立甲个人独资企业（以下简称"甲企业"），委托宋某管理企业事务，授权委托书中明确宋某可以决定 10 万元以下的交易。后来，宋某未经王某同意，以甲企业的名义向乙企业购买 15 万元原材料，乙企业不知甲企业对宋某权利的限制。下列关于该原材料买卖合同效力及甲企业权利义务的表述中，符合个人独资企业法律制度规定的是（　　　）。

A. 合同无效，甲企业有权拒绝支付 15 万元货款

B. 合同部分无效，甲企业向乙企业出示授权委托书后，有义务支付 10 万元货款

C. 合同有效，甲企业有义务支付 15 万元货款

D. 合同效力待定，甲企业追认后方有义务支付 15 万元货款

9. 下列关于普通合伙企业合伙事务执行的表述中，正确的是（　　　）。

A. 委托合伙人执行合伙事务，是合伙事务执行的基本形式，也是在合伙企业中经常使用的一种形式

B. 合伙人分别执行合伙事务的情况下，由于执行合伙事务的合伙人的行为所产生的亏损和责任，由执行事务合伙人承担

C. 全体合伙人可以口头或者书面委托一个或者数个合伙人执行合伙事务

D. 执行事务合伙人对其他合伙人执行的事务提出异议时，应该暂停该项事务的执行

10. 根据合伙企业法律制度的规定，有限合伙人转为普通合伙人的，对其作为有限合伙人期间有限合伙企业发生的债务（　　　）。

A. 承担无限连带责任　　　　　　　B. 以其实缴的出资额为限承担责任

C. 不承担任何责任　　　　　　　　D. 只承担过错责任

11. 下列选项中不属于合伙企业应当解散的情形的是（　　　）。

A. 合伙期限届满

B. 合伙协议约定的解散事由出现

C. 全体合伙人决定解散

D. 依法被吊销营业执照

12. 张某以家庭共有财产出资设立某个人独资企业，但未在设立登记申请书上注明以家庭共有财产出资。该企业因经营不善被解散，企业财产不足以清偿所欠甲银行的借款，对尚未清偿的债务，下列处理中，符合个人独资企业法律制度规定的是（　　　）。

A. 不再清偿

B. 以张某的家庭共有财产清偿

C. 以张某个人的其他财产予以清偿

D. 在企业解散后 3 年内甲银行未提出偿债请求的，张某不再承担清偿责任

04

13. 张某和李某成立一普通合伙企业，下列各项中，不属于合伙企业财产的是（　　　）。

A. 合伙人的出资

B. 合伙企业取得的专利权

C. 合伙企业接受的捐赠

D. 抵押给合伙企业的设备

14. 张某、李某、王某共同投资设立一个普通合伙企业，合伙协议对合伙人的资格取得或丧失无约定。合伙企业存续期间，张某因车祸去世，张某的儿子小张是唯一继承人（小张具备完全民事行为能力）。根据合伙企业法律制度的规定，下列表述中，正确的是（　　　）。

A. 小张自动取得该企业合伙人资格

B. 经李某、王某一致同意，小张取得该企业合伙人资格

C. 小张不能取得该企业合伙人资格，只能由该企业向小张退还张某在企业中的财产份额

D. 小张自动成为有限合伙人，该企业转为有限合伙企业

15. 下列选项中，不属于当然退伙的是（　　　）。

A. 张某被依法宣告死亡

B. 李某被宣告破产

C. 王某在合伙企业中的全部财产被法院强制执行

D. 赵某未履行出资义务，经其他合伙人一致同意退伙

16. 甲有限责任公司（下称甲公司）注册资本是 500 万元，甲公司对乙企业负有 1 000 万元的合同债务。下列说法正确的是（　　　）。

A. 甲公司仅以 500 万元注册资本为限对公司债务承担责任

B. 甲公司以其全部财产对公司的债务承担责任

C. 如果甲公司资产不足以清偿其债务，由全体股东清偿

D. 如果甲公司资产不足以清偿其债务，不再清偿

二、多项选择题

1. 根据公司法律制度的规定，下列情形中，导致股份有限公司董事会的决议不成立的有（　　　）。

A. 出席会议的董事人数不符合公司法或者公司章程的规定

B. 会议的表决结果未达到公司法或者公司章程规定的通过比例

C. 会议的召集程序、表决方式违反法律、行政法规或者公司章程

D. 会议的决议内容违反公司章程

2. 甲有限责任公司拟对其股东李某提供担保，下列表述中，不正确的有（　　　）。

A. 该项担保须经股东会会议决议

B. 该项担保须经董事会会议决议

C. 该项担保应经全体股东所持表决权的过半数通过

D. 该项担保应经出席股东会会议的除李某以外的其他股东所持表决权的过半数通过

3. 下列选项中，不属于有限责任公司监事会职权的有（　　　）。

A. 提议召开临时股东会会议

B. 对公司发行公司债券作出决议

C. 对公司的董事、高级管理人员执行公司职务的行为进行监督

D. 制定公司的年度财务预算方案

4. 某国有独资公司做出的下列事项中，符合公司法律制度规定的有（   ）。

A. 发行债券应由履行出资人职责的机构决定

B. 可以授权董事会决定分配利润

C. 由董事会作出向某有限责任公司投资的决定

D. 与某国有企业合并由履行出资人职责的机构决定

5. 下列关于股份有限公司股东会的表述中，不正确的有（   ）。

A. 股东会应当每年召开 1 次年会

B. 股东会应当对所议事项的决定作成会议记录，主持人、出席会议的董事应当在会议记录上签名

C. 股东会作出公司合并的决议，应当经出席会议的股东所持表决权的过半数通过

D. 召开年度股东会应当于会议召开 10 日前通知各股东

6. 根据公司法律制度的规定，下列有关股份有限公司监事会的表述，正确的有（   ）。

A. 监事会成员应当包括股东代表和职工代表

B. 监事的任期是每届 3 年，连选可以连任

C. 监事会主席由全体监事的半数以上选举产生

D. 监事会每 6 个月至少召开 1 次会议

7. 下列关于合伙企业的表述中，正确的有（   ）。

A. 普通合伙人对合伙企业债务承担无限连带责任，有限合伙人以其认缴的出资额为限对合伙企业债务承担责任

B. 普通合伙人可以以劳务出资

C. 合伙企业营业执照的签发日期，为合伙企业的成立日期

D. 合伙人在合伙企业清算前私自转移或者处分合伙企业财产的，合伙企业不得以此对抗善意第三人

8. 下列各项中，属于普通合伙人当然退伙情形的有（   ）。

A. 合伙人丧失偿债能力

B. 合伙人被宣告破产

C. 合伙人在合伙企业中的全部财产份额被人民法院强制执行

D. 合伙协议约定合伙人必须具有相关资格而丧失该资格

9. 下列选项中可以成为有限合伙人的出资形式的有（   ）。

A. 知识产权   B. 土地使用权   C. 劳务   D. 货币

10. 王某和李某出资成立一个有限合伙企业，王某为有限合伙人，李某为普通合伙人。2023 年 1 月 1 日该合伙企业欠甲银行 10 万元，2024 年 5 月 1 日杨某作为有限合伙人加入该合伙企业，同年 9 月 10 日刘某作为普通合伙人加入该合伙企业，10 月 1 日王某退伙。对于该合伙企业欠甲银行的 10 万元债务，下列各项中，表述不正确的有（   ）。

A. 王某对该笔债务以其退伙时从有限合伙企业中取回的财产承担责任

B. 李某对该笔债务以其认缴的出资额为限承担责任

C. 杨某对该笔债务以其认缴的出资额为限承担责任

04

D. 刘某对该笔债务以其认缴的出资额为限承担责任

11. 根据个人独资企业法律制度的规定，下列各项中，可以作为个人独资企业投资人出资的有（　　）。

    A. 劳务　　　　　　　　B. 土地使用权　　　　　　C. 专利权　　　　　　D. 家庭共有的房屋

12. 张某、李某、王某共同出资设立甲有限合伙企业，张某为有限合伙人，李某、王某为普通合伙人。善意第三人赵某有理由相信张某为普通合伙人并与其交易。对该笔交易，下列各项中，表述不正确的有（　　）。

    A. 张某对此承担无限连带责任

    B. 张某以其出资额为限承担有限责任

    C. 李某、王某以其出资额为限承担有限责任

    D. 李某、王某对此承担无限连带责任

13. 张某、李某、王某、赵某四人成立一个有限合伙企业，张某、李某是有限合伙人，王某、赵某是普通合伙人，他们的下列行为中合法的有（　　）。

    A. 张某绝对不得同本企业进行交易

    B. 在合伙协议没有特殊约定的情况下，李某可以经营与本企业相竞争的业务

    C. 王某不得自营或者同他人合作经营与本合伙企业相竞争的业务，合伙协议另有约定或者经全体合伙人一致同意的除外

    D. 赵某不得从事损害本企业利益的活动

14. 在合伙企业解散清算时，下列做法中不符合法律规定的有（　　）。

    A. 清算人代表合伙企业参加诉讼

    B. 合伙企业的财产首先用于缴纳所欠税款

    C. 合伙企业财产依法清偿后仍有剩余时，对剩余财产由合伙人按照实缴出资比例分配

    D. 清算结束，清算人应当编制清算报告，经全体合伙人签名、盖章后，在 15 日内向企业登记机关报送清算报告，申请办理合伙企业注销登记

三、判断题

1. 重要的国有独资公司合并、分立、解散、申请破产的，必须由国有资产监督管理机构决定。（　　）

2. 张某、李某、王某三人拟以发起设立方式设立甲股份有限公司，则张某、李某、王某三人认购的股份不得低于公司股份总数的 35%，剩余部分向社会公众募集。（　　）

3. 设立股份有限公司，应当有 2 人以上 200 人以下为发起人，其中，须有半数以上的发起人在中国境内有住所。（　　）

4. 有限合伙企业仅剩有限合伙人的，应当解散；有限合伙企业仅剩普通合伙人的，应当转为普通合伙企业。（　　）

5. 股份有限公司接受本公司的股票作为质押权标的的，必须经股东会决议。（　　）

6. 当然退伙以退伙事由实际发生之日为退伙生效日。（　　）

7. 特殊的普通合伙企业的合伙人在执业活动中因故意或者重大过失造成的合伙企业债务，其他合伙人以其在合伙企业中的财产份额为限承担责任。（　　）

8. 国有独资公司、国有企业、上市公司以及公益性的事业单位、社会团体不得成为普通合

伙人。（　　）

四、经典案例分析

1. 2024 年 6 月 1 日，张某、李某、王某共同出资设立一家有限责任公司，并制定了公司章程。该公司章程有关要点如下：①公司注册资本为 1 000 万元，张某以货币出资 400 万元，李某以机器设备作价出资 300 万元，王某以一项专利权作价出资 200 万元，另以货币出资 100 万元；②公司的法定代表人由董事长担任。

2024 年 7 月 1 日，公司召开了首次股东会，该次会议由股东张某召集和主持。

2024 年 7 月 27 日，公司的经理提议召开临时股东会，公司以经理无权提议召开临时股东会为由拒绝。

2024 年 8 月 12 日，公司股东会通过了公司分立的决议，在股东会上投反对票的股东王某请求公司以合理价格收购其股权，但是 2024 年 10 月 15 日，公司与股东王某未能达成股权收购协议。遂王某于 2024 年 10 月 16 日向人民法院提起诉讼。

根据公司法律制度的规定，分别回答以下问题。

（1）公司章程所规定的股东出资方式、法定代表人是否符合法律规定？请说明理由。

（2）首次股东会由股东张某召集和主持是否符合法律规定？请说明理由。

（3）公司拒绝召开临时股东会是否符合法律规定？请说明理由。

（4）王某向人民法院提起诉讼是否符合法律规定？请说明理由。

2. 赵某、钱某、孙某、李某共同出资设立甲普通合伙企业（以下简称甲企业）。合伙协议约定的要点如下。

（1）赵某、孙某、李某以货币各出资 5 万元，钱某以房屋作价出资 5 万元。

（2）合伙人向合伙人以外的人转让其在甲企业中的全部或部分财产份额时，须经半数以上合伙人同意。

（3）合伙人以其在甲企业中的财产份额出质的，须经 2/3 以上的合伙人同意。

甲企业成立后，接受郑某委托加工承揽一批产品，郑某未向甲企业支付 5 万元加工费。由于钱某在购买出资房屋时曾向郑某借款 3 万元一直未偿还，甲企业向郑某请求支付 5 万元加工费时，郑某认为钱某尚欠其借款 3 万元，故主张抵销 3 万元，只付甲企业 2 万元。

根据上述资料和合伙企业法律制度的规定，回答下列问题。

① 合伙协议（2）中的约定是否合法？简要说明理由。

② 合伙协议（3）中的约定是否合法？简要说明理由。

③ 郑某主张抵销钱款的理由是否成立？简要说明理由。

3. 张某、李某、王某、赵某、钱某于 2024 年共同出资设立了甲有限责任公司（以下简称"甲公司"），出资比例分别为 22%、30%、20%、20%、8%。2020 年甲公司发生有关事项如下。

（1）3 月，张某向银行申请贷款时请求甲公司为其提供担保。为此张某提议召开临时股东会，董事会按期召集了股东会，会议就甲公司为张某提供担保事项进行表决时，张某、李某、钱某赞成，王某、赵某反对，股东会作出了为张某提供担保的决议。

（2）6 月，因甲公司实力明显增强，李某提议将公司变更为股份有限公司。为此董事会按期召集了股东会，会议就变更公司形式事项进行表决时，李某、王某、赵某赞成，张某、钱某反对，股东会作出了变更公司形式的决议。

04

问：

① 张某是否有权提议召开临时股东会？简要说明理由。

② 股东会作出的为张某提供担保的决议是否合法？简要说明理由。

③ 股东会作出的变更公司形式的决议是否合法？简要说明理由。

4. 甲股份有限公司（下称甲公司）于 2023 年 3 月上市，董事会成员为 7 人。2024 年甲公司召开了 3 次董事会，分别讨论的事项如下。

（1）讨论通过了为其子公司一次性提供融资担保 4 000 万元的决议，此时甲公司总资产为 1 亿元。

（2）拟提请股东会聘任李某公司的总经理刘某担任甲公司独立董事，李某公司为甲公司最大的股东。

（3）讨论向王某公司投资的方案。参加会议的 6 名董事会成员中，有 4 人同时为王某公司董事，经参会董事一致同意，通过了向王某公司投资的方案。

问：

① 甲公司董事会是否有权作出融资担保决议？简要说明理由。

② 甲公司能否聘任刘某担任本公司独立董事？简要说明理由。

③ 甲公司董事会通过向王某公司投资的方案是否合法？简要说明理由。

04

项目五
合同法律制度

1. 掌握合同订立的形式、合同订立的方式、合同成立时间和地点。
2. 掌握合同的生效、效力待定合同。
3. 掌握合同履行的规则、抗辩权的行使、合同保全，合同的变更、合同的转让。
4. 掌握合同权利义务终止的具体情形及法律后果。
5. 掌握承担违约责任的形式。
6. 熟悉合同格式条款、违约责任的免除。
7. 了解合同的概念及分类。

1. 能草拟并签订合法、有效的合同。
2. 能正确运用合同履行中的抗辩权理论、债权保全理论。
3. 能正确处理实践中合同的履行、变更、担保、解除及违约等问题。

1. 熟悉合同法律制度，培养法律素养，增强法律意识，做到知法、懂法、用法、守法，有良好的法律道德修养。
2. 通过情景案例模式提高团队合作的精神。
3. 通过法律思维的培养提高综合人文素质，增强职业能力和就业竞争力。

甲、乙签订一份买卖合同，双方约定由甲向乙提供一批服装，总货款为50万元，甲最晚应于8月底供货，货到后付款。7月，甲从新闻得知：乙为逃避债务私自转移财产，依法被人民法院扣押了财产。于是甲通知乙，在乙付款或提供担保前中止履行合同。

【任务描述】

甲的行为合法吗？甲行使的是什么权利？

任务一　合同法律制度概述

素养贴士

在市场经济条件下，一切交易活动都是通过缔结和履行合同来进行的，因此合同关系成为市场经济社会最基本的法律关系，《民法典》合同编也就成为调整市场经济关系最基本的法律规范。诚信作为立国之本、立业之本，是一项普遍适用的道德规范和行为准则。合同在订立过程中应充分遵循诚信原则，在满足市场交易的公平公正性要求的前提下，促成交易。

一、合同的概念和分类

我国现行的合同法律制度主要规定在《民法典》合同编。根据《民法典》第四百六十四条的规定，合同是民事主体之间设立、变更、终止民事法律关系的协议。

按照不同的标准，合同可以划分成不同的类型，合同主要有以下分类，如图 5-1 所示。

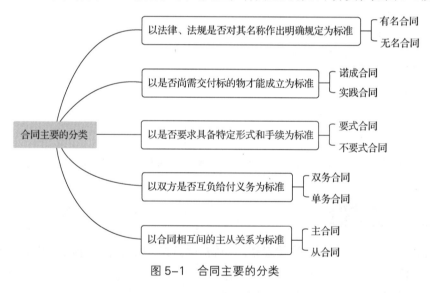

图 5-1　合同主要的分类

二、合同编的调整范围和基本原则

（一）合同编的调整范围

《民法典》合同编主要调整作为平等主体的自然人、法人、非法人组织之间的经济合同关系，如买卖、租赁、借贷、赠与、融资租赁等合同关系。在政府机关（机关法人）参与的合同中，政府机关作为平等的主体与对方签订合同时，适用合同编的规定。婚姻、收养、监护等有关身份关系的协议，适用有关该身份关系的法律规定；没有规定的，可以根据其性质参照适用合同编的规定。

我国境内的企业、个体经济组织、民办非企业单位等组织（以下简称"用人单位"）与劳动者之间，国家机关、事业单位、社会团体和与其建立劳动关系的劳动者之间，依法订立、履行、变更、解除或者终止劳动合同的，适用《中华人民共和国劳动合同法》（以下简称《劳动合同法》）。

（二）合同编的基本原则

我国《民法典》合同编基本原则包括：平等原则；自愿原则；公平原则；诚实信用原则；不违反法律或公序良俗原则。

 课堂自测

下列各项中，直接属于《民法典》合同编调整范围的是（　　）。

A. 甲公司与李某签订的劳动合同
B. 陈某与张某签订的收养协议
C. 赵某与乙公司签订的租赁合同
D. 王某与钱某签订的子女监护权协议

任务二　合同的订立

一、合同订立的形式

（一）书面形式

书面形式是指合同书、信件和数据电文（包括电报、电传、传真、电子数据交换和电子邮件）等可以有形地表现所载内容的形式。

（二）口头形式

口头形式是指当事人双方就合同内容面对面或以通信设备交谈达成的协议。

（三）其他形式

除了书面形式和口头形式，合同还可以其他形式订立。法律没有列举具体的其他形式。交易实践中，可以根据当事人的行为或者特定情形推定合同的订立。

二、合同订立的方式

当事人可以采取要约、承诺方式订立合同。

（一）要约

要约是一方当事人以缔结合同为目的，向对方当事人提出合同条件，希望对方当事人接受的意思表示。发出要约的当事人称为要约人，要约所指向的对方当事人则称为受要约人。

1. 要约应具备的条件

（1）要约须由要约人向特定相对人作出意思表示。要约必须经过相对人的承诺才能成立合同，因此要约必须是要约人向相对人发出的意思表示。相对人一般为特定的人，但在特殊情况下，对不特定的人作出但不妨碍要约所达目的时，相对人也可以是不特定人。《民法典》第四百七十三条第二款规定："商业广告和宣传的内容符合要约条件的，构成要约。"

（2）要约的内容必须具有足以使合同成立的条款，如标的、数量、质量、价款或者报酬、履行期限、地点和方式等，一经受要约人承诺，合同即可成立。

（3）要约须表明经受要约人承诺，要约人即受该意思表示约束。要约人发出的要约的内容必须能够表明：如果对方接受要约，合同即告成立。

2. 要约邀请

要约邀请是希望他人向自己发出要约的表示。要约邀请与要约不同，要约是一经承诺就成立合同的意思表示；而要约邀请的目的则是邀请他人向自己发出要约，一旦他人发出要约，要约邀请人则处于一种可以选择是否接受对方要约的承诺人地位。要约邀请处于合同的准备阶段，没有法律约束力。根据《民法典》第四百七十三条第一款的规定，拍卖公告、招标公告、招股说明书、债券募集办法、基金招募说明书、商业广告和宣传、寄送的价目表等为要约邀请。

课堂讨论

某化妆品广告称：水晶四季引进日本全新技术，专业除皱消眼袋，能有效消除眼袋、黑眼圈及周围暗沉。咨询订购热线×××××，免费送货。该广告属于要约还是要约邀请？

3. 要约生效时间

以对话方式作出的要约，自受要约人知道其内容时生效。

以非对话方式作出的要约，自到达受要约人时生效。要约到达受要约人，并不是指要约一定实际送达受要约人或者其代理人手中，要约只要送达受要约人通常的地址、住所或者其他能够控制的现实或虚拟空间（如信箱或邮箱等），即为到达。

法律小贴士

要约与要约邀请对比

4. 要约的效力

要约一经生效，要约人即受到要约的约束，不得随意撤销或对要约加以限制、变更和扩张。

受要约人在要约生效时即取得了依其承诺而成立合同的法律地位，所以受要约人可以承诺，也可以不承诺。

5. 要约的撤回、撤销与失效

（1）要约撤回。

要约撤回是指要约在发出后、生效前，要约人使要约不发生法律效力的意思表示。法律规定要约可以撤回，撤回要约的通知应当在要约到达受要约人之前或者与要约同时到达受要约人。

（2）要约撤销。

要约撤销是指要约人在要约生效后、受要约人承诺前，使要约丧失法律效力的意思表示。撤销要约的意思表示以对话方式作出的，该意思表示的内容应当在受要约人作出承诺之前为受要约人所知道；撤销要约的意思表示以非对话方式作出的，应当在受要约人作出承诺之前到达受要约人。法律规定了两种不得撤销要约的情形：①要约人以确定承诺期限或者其他形式明示要约不可撤销；②受要约人有理由认为要约是不可撤销的，并已经为履行合同做了合理准备工作。

（3）要约失效。

要约失效是指要约丧失法律效力，即要约人与受要约人均不再受其约束，要约人不再承担接受承诺的义务，受要约人也不再享有通过承诺使合同得以成立的权利。要约失效的事由有以下几种：①要约被拒绝；②要约被依法撤销；③承诺期限届满，受要约人未作出承诺；④受要约人对要约的内容作出实质性变更。

05

（二）承诺

承诺是受要约人同意要约的意思表示。

1. 承诺应当具备的条件

（1）承诺必须由受要约人作出。

（2）承诺必须向要约人作出。

（3）承诺的内容必须与要约的内容一致。承诺是受要约人愿意按照要约的内容与要约人订立合同的意思表示，所以要取得成立合同的法律效果，承诺就必须在内容上与要约的内容一致。承诺不得对要约的内容作出实质性变更。

（4）承诺必须在承诺期限内作出并到达要约人。承诺期间，即为要约存续期间。要约在其存续期间内才有效力，包括一旦受要约人承诺便可成立合同的效力，所以承诺必须在此期间内作出并到达要约人。

2. 承诺的方式

承诺应当以通知的方式作出，通知的方式可以是口头的，也可以是书面的。

3. 承诺的期限

承诺应当在要约确定的期限内到达要约人。要约以信件或者电报作出的，承诺期限自信件载明的日期或者电报交发之日开始计算。信件未载明日期的，自投寄该信件的邮戳日期开始计算。要约以电话、传真、电子邮件等快速通讯方式作出的，承诺期限自要约到达受要约人时开始计算。

要约没有确定承诺期限的，承诺应当依照下列规定到达：①要约以对话方式作出的，应当即时作出承诺；②要约以非对话方式作出的，承诺应当在合理期限内到达。

受要约人超过承诺期限发出承诺，或者在承诺期限内发出承诺，按照通常情形不能及时到达要约人的，除要约人及时通知受要约人该承诺有效的以外，为新要约。受要约人在承诺期限内发出承诺，按照通常情形能够及时到达要约人，但因其他原因承诺到达要约人时超过承诺期限的，除要约人及时通知受要约人因承诺超过期限不接受该承诺的以外，该承诺有效。

4. 承诺的生效

承诺通知到达要约人时生效。承诺不需要通知的，根据交易习惯或者要约的要求作出承诺的行为时生效。采用数据电文形式订立合同的，承诺到达的时间同上述要约到达时间的规定相同。

05

 课堂讨论

乙接到甲发出的电报，电报称："现有100吨白糖，每吨售价2 000元，如有意购买，请于6月1日前到我厂提货。"乙给甲回了一封电报，称："我厂同意按你厂提出的条件购买白糖，并将于5月30日到你厂提货。"乙给甲发出的电报是否属于承诺？

三、合同格式条款

（一）格式条款的概念

格式条款是当事人为了重复使用而预先拟定，并在订立合同时未与对方协商的条款。格式条款的适用可以简化签约程序，加快交易速度，减少交易成本。但是，由于格式条款是当事人一方预先拟定的，且在合同谈判中不容许对方协商修改，条款内容可能对于对方当事人不公平。

（二）对格式条款适用的限制

1. 提供格式条款一方的义务

提供格式条款的一方应当遵循公平原则确定当事人之间的权利和义务，并采取合理的方式提示对方注意免除或者减轻其责任等与对方有重大利害关系的条款，按照对方的要求，对该条款予以说明。

提供格式条款的一方对格式条款中免除或者减轻其责任的内容，在合同订立时应采用足以引起对方注意的文字、符号、字体等特别标识，并按照对方的要求对该格式条款予以说明。提供格式条款的一方对已尽合理提示及说明义务承担举证责任。提供格式条款的一方未履行提示或者说明义务，致使对方没有注意或者理解与其有重大利害关系的条款的，对方可以主张该条款不成为合同的内容。

2. 格式条款无效的情形

有下列情形之一的格式条款无效。

（1）提供格式条款的一方不合理地免除或减轻其责任，加重对方责任，限制对方主要权利。

（2）提供格式条款的一方排除对方主要权利。

（3）格式条款具有《民法典》第一编第六章第三节规定的无效情形，包括使用格式条款与无民事行为能力人订立合同；行为人与相对人以虚假的意思表示订立合同；恶意串通，损害他人合法权益的合同；违反法律、行政法规的强制性规定或违背公序良俗的合同等。

（4）格式条款具有《民法典》第五百零六条规定的无效情形，包括造成对方人身损害的免责格式条款；因故意或重大过失造成对方财产损失的免责格式条款。

3. 对格式条款的解释

对格式条款的理解发生争议的，应当按照通常理解予以解释。对格式条款有两种以上解释的，应当作出不利于提供格式条款一方的解释。格式条款和非格式条款不一致的，应当采用非格式条款。

四、合同成立的时间和地点

（一）合同成立的时间

一般来说，合同谈判成立的过程，就是要约、新要约、更新的要约直到承诺的过程。一般情况下，承诺作出生效后合同即告成立，当事人于合同成立时开始享有合同权利、承担合同义务。所以，一般而言，承诺生效的时间就是合同成立的时间，但在一些特殊情况下，合同成立的具体时间依不同情况而定。

（1）当事人采用合同书形式订立合同的，自双方当事人均签名、盖章或者按指印时合同成立。在签名、盖章或者按指印之前，当事人一方已经履行主要义务并且对方接受的，该合同成立。

（2）当事人采用信件、数据电文等形式订立合同的，可以在合同成立之前要求签订确认书，签订确认书时合同成立。

（3）当事人一方通过互联网等信息网络发布的商品或者服务信息符合要约条件的，对方选择该商品或者服务并提交订单成功时合同成立，但是当事人另有约定的除外。这是《民法典》网购电子合同的相关规定。

（4）当事人以直接对话方式订立的合同，承诺人的承诺生效时合同成立；法律、行政法规规定或者当事人约定采用书面形式订立合同，当事人未采用书面形式但一方已经履行主要义务并且对方接受的，该合同成立。

（5）当事人签订要式合同的，以法律、法规规定的特殊形式要求完成的时间为合同成立时间。

 课堂自测

甲公司通过传真与乙公司就一批货物的买卖进行磋商，甲公司在一份传真中表示，如达成协议则以最终签订售货确认书为准。乙公司在接到甲公司的最后一份传真时认为，双方已就该笔买卖的价格、期限等主要问题达成一致，遂向甲公司开出信用证，但甲公司以信用证上注明的价格条件不能接受为由拒绝发货。下列有关该例的表述中，符合法律规定的是（　　　）。

A. 合同不成立，甲公司有权拒绝发货

A. 合同不成立，甲公司有权拒绝发货，但应补偿乙公司相应的损失

C. 买卖合同已成立，甲公司应履行合同

D. 买卖合同已成立，但因未发生实际损失，甲公司不承担法律责任

（二）合同成立的地点

合同成立的地点是确定合同纠纷案件管辖的标准之一。一般来说，承诺生效的地点为合同的成立地点，但在特殊情况下，合同可以有不同的成立地点。

（1）采用数据电文形式订立合同的，收件人的主营业地为合同成立的地点，没有主营业地的，其住所地为合同成立的地点。

（2）当事人采用合同书、确认书形式订立合同的，双方当事人签名、盖章或者按指印的地点为合同成立的地点。双方当事人签名、盖章或者按指印不在同一地点的，最后签名、盖章或者按指印的地点为合同成立地点。

（3）合同需要完成特殊的约定或法定形式才能成立的，以完成合同的约定形式或法定形式的地点为合同的成立地点。

（4）当事人对合同的成立地点另有约定的，从其约定。采用书面形式订立合同，合同约定的成立地点与实际签字或者盖章地点不符的，应当认定约定的地点为合同成立地点。

五、缔约过失责任

05

（一）缔约过失责任的概念

缔约过失责任是指当事人在订立合同过程中，因故意或过失致使合同未成立、未生效、被撤销或无效，给他人造成损失应承担的损害赔偿责任。缔约过失责任是当事人在缔约过程中因违反诚实信用原则所应承担的民事责任。

（二）承担缔约过失责任的情形

在订立合同过程中有下列情形之一，给对方造成损失，应当承担损害赔偿责任：①假借订立合同，恶意进行磋商；②故意隐瞒与订立合同有关的重要事实或者提供虚假情况；③当事人泄露或不正当地使用在订立合同过程中知悉的商业秘密或其他应当保密的信息；④有其他违背诚实信用原则的行为。

缔约过失责任主要赔偿的是履行利益的损失；缔约过失责任适用于合同不成立、无效、被撤

销等情形，赔偿的是信赖利益的损失。

课堂自测

甲公司为在新三板上市造势，在无真实交易意图的情况下，短期内以业务合作为由邀请多家公司来其主要办公地点洽谈。其中，乙公司安排授权代表往返十几次，每次都准备了详尽且可操作的合作方案，甲公司佯装感兴趣并屡次表达将签署合同的意愿，但均在最后推脱拒签。其间，甲公司还将乙公司披露的部分商业秘密不当泄露。下列表述中，正确的是（　　　　）。

A. 因未缔结合同，甲公司无须就磋商事宜承担责任

B. 虽未缔结合同，但甲公司构成恶意磋商，应承担缔约过失责任

C. 因商业秘密是乙公司在磋商过程中自愿披露的，甲公司对其泄露无须承担责任

D. 甲公司构成恶意磋商，应承担违约责任

任务三　合同的效力

一、合同的生效

《民法典》根据合同类型的不同，分别规定了不同的合同生效时间。

（1）依法成立的合同，原则上自成立时生效。

（2）法律、行政法规规定应当办理批准、登记等手续生效的，自批准、登记时生效。

（3）当事人对合同的效力可以附条件或附期限。附生效条件的合同，自条件成就时生效。附解除条件的合同，自条件成就时失效。

二、效力待定合同

合同依效力层次可分为有效合同、效力待定合同、可撤销合同和无效合同。

效力待定合同是指合同订立后尚未生效，须经同意权人追认才能生效的合同。效力待定合同主要包括以下两种情形。

1. 限制民事行为能力人超出自己的行为能力范围与他人订立的合同

此效力待定合同的同意权人是限制民事行为能力人的法定代理人。经法定代理人追认后，该合同自始有效。但限制民事行为能力人订立的纯获利益的合同或者是与其年龄、智力、精神健康状况相适应的合同有效，不必经法定代理人追认。

对于此类效力待定合同，相对人可以催告法定代理人自收到催告通知之日起在30日内予以追认。法定代理人未作表示的，视为拒绝追认。合同被追认之前，善意相对人有撤销的权利。善意是指相对人不知与其订立合同的当事人为限制民事行为能力人。善意相对人要撤销其订立合同的意思表示，应当通知限制民事行为能力人的法定代理人。

2. 因无权代理订立的合同

行为人没有代理权、超越代理权或者代理权终止后以被代理人名义订立的合同，为效力待定合同。被代理人是此类效力待定合同的同意权人。未经被代理人追认，该合同对被代理人不发生效力，由行为人承担责任。相对人可以催告被代理人自收到催告通知之日起在30日内予以追认。

被代理人未作表示的，视为拒绝追认。被代理人已经开始履行合同义务或者接受相对人履行的，视为对合同的追认。合同被追认之前，善意相对人有撤销的权利。撤销应当以通知的方式作出。

任务四　合同的履行

一、合同履行的规则

（一）合同履行的意义

合同履行是债务人按照合同约定全面、正确地履行合同义务，从而使债权人的债权得以实现的行为。合同履行应遵循全面履行原则，要求合同债务人应按照合同约定的标的、数量、质量、价款、报酬等，在适当的时间、地点，以适当的方式全面履行合同义务。

债务人不能迟延履行或提前履行。

债务人原则上应按债务的内容全部履行，不得部分履行债务。

（二）当事人就有关合同内容约定不明确时的履行规则

合同生效后，当事人就质量、价款或者报酬、履行地点等内容没有约定或者约定不明确的，可以协议补充；不能达成补充协议的，按照合同有关条款或者交易习惯确定；仍不能确定的，适用下列规定。

（1）质量要求不明确的，按照强制性国家标准履行；没有强制性国家标准的，按照推荐性国家标准履行；没有推荐性国家标准的，按照行业标准履行；没有国家标准、行业标准的，按照通常标准或者符合合同目的的特定标准履行。

（2）价款或者报酬不明确的，按照订立合同时履行地的市场价格履行；依法应当执行政府定价或者政府指导价的，依照规定履行。

（3）履行地点不明确，给付货币的，在接受货币一方所在地履行；交付不动产的，在不动产所在地履行；其他标的，在履行义务一方所在地履行。

（4）履行期限不明确的，债务人可以随时履行，债权人也可以随时请求履行，但是应当给对方必要的准备时间。

（5）履行方式不明确的，按照有利于实现合同目的的方式履行。

（6）履行费用的负担不明确的，由履行义务一方负担；因债权人原因增加的履行费用，由债权人负担。

（三）涉及第三人的合同履行

1. 向第三人履行的合同

向第三人履行的合同又称利他合同，指双方当事人约定，由债务人向第三人履行债务的合同。

债务人向第三人履行的合同的法律效力为：①法律规定或者当事人约定第三人可以直接请求债务人向其履行债务，第三人表示接受该权利或未在合理期限内明确拒绝，债务人未向第三人履行债务或者履行债务不符合约定的，第三人可以请求债务人承担违约责任；②债务人对于合同债权人可行使的一切抗辩权，对该第三人均可行使；③因向第三人履行债务增加的费用，除双方当事人另有约定外，由债权人承担。

05

2. 由第三人履行的合同

由第三人履行的合同又称第三人负担的合同，指双方当事人约定债务由第三人履行的合同，该债务履行的约定必须征得第三人同意。该合同以债权人、债务人为合同双方当事人，第三人不是合同的当事人。

由第三人履行的合同的法律效力为：①第三人不履行债务或履行债务不符合约定的，债务人应当向债权人承担违约责任；②第三人向债权人履行债务所增加的费用，除合同另有约定外，一般由债务人承担。

 课堂自测

甲、乙签订了一份合同，约定由丙向甲履行债务，但丙履行债务的行为不符合合同的约定，下列有关甲请求承担违约责任的表述中，正确的是（　　）。

A. 请求丙承担　　B. 请求乙承担　　C. 请求丙和乙共同承担　　D. 请求丙或乙承担

二、抗辩权的行使

抗辩权是指在双务合同中，一方当事人在对方不履行债务或履行债务不符合约定时，依法对抗对方请求或否认对方权利主张的权利。《民法典》合同编规定了同时履行抗辩权、后履行抗辩权和不安抗辩权。

（一）同时履行抗辩权

同时履行抗辩权，是指无给付先后顺序的双务合同当事人一方在他方当事人未为对待给付前，有拒绝自己给付的抗辩权。

同时履行抗辩权行使的条件：①双方因同一双务合同互负债务；②双方债务已届清偿期；③行使抗辩权之当事人无先为给付义务，即双方的互负债务没有先后履行顺序；④须对方当事人未履行或未适当履行合同债务。

（二）后履行抗辩权

后履行抗辩权，是指合同当事人互负债务，有先后履行顺序，先履行一方未履行的，后履行一方有权拒绝其履行要求。先履行一方履行债务不符合约定的，后履行一方有权拒绝其相应的履行要求。

后履行抗辩权的行使条件：①当事人基于同一双务合同，互负债务；②当事人的履行有先后顺序；③应当先履行的当事人不履行合同或不适当履行合同；④后履行抗辩权的行使人是履行义务顺序在后的一方当事人。

（三）不安抗辩权

不安抗辩权，是指当事人互负债务，有先后履行顺序的，先履行的一方有确切证据证明另一方丧失履行债务能力时，在对方没有履行或者没有提供担保之前，有拒绝自己履行的权利。

应当先履行债务的当事人，有确切证据证明对方有下列情形之一的，可以中止履行：①经营状况严重恶化；②转移财产、抽逃资金，以逃避债务；③丧失商业信誉；④有丧失或可能丧失履行债务能力的其他情形。

先履行合同义务的当事人应当有证据证明对方不能履行合同或者有不能履行合同的可能性；没有确切证据而行使不安抗辩权，造成对方损失的，应当承担违约责任。

应当先履行债务的当事人行使中止权时，应当及时通知对方。

 课堂讨论

甲公司和乙公司签订买卖合同。双方约定："甲公司向乙公司出售机床 7 台，每台 20 万元；甲公司应于同年 7 月 25 日前交付机床，交付机床的同时，乙公司支付货款。" 7 月 25 日，甲公司欲向乙公司交付机床，同时要求乙公司支付货款。乙公司以资金紧张为由申请延期付款，甲公司不同意延期，遂停止交付机床。甲公司停止交付机床的行为在法律上称为什么？

任务五　合同的保全

一、合同保全的概念

合同的保全，又称责任财产的保全，是指为了避免债务人责任财产的不当减少，危及债权人债权的实现，法律赋予债权人得以以自己的名义对于债务人处分其责任财产的行为予以干涉，以保障债权实现的制度。

二、代位权

（一）代位权的概念

代位权，是指债务人怠于行使其对第三人（次债务人）享有的到期债权或者与该债权相关的从权利，危及债权人债权的实现时，债权人为了保障自己的债权，可以向人民法院请求以自己的名义代位行使债务人对第三人（次债务人）的权利，但该债权专属于债务人自身的除外。

（二）代位权的构成要件

（1）债务人对第三人享有合法债权或者与该债权有关的从权利。

（2）债务人怠于行使其债权。

（3）债务人怠于行使权利有害于债权人债权的实现。

（4）债务人的债务已到期。

（5）债务人的债权不是专属于债务人自身的债权。

（三）代位权的行使与效力

（1）债权人必须以自己的名义通过诉讼形式行使代位权。债权人以次债务人为被告向人民法院提起代位权诉讼，未将债务人列为第三人的，人民法院可以追加债务人为第三人。

（2）代位权的行使范围以债权人的到期债权为限。债权人行使代位权的请求数额不能超过债务人所负债务的数额，对超出部分人民法院不予支持。

（3）次债务人对债务人的抗辩，可以向债权人主张。

（四）代位权行使的效力

（1）债权人向次债务人提起的代位权诉讼，经人民法院审理后认定代位权成立的，由次债务人向债权人履行清偿义务。债权人接受履行后，债权人与债务人、债务人与次债务人之间相应的权利义务关系即予消灭。债务人对相对人的债权或者与该债权有关的从权利被采取保全、执行措

05

施，或者债务人破产的，依照相关法律的规定处理。

（2）债权人行使代位权的必要费用，由债务人负担。

（3）在代位权诉讼中，债权人胜诉的，诉讼费用由次债务人负担，从实现的债权中优先支付。

 课堂讨论

甲对乙享有 100 万元的到期合同债权。乙又是丙的债权人，债权为 200 万元，乙因怠于行使其对丙的到期债权，致使甲的到期债权得不到清偿。甲是否可以行使代位权？如何行使？数额是多少？如果甲对乙的债权为 200 万元，乙对丙的债权为 100 万元，甲行使代位权的数额是多少？

三、撤销权

（一）撤销权的概念

撤销权，是指债务人实施了减少财产或增加财产负担的行为并危及债权人债权实现时，债权人为了保障自己的债权，请求人民法院撤销债务人行为的权利。

（二）撤销权的构成要件

（1）债权人对债务人享有有效的债权。

（2）债务人实施了处分其财产的行为。

债务人处分其财产的行为包括：①放弃到期债权；②无偿转让财产；③以明显不合理的低价转让财产或以明显不合理的高价受让他人财产；④债务人放弃其未到期的债权或者放弃债权担保，或者恶意延长到期债权的履行期或者为他人的债务提供担保。

（3）债务人处分其财产的行为有害于债权人债权的实现。

（4）第三人的主观要件。

对于债务人有偿转让、受让财产，或者为他人债务提供担保的行为，债权人行使撤销权须以第三人的恶意为要件；若第三人无恶意，则不能撤销其取得财产的行为。

（三）撤销权的行使与效力

撤销权的行使与效力见表 5-1。

表 5-1　　　　　　　　　　　　　　撤销权的行使与效力

行权对象	债权人为原告，债务人为被告；债权人应以自己的名义，向被告住所地人民法院提起诉讼
行权期限	自债权人知道或者应当知道撤销事由之日起 1 年内行使；自债务人的行为发生之日起 5 年内没有行使撤销权的，该撤销权消灭
行使范围	以债权人的债权为限
行权费用	债权人行使撤销权的必要费用，由债务人承担
行权效力	债务人、第三人的行为被撤销的，其行为自始无效；第三人应向债务人返还财产或折价补偿

任务六　合同的变更和转让

一、合同的变更

合同的变更仅指合同内容的变更，是指合同成立后，当事人双方根据客观情况的变化，依照

05

法律规定的条件和程序，经协商一致，对原合同内容进行修改、补充或者完善。

（一）合同变更的要件

（1）当事人之间已存在合同关系。

（2）合同内容发生了变化。

（3）合同的变更必须遵守法律的规定或当事人的约定。

（二）合同变更的效力

合同变更后，变更后的内容就取代了原合同的内容，当事人就应当按照变更后的内容履行合同，合同各方当事人均应受变更后的合同的约束。为了减少在合同变更时可能发生的纠纷，当事人对合同变更的内容约定不明确的，推定为未变更。合同变更的效力原则上仅对未履行的部分有效，对已履行的部分没有溯及力，但法律另有规定或当事人另有约定的除外。

二、合同的转让

合同的转让是指合同当事人一方将其合同的权利和义务全部或部分转让给第三人的行为。合同的转让仅指合同主体的变更，不改变合同约定的权利义务。

（一）合同权利转让

合同权利转让，是指债权人将合同的权利全部或部分转让给第三人。其中，转让权利的债权人称为让与人，接受权利的第三人称为受让人。

1. 合同权利转让的限制

合同权利原则上具有可转让性。但下列情形的合同权利，债权人不得转让：①根据合同性质不得转让；②根据当事人约定不得转让；③依照法律规定不得转让。

2. 合同权利转让的程序

债权人转让权利无须经债务人同意，但应当通知债务人。未经通知，该转让对债务人不发生效力。债务人接到债权转让通知后，债权让与行为对债务人就生效，债务人应对受让人履行义务。

3. 合同权利转让的效力

（1）合同权利全部转让的，原合同关系消灭，受让人取代原债权人的地位，成为新的债权人，原债权人脱离合同关系，所以，债务人应向新的债权人履行债务。合同权利部分转让的，受让人作为第三人加入合同关系中，与原债权人共同享有债权。

（2）债权人转让主权利时，附属于主权利的从权利也一并转让，受让人在取得债权时，也取得与债权有关的从权利，但该从权利专属于债权人自身的除外。

（3）债务人接到债权转让通知后，债务人对让与人的抗辩，可以向受让人主张，如同时履行抗辩权、权利无效的抗辩、权利已过诉讼时效期间的抗辩等。有下列情形之一的，债务人可以向受让人主张抵销：①债务人接到债权转让通知时，债务人对让与人享有债权，且债务人的债权先于转让的债权到期或者同时到期；②债务人的债权与转让的债权基于同一合同产生。

（4）因债权转让增加的履行费用，由让与人负担。

（二）合同义务移转

1. 合同义务移转的概念

合同义务移转有广义、狭义之分。广义的合同义务移转包括免责的债务承担与并存的债务承

05

担，前者是指由第三人取代债务人承担其债务；后者是指第三人加入债之关系中而与原债务人共同承担同一内容的债务。狭义的合同义务移转仅指免责的债务承担。

2. 合同义务移转的条件

（1）须有有效的合同义务存在。

（2）合同义务须具有可移转性。

（3）须存在合同义务移转的协议。

（4）须经债权人同意。

3. 合同义务移转的效力

（1）合同义务全部移转的，新债务人成为合同一方当事人，如不履行或不适当履行合同义务，债权人可以向其请求履行债务或承担违约责任。合同义务部分移转的，则第三人加入合同关系，与原债务人共同承担合同义务。

（2）债务人转移义务的，新债务人可以主张原债务人对债权人的抗辩，但原债务人对债权人享有债权的，新债务人不得向债权人主张抵销。

（3）从属于主债务的从债务，随主债务的转移而转移，但该从债务专属于原债务人自身的除外。

（4）第三人向债权人提供的担保，若担保人未明确表示继续承担担保责任，则担保责任因债务转移而消灭。

（三）合同权利义务的一并转让

合同关系的一方当事人将权利和义务一并转让时，除了应当征得另一方当事人的同意外，还应当遵守有关转让权利和义务的规定。

（四）法人或其他组织合并或分立后债权债务关系的处理

当事人订立合同后合并的，由合并后的法人或者其他组织行使合同权利，履行合同义务。当事人订立合同后分立的，除债权人和债务人另有约定的以外，由分立的法人或者其他组织对合同的权利和义务享有连带债权，承担连带债务。

任务七　合同的消灭

05

合同的消灭，又称为合同权利义务终止，是指依法生效的合同，因具备法定情形和当事人约定的情形，合同债权、债务归于消灭，债权人不再享有合同权利，债务人也不必再履行合同义务，合同当事人双方终止合同关系，合同的效力随之消灭。

一、清偿

（一）清偿的概念

清偿是指债务人按照合同约定的标的、质量、数量、价款或报酬、履行期限、履行地点和方式全面履行债务，使得债权债务关系消灭的行为。

（二）清偿人

清偿人多为债务人或债务人之代理人，但法律规定或当事人约定不得由代理人清偿的除外。

清偿也可由第三人代为清偿。

（三）清偿标的、清偿地、清偿期、清偿费用

清偿标的、清偿地、清偿期、清偿费用等问题的确定，应依照合同约定。合同没有约定或者约定不明确的，可以协议补充；不能达成补充协议的，按照合同有关条款或者交易习惯确定；仍不能确定的，适用合同履行的相关法定规则。

（四）清偿抵充

清偿抵充，是指对于同一债权人负担数项给付种类相同的债务，当债务人的给付不足以清偿全部债务时，决定该给付应抵偿哪项债务的办法。

（五）清偿的效力

债权债务关系因清偿而消灭，债权的从权利一般随之消灭，但通知、协助、保密、旧物回收等后合同义务因是法定之债，并不随之消灭。

在第三人代为清偿，债权人接受第三人履行后，其对债务人的债权转让给第三人，但是债务人和第三人另有约定的除外。

课堂自测

王某于 2020 年 9 月 1 日向李某借款 100 万元，期限 3 年。2023 年 6 月 1 日，双方商议王某再向李某借款 100 万元，期限 3 年。两笔借款均先后由郑某提供保证担保，但未约定保证方式和保证期间。李某一直未向王某和郑某催讨还债。王某仅在 2024 年 7 月 1 日归还借款 100 万元，但未明确其履行的债务。下列关于王某归还 100 万元的表述中，正确的是（　　　）。

A. 因 2020 年的借款已到期，故归还的是该笔借款

B. 因 2020 年的借款担保已失效，故归还的是该笔借款

C. 因 2020 年和 2023 年的借款数额相同，故按比例归还该两笔借款

D. 因 2020 年和 2023 年的借款均有担保，故按比例归还该两笔借款

二、抵销

（一）抵销的意义

抵销是指双方当事人互负债务时，一方通知对方以其债权充当债务的清偿或者双方协商以债权充当债务的清偿，使得双方的债务在对等额度内消灭的行为。

抵销包括法定抵销和约定抵销。

（二）法定抵销

1. 法定抵销的概念

法定抵销是根据法律规定，依当事人一方意思表示即可发生抵销效果的抵销。其中，可依单方意思表示而使自己所负债务消灭的权利称为抵销权。提出抵销的债权称为主动债权；被抵销的债权称为被动债权。

2. 法定抵销的要件

根据《民法典》第五百六十八条第一款规定，法定抵销的要件如下。

（1）当事人双方互负债务。

（2）双方债务的标的物种类、品质相同。

（3）被动债务已届清偿期。

（4）债务非属不得抵销的债务。

3．法定抵销的方法

当事人主张抵销的，应当通知对方。通知自到达对方时生效。

抵销不得附条件或者附期限。因为抵销原本即追求简化法律关系，尽快确定法律状态，允许抵销附条件或附期限将与此本旨相悖。

4．法定抵销的效力

（1）双方对等数额债务因抵销而消灭。在双方债务数额不等时，对尚未抵销的剩余债务，债权人仍有受领清偿的权利。

（2）抵销后剩余的债权的诉讼时效期间，应重新起算。抵销属于债权的行使方式之一，会发生诉讼时效中断，且中断的法律效果及于全部债权，所以，在部分抵销的场合，剩余债权的诉讼时效期间，应重新计算。

（三）约定抵销

约定抵销是基于双方当事人合意使相互债务同归于消灭。约定抵销因基于当事人合意而发生，法律重点关注合意的确实存在，未设置其他特别规则。《民法典》第五百六十九条：当事人互负债务，标的物种类、品质不相同的，经协商一致，也可以抵销。

三、提存

（一）提存的概念与功能

提存是指由于债权人的原因，债务人无法向其交付合同标的物而将该标的物交给提存机关，从而消灭债务的制度。将标的物交给有关机构的人称为提存人；债权人为提存受领人；受领并保管提存物的机构称为提存机关；被提存的相关标的物称为提存物。

（二）提存的要件

1．提存的原因

有下列情形之一，难以履行债务的，债务人可以将标的物提存。

（1）债权人无正当理由拒绝受领。

（2）债权人下落不明。

（3）债权人死亡，未确定继承人、遗产管理人或者丧失民事行为能力而未确定监护人。

（4）法律规定的其他情形。

2．提存的主体

（1）提存人是债务人或其代理人。

（2）提存应在债务清偿地的提存机关进行，我国目前的提存主要是公证提存，公证机关为提存机关。

3．提存的标的物

提存的标的物只能是动产。标的物不适于提存或者提存费用过高的，债务人依法可以拍卖或者变卖标的物，提存所得的价款。提存人应就需清偿的全部债务进行提存，原则上不许部分提存。

（三）提存的法律效力

1. 在债务人与债权人之间

（1）自提存之日起，提存人的债务归于消灭。

（2）提存期间，标的物的孳息归债权人所有；提存费用由债权人负担；标的物提存后，毁损、灭失的风险由债权人承担。

（3）提存人的通知义务。提存后，除债权人下落不明等难以通知情形外，债务人应及时通知债权人或其继承人、遗产管理人、监护人、财产代管人。

2. 在提存人与提存机关之间

提存人与提存机关之间，一般可准用保管合同的规定。提存机关应妥善保管提存物。提存人可以凭人民法院生效的判决、裁定或者提存之债已经清偿的公证证明取回提存物。提存人取回提存物的，视为未提存，提存人应承担提存机关保管提存物的费用。

3. 在债权人与提存部门之间

（1）债权人可以随时领取提存物，但债权人对债务人负有到期债务的，在债权人未履行债务或者提供担保之前，提存部门根据债务人的要求应当拒绝其领取提存物。

（2）债权人领取提存物的权利，自提存之日起 5 年内不行使而消灭，提存物扣除提存费用后归国家所有。但是，债权人未履行对债务人的到期债务，或者债权人向提存部门书面表示放弃领取提存物权利的，债务人负担提存费用后有权取回提存物。此 5 年期间为不变期间，不适用诉讼时效期间中止、中断或延长的规定。

四、免除

（一）免除的概念

债务的免除是指权利人放弃自己的全部或部分权利，从而使合同义务减轻或使合同终止的一种形式。

（二）免除的要件

（1）债权人或其代理人应向债务人或其代理人作出抛弃债权的意思表示。

（2）免除是债权人处分其债权的法律行为，所以，免除应符合法律行为要件的有关规定，如免除人须具备民事行为能力。

（3）免除不得损害第三人的利益。如债权人免除其债务人的债务，使得债权人无法清偿自身债务，债权人的债权人可以依法行使撤销权，撤销债权人免除债务的行为。

05

（三）免除的效力

（1）债权人免除债务人部分或者全部债务的，合同的权利义务部分或者全部终止，但是债务人在合理期限内拒绝的除外。

（2）免除债务，债权的从权利如从属于债权的担保权利、利息权利、违约金请求权等也随之消灭。

（3）债权人免除连带债务人之一的债务的，其余连带债务人在扣除该连带债务人应分担的份额后，仍应就剩余债务承担连带责任。

五、混同

（一）混同的概念

混同，即债权债务同归于一人，致使合同关系消灭的事实。

债的关系应有两个不同的主体，因混同致债权债务归于同一人，债的关系无法维系，故归于消灭。例如，由于甲、乙两企业合并，甲、乙企业之间原先订立的合同中的权利义务同归于合并后的企业，债权债务关系自然终止。

（二）混同的效力

《民法典》第五百七十六条规定："债权和债务同归于一人的，债权债务终止，但是损害第三人利益的除外。"

（1）合同关系及其他债之关系消灭，附属于主债务的从权利和从债务也一并消灭。

（2）混同不导致债之关系消灭的例外情形。

① 债权是他人权利之标的。

如债权为他人权利质押的标的，债权债务即使同归于一人，债权也不消灭，否则将损害质权人的利益。

② 法律规定混同不发生债之关系消灭效力。

六、合同解除

（一）合同解除的概念

合同解除是指合同有效成立后，因主客观情况发生变化，使合同的履行不必要或不可能，根据双方当事人达成的协议或一方当事人的意思表示提前终止合同效力。

合同解除有约定解除和法定解除两种情形。

（二）约定解除

1. 协商解除

合同生效后，未履行或未完全履行之前，当事人以解除合同为目的，经协商一致，可以订立一个解除原来合同的协议，使合同效力消灭。这种情形即属协商解除。

2. 约定解除权

解除权可以在订立合同时约定，也可以在履行合同的过程中约定；可以约定一方解除合同的权利，也可以约定双方解除合同的权利。

（三）法定解除

法定解除是当事人行使依据法律规定取得的解除权以消灭合同关系的行为。

1. 法定解除权取得的原因

（1）因不可抗力致使不能实现合同目的。只有不可抗力致使合同目的不能实现时，当事人才可以解除合同。

（2）预期违约。在履行期限届满之前，当事人一方明确表示或者以自己的行为表明不履行主要债务的，对方当事人可以解除合同。

（3）当事人一方迟延履行主要债务，经催告后在合理期限内仍未履行。

05

（4）当事人一方迟延履行债务或者有其他违约行为致使不能实现合同目的。这种情形中的迟延履行因致使合同目的不能实现，债权人可不经催告直接解除合同。

（5）法律规定的其他情形。

2. 解除权的行使

（1）法律规定或者当事人约定解除权行使期限，期限届满当事人不行使的，该权利消灭。

（2）法律没有规定或者当事人没有约定解除权行使期限，自解除权人知道或者应当知道解除事由之日起 1 年内不行使，或者经对方催告后在合理期限内不行使的，该权利消灭。

3. 合同解除的效力

（1）合同解除后尚未履行的，终止履行；已经履行的，根据履行情况和合同性质，当事人可以要求恢复原状、采取其他补救措施，并有权要求赔偿损失。

（2）合同的权利义务终止，不影响合同中结算和清理条款的效力。

（3）合同因违约解除的，解除权人可以请求违约方承担违约责任，但是当事人另有约定的除外。

（4）主合同解除后，担保人对债务人应当承担的民事责任仍应当承担担保责任，但是担保合同另有约定的除外。

任务八　违约责任

一、违约责任的概念

违约责任即违反合同的民事责任，是指合同当事人一方或双方不履行合同义务或者履行合同义务不符合约定时，依照法律规定或者合同约定所承担的法律责任。

二、承担违约责任的形式

（一）继续履行

继续履行，又称为强制履行，是指在一方当事人不履行合同义务或者履行合同义务不符合约定时，另一方可请求人民法院强制违约方继续履行合同义务。当事人一方不履行债务或者履行债务不符合约定，根据债务的性质不得强制履行的，守约方可以请求违约方负担由第三人替代履行的费用。

（二）采取补救措施

当事人一方履行合同义务不符合约定的，应当按照当事人的约定承担违约责任。受损害方可以根据受损害的性质以及损失的大小，合理选择要求对方适当履行，如采取修理、更换、重作、退货、减少价款或者报酬等措施，也可以选择解除合同、中止履行合同、通过提存履行债务、行使担保债权等补救措施。

（三）赔偿损失

当事人一方不履行合同义务或者履行合同义务不符合约定的，在履行义务或者采取补救措施后，对方还有其他损失的，应当赔偿损失。当然，对方也可以不选择要求继续履行或采取补

05

救措施，直接主张赔偿损失。损失赔偿额应当相当于因违约所造成的损失，包括合同履行后可以获得的利益，但不得超过违反合同一方订立合同时预见到或者应当预见到的因违反合同可能造成的损失。

当事人一方违约后，对方应当采取适当措施防止损失的扩大；没有采取适当措施致使损失扩大的，不得就扩大的损失要求赔偿。当事人因防止损失扩大而支出的合理费用，由违约方承担。

（四）支付违约金

（1）调整违约金。

① 约定的违约金低于损失的，人民法院或者仲裁机构可以根据当事人的请求予以增加。

② 约定的违约金过分高于损失的，人民法院或者仲裁机构可以根据当事人的请求予以适当减少。

（2）当事人就迟延履行约定违约金的，违约方支付违约金后，还应当履行债务。

（五）定金责任

定金是指合同当事人约定一方向对方给付一定数额的货币作为合同的担保。

定金合同是实践性合同，从实际交付定金时成立。

定金的数额由当事人约定，但不得超过主合同标的额的20%。超过部分不产生定金的效力。

实际交付的定金数额多于或者少于约定数额，视为变更约定的定金数额。收受定金一方提出异议并拒绝接受定金的，定金合同不成立。

债务人履行债务的，定金应当抵作价款或者收回。给付定金的一方不履行债务或者履行债务不符合约定，致使不能实现合同目的的，无权请求返还定金；收受定金的一方不履行债务或者履行债务不符合约定，致使不能实现合同目的的，应当双倍返还定金。此定金责任被称为"定金罚则"。

在同一合同中，当事人既约定违约金，又约定定金的，一方违约时，对方可以选择适用违约金或者定金条款，即二者不能同时主张。买卖合同约定的定金不足以弥补一方违约造成的损失，对方可以请求赔偿超过定金部分的损失，但定金和损失赔偿的数额总和不应高于因违约造成的损失。

三、免责事由

05

法定事由包括不可抗力、受害人过错等内容。

1. 不可抗力

不可抗力是指不能预见、不能避免且不能克服的客观情况。

因不可抗力不能履行合同的，根据不可抗力的影响，部分或者全部免除责任，但法律另有规定的除外。当事人迟延履行后发生不可抗力的，不能免除责任。

当事人一方因不可抗力不能履行合同的，应当及时通知对方不能履行或不能完全履行合同的情况和理由，并在合理期限内提供有关机关的证明。

2. 受害人过错

当事人一方违约造成对方损失，对方对损失的发生有过错的，可以减少相应的损失赔偿额。

项目小结

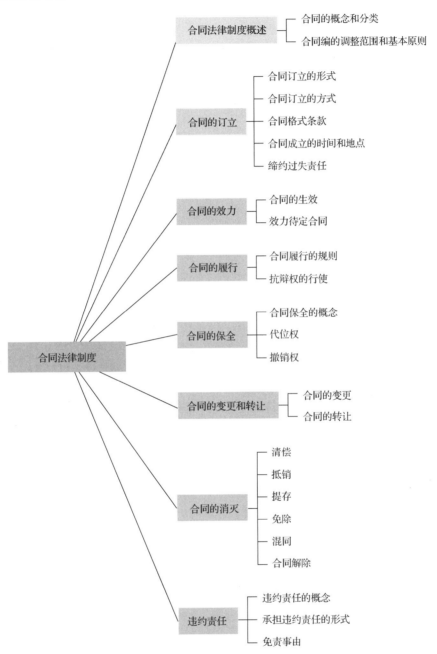

课后自测

一、单项选择题

1. 下列有关由第三人履行合同的说法中，正确的是（　　　）。

　　A. 由第三人履行合同可以不征得第三人的同意

B. 第三人承担合同责任

C. 第三人不履行合同，债权人有权追究债务人的违约责任

D. 第三人不履行合同，债务人不负担赔偿责任

2. 下列不属于以书面形式订立合同的是（　　）。

A. 双方通过信件方式订立合同

B. 双方通过传真方式订立合同

C. 双方通过电子邮件方式订立合同

D. 双方通过电话交谈方式订立合同

3. 甲向乙发出要约，乙于 5 月 10 日收到要约，于 6 月 15 日发出承诺，当时已超过了承诺期限，该承诺于 6 月 20 日到达甲处。甲随即通知乙该承诺有效，通知于 6 月 26 日到达乙处，则合同成立时间是（　　）。

A. 6 月 20 日　　　　B. 6 月 15 日　　　　C. 6 月 26 日　　　　D. 5 月 10 日

4. A 公司应 B 公司之约赴京洽谈签约，后因双方对合同价格条款无法达成一致协议而未能签订合同。对 A 公司赴京发生的差旅费应由（　　）。

A. B 公司承担缔约过失责任　　　　B. B 公司承担违约责任

C. B 公司承担损害赔偿责任　　　　D. A 公司自行承担

5. 根据合同当事人是否互负给付义务，可将合同分为（　　）。

A. 有名合同与无名合同　　　　B. 单务合同与双务合同

C. 主合同与从合同　　　　D. 诺成合同与实践合同

6. 下列合同中，不直接适用我国《民法典》合同编规定的是（　　）。

A. 融资租赁合同　　　B. 收养合同　　　C. 财产赠与合同　　　D. 借款合同

7. 甲运输公司在与客户乙公司签订运输合同时提供了一份格式合同，该格式合同载明："运输方式为仓对仓运输。"双方按此格式合同订约后，在履行中发生争议。甲运输公司认为仓对仓是指从乙公司的仓库到所要运达的仓库，乙公司则认为仓对仓是指从货物所在的仓库到所要到达的仓库。下列关于该合同的表述中，正确的是（　　）。

A. 该条款含义模糊不清，合同未成立

B. 该条款含义模糊不清，合同无效

C. 合同生效，应以乙公司的理解为准

D. 合同生效，应以甲公司的理解为准

8. 当事人互负债务，有先后履行顺序，先履行一方未履行的，后履行一方有权拒绝其履行要求；先履行一方履行债务不符合约定的，后履行一方有权拒绝其相应的履行要求。这种情形被称为（　　）。

A. 不安抗辩权　　　B. 同时履行抗辩权　　　C. 先诉抗辩权　　　D. 后履行抗辩权

9. 要约邀请是希望他人向自己发出要约的意思表示。根据规定，下列情形中，不属于发出要约邀请的是（　　）。

A. 甲公司向数家贸易公司寄送价目表

B. 乙公司通过报刊发布招标公告

C. 丙公司在其运营中的咖啡自动售货机上载明"每杯一元"

D. 丁公司向社会公众发布招股说明书

10. 张某于 15 岁上高中时，其父为他买了一辆价值 1 万元的摩托车。当年张某私自将摩托车以 5 000 元的价格卖给刘某。张某与刘某之间的摩托车买卖合同（　　　）。

　　A. 有效　　　　　　B. 无效　　　　　　C. 可撤销　　　　　　D. 效力待定

11. 上海某工厂向广州某公司购买一批物品，合同对付款地点和交货期限没有约定，发生争议时，依据相关规定，下列说法正确的是（　　　）。

　　A. 上海某工厂付款给广州某公司应在上海履行

　　B. 上海某工厂可以随时请求广州某公司交货，而且可以不给该厂必要的准备时间

　　C. 上海某工厂付款给广州某公司应在广州履行

　　D. 广州某公司可以随时交货给上海某工厂，而且可以不给该厂必要的准备时间

12. 2024 年 3 月 1 日，上海的甲公司向北京的乙公司发出要约，欲购买乙公司的一批学生专用笔记本，乙公司于 3 月 8 日作出承诺，该承诺于 3 月 10 日到达甲公司所在地上海。该买卖合同成立的地点是（　　　）。

　　A. 上海　　　　　　B. 北京　　　　　　C. 北京或者上海　　　D. 北京和上海

13. 甲与乙订立了一份苹果购销合同，约定：甲向乙交付 20 万千克苹果，货款为 40 万元，乙向甲支付定金 4 万元；如任何一方不履行合同应支付违约金 6 万元。甲因将苹果卖给丙而无法向乙交付苹果，乙提出的如下诉讼请求中，既能最大限度保护自己的利益，又能获得法院支持的是（　　　）。

　　A. 请求甲双倍返还定金（8 万元）

　　B. 请求甲双倍返还定金（8 万元），同时请求甲支付违约金 6 万元

　　C. 请求甲支付违约金 6 万元，同时请求返还支付的定金 4 万元

　　D. 请求甲支付违约金 6 万元

14. 关于合同解除，下列表述正确的是（　　　）。

　　A. 只可由当事人双方协议为之

　　B. 在合同履行期限届满前不可进行

　　C. 其情形只可由法律规定

　　D. 不影响合同中结算与清理条款的效力

15. 张某和某服装厂签订了一份服装买卖合同，约定：张某为买方，预先支付全部货款；服装厂为卖方，收到货款后 10 天内发货。合同订立后，张某支付了全部货款。付款后第二日，张某因与李某存在债务纠纷到外地避债，下落不明，致使服装厂无法向其按时交货。按照法律规定，服装厂可以采取的消灭债务关系的措施是（　　　）。

　　A. 行使留置权　　　　　　　　　　B. 将服装向有关机关提存

　　C. 行使不安抗辩权　　　　　　　　D. 行使代位权

16. 甲欠乙 5 000 元，乙多次催促，甲拖延不还。后乙告诉甲必须在半个月内还钱，否则起诉。甲立即将家中仅有的值钱物品——九成新电冰箱和彩电各以一台 150 元的价格卖给知情的丙，被乙发现。下列说法错误的是（　　　）。

　　A. 乙可书面通知甲、丙，撤销该买卖合同

　　B. 如乙发现之日为 2023 年 5 月 1 日，则自 2024 年 5 月 2 日起，乙不再享有撤销权

　　C. 如乙向法院起诉，应以甲为被告

　　D. 乙行使撤销权的范围以其债权 5 000 元为限

17. 甲、乙之间有一债权债务关系，乙欠甲 1 万元到期未还，甲多次催要，乙均以无钱为由拒绝偿还。现甲得知丙欠乙 1 万元，要求乙向丙催要，乙对此毫无反应。甲可以行使（　　）。

    A. 不安抗辩权　　　　B. 撤销权　　　　C. 要求乙转让债权　D. 代位权

18. 甲公司与乙公司订立一货物买卖合同，约定合同自 2024 年 7 月 1 日签订之日起生效，其中定金条款规定甲自合同生效次日起一星期内交付定金，后甲因资金周转不便到 7 月 10 日才支付定金，定金条款的成立日期是（　　）。

    A. 7 月 1 日　　　　B. 7 月 2 日　　　　C. 7 月 7 日　　　　D. 7 月 10 日

19. 甲公司将两个业务部门分出设立乙公司和丙公司，并在公司分立决议中明确，甲公司以前所负的债务由新设的乙公司承担。分立前甲公司欠丁公司贷款 12 万元，现丁公司要求偿还。下列关于如何对丁公司承担该 12 万元债务的表述中，正确的是（　　）。

    A. 由甲公司承担

    B. 由乙公司承担

    C. 由甲、乙、丙三家公司平均承担

    D. 由甲、乙、丙三家公司连带承担

20. 根据规定，下列关于法定抵销的说法正确的是（　　）。

    A. 可以附条件　　　　　　　　　　　　B. 可以附期限

    C. 可以附条件和期限　　　　　　　　　D. 不得附条件或者期限

二、多项选择题

1. 甲向乙发出订立合同的要约。下列各项中，可使甲发出的要约失效的情形有（　　）。

    A. 乙将拒绝要约的通知送达甲

    B. 甲依法撤销要约

    C. 乙对要约的内容作出实质性变更

    D. 乙在承诺期限内作出承诺

2. 下列选项属于合法有效的合同的有（　　）。

    A. 12 岁的小学生王某在学校附近小商店买了一个塑料玩具

    B. 大学生王某误将银饰品当成铂金饰品购买

    C. 某县土产公司派业务员李某前往某市购买干果，公司开出的介绍信上写着"兹派遣我公司业务员李某前往贵公司联系购买干果事宜"，李某到达目的地后发现当地香蕉质优价廉，便以某县土产公司的名义与该市果品公司签订了 15 吨香蕉的买卖合同

    D. 甲与乙签订的一份合同中约定"如果甲为乙收拾房屋一周，甲就可以不归还其欠乙的 1 000 元"，甲按照约定履行义务

3. 甲患阑尾炎住院接受手术，在动手术时医生误将其卵巢当作阑尾切去。甲追究医院责任时，医院指出：该院大门背后贴有"患者须知"，凡来本院治疗的患者在治疗中所遭受的一切损失由其本人负担，故医院不予承担责任。下列说法正确的有（　　）。

    A. 该须知属于格式条款

    B. 该须知免除院方责任，排除了患者主要权利，无效

    C. 该须知免除人身损害责任，内容无效

    D. 甲接受手术表明其接受该须知的约束，故医院不承担责任

05

4. 根据合同法律制度的规定，买卖合同一般属于（　　　）。

    A. 双务合同　　　　　B. 单务合同　　　　　C. 诺成合同　　　　　D. 实践合同

5. 根据规定，合同当事人一方可以行使不安抗辩权的情形有（　　　）。

    A. 对方经营状况严重恶化

    B. 对方有转移财产、抽逃资金，以逃避债务的情形

    C. 对方丧失商业信誉

    D. 对方有丧失或可能丧失履行债务能力的其他情形

6. 根据合同法律制度的规定，下列关于不同种类违约责任相互关系的表述中，正确的有（　　　）。

    A. 当事人就迟延履行约定违约金的，违约方支付违约金后，还应当履行债务

    B. 当事人约定的违约金过分高于造成的损失的，可以请求人民法院予以适当减少

    C. 当事人既约定违约金，又约定定金的，一方违约时，对方可以同时适用违约金和定金条款

    D. 当事人执行定金条款后不足以弥补所受损害的，仍可以请求赔偿损失

7. 根据规定，下列情况属于合同的变更的有（　　　）。

    A. 标的物数量的变更

    B. 质量标准的提高

    C. 违约金的增加

    D. 合同当事人的变更

8. 下列情形中，属于不得转让合同权利的情形有（　　　）。

    A. 根据合同性质不得转让

    B. 根据当事人约定不得转让

    C. 依照法律规定不得转让

    D. 买卖合同

9. 张某与王某签订销售 100 台电视机的合同，但当张某向王某交付时，王某以电视机市场疲软为由，拒绝受领，要求张某返还货款。下列说法正确的有（　　　）。

    A. 张某可以向有关部门提存这批电视机

    B. 电视机在向当地公证机关提存后，因遇火灾，烧毁 5 台，其损失应由张某承担

    C. 提存费用应由王某支付

    D. 若债权人向提存部门书面表示放弃领取提存物权利的，债务人负担提存费用后有权取回提存物

10. 债务人甲的下列行为中，债权人乙可以行使撤销权的有（　　　）。

    A. 甲将价值 100 万元的汽车作价 50 万元卖给 A，影响乙的债权实现，A 是善意第三人

    B. 甲以 150 万元购买 A 的价值 100 万元的汽车，影响乙的债权实现，A 是善意第三人

    C. 甲将价值 100 万元的汽车作价 50 万元卖给 A，影响乙的债权实现，A 是知情人

    D. 甲恶意延长到期债权的履行期，影响乙的债权实现

11. 根据合同法律制度的规定，关于债的履行顺序，下列说法正确的有（　　　）。

    A. 债务人未指定的，应当优先履行已经到期的债务

    B. 数项债务均到期的，优先履行对债权人缺乏担保或者担保最少的债务

05

C. 担保数额相同的，优先履行债务人负担较重的债务

D. 债务负担相同的，按照债务到期的先后顺序履行

12. 根据合同法律制度的规定，下列各项中，赠与人可以撤销赠与的有（　　）。

A. 严重侵害赠与人或者赠与人近亲属的合法权益，但该财产已交付并办妥产权转移手续

B. 对赠与人有扶养义务而不履行的

C. 不履行赠与合同约定的义务的

D. 已经接受赠与的受赠人为限制民事行为能力人，但其法定代理人未在限期内加以追认

13. 甲公司向乙银行借款 1 000 万元，甲公司未按约定的借款用途使用借款。根据规定，乙银行可以采取的措施有（　　）。

A. 按已确定的借款利息双倍收取罚息

B. 提前收回借款

C. 解除借款合同

D. 停止发放借款

14. 下列关于买卖合同的表述中正确的有（　　）。

A. 因标的物的主物不符合约定而解除合同的，解除合同的效力及于从物

B. 因标的物的主物不符合约定而解除合同的，解除合同的效力不及于从物

C. 因标的物的从物不符合约定而解除合同的，解除合同的效力及于主物

D. 因标的物的从物不符合约定而解除合同的，解除合同的效力不及于主物

15. 2024 年 10 月 1 日，甲有一批货物正在由北京运往上海的途中，10 月 5 日，甲与上海的乙就这批货物洽谈并签订了买卖合同，约定甲将货物卖给乙。签订合同时该标的物仍在运输途中，此时关于标的物的风险的承担表述正确的有（　　）。

A. 标的物的风险自合同成立时由买受人乙承担

B. 标的物的风险在实际交付买受人乙之前由出卖人甲承担

C. 如果甲在 10 月 5 日已知该批货物毁损但未告知乙，则应当由甲承担货物毁损的风险

D. 如果甲在 10 月 5 日已知该批货物毁损但未告知乙，则仍应由乙承担货物毁损的风险

三、判断题

1. 甲公司与乙公司签订买卖合同时，经丙公司同意，约定由丙公司向买受人甲公司交付货物。后丙公司交付的货物质量不符合约定。甲公司可以请求丙公司承担违约责任。（　　）

2. 承诺既可以撤回也可以撤销。（　　）

3. 王某与吴某通过电子邮件签订的化妆品买卖合同能够有形地表现所载内容，并可以随时调取查用的，则视为书面形式的合同。（　　）

4. 合同抗辩权的行使都基于同一双务合同。（　　）

5. 当事人一方通过互联网等信息网络发布的商品或者服务信息符合要约条件的，对方选择该商品或者服务并提交订单成功时合同成立，但是当事人另有约定的除外。（　　）

6. 《民法典》合同编基本原则包括：平等原则；自愿原则；公平原则；诚实信用原则；不违反法律或公序良俗原则。（　　）

7. 信赖利益损失一般以实际损失为限，包括所受损失与所失利益。（　　）

8. 定金既可以作为担保方式，也可以作为一种民事责任方式。（　　）

9. 合同的权利义务终止，不影响合同中结算和清理条款的效力。（　　　）

10. 当事人对合同变更的内容约定不明确的，推定为未变更。（　　　）

四、经典案例分析

1. 2017 年 3 月，甲公司与乙公司签订的租赁合同约定：甲公司将其面积为 500 平方米的办公用房出租给乙公司；租期 25 年；租金每月 1 万元，以每年官方公布的通货膨胀率为标准逐年调整；乙公司应一次性支付两年的租金。合同签订后，乙公司依约支付租金，甲公司依约交付了该房屋。2022 年 6 月，乙公司为改善办公条件，未经甲公司同意，在该房屋内改建一间休息室，并安装了整体橱柜等设施。甲公司得知后要求乙公司拆除该休息室及设施，乙公司拒绝。其后该地区房屋价格飙升，租金大涨，甲公司要求提高租金，乙公司拒绝。甲公司遂欲出售该房屋，并通知了乙公司，乙公司表示不购买。甲公司于 2024 年 9 月将该房屋出售给丙公司，并办理了所有权变更登记手续。

问：

（1）租赁合同约定的 25 年租期是否具有效力？简要说明理由。

（2）甲公司是否有权要求乙公司拆除休息室及设施？简要说明理由。

（3）甲公司将房屋出售给丙公司后，租赁合同是否继续有效？简要说明理由。

2. 甲对乙享有 80 000 元的债权，已到清偿期限，但乙一直宣称无能力清偿欠款。甲调查发现，乙对丁享有三个月后到期的 7 000 元债权，戊因赌博欠乙 10 000 元；另外，乙在半年前发生交通事故，因事故中的人身伤害对丙享有 12 000 元债权，因事故中的财产损失对丙享有 5 000 元债权。乙无其他可供执行的财产，乙对其享有的债权都怠于行使。

问：

（1）甲可以代位行使的债权是哪一个？

（2）为什么其他债权不能代位行使？

项目六

劳动合同与社会保险法律制度

1. 掌握劳动合同的订立和内容。
2. 掌握劳动合同的解除和终止。
3. 掌握基本养老保险、基本医疗保险、工伤保险和失业保险。
4. 熟悉劳动合同的履行和变更。
5. 熟悉集体合同与劳务派遣。
6. 熟悉劳动争议的解决。
7. 了解劳动关系与劳动合同的概念。
8. 了解违反劳动合同法律制度的法律责任。
9. 了解社会保险的概念、社会保险费征缴与管理。
10. 了解违反社会保险法律制度的法律责任。

1. 能分析劳动关系中的违反劳动与社会保险法律制度的相关问题。
2. 能提出处理劳动纠纷的基本方案，维护劳动者的合法权益。
3. 懂得签订劳动合同，保护自身合法权益，减少和防止发生劳动争议，并能运用所学的知识分析和解决有关劳动方面的具体法律问题。

1. 通过对劳动合同法的认识，形成遵守《劳动合同法》的职业素养。
2. 通过对社会保险法律制度的认识，形成遵守《社会保险法》的职业素养。

2024 年年初，某房地产公司招聘售楼员，要求每位员工交 500 元押金，待试用期过后，再将押金全额返给员工。邓某前去应聘，并于 2024 年 2 月 25 日与该公司签订了为期 1 年的劳动合同。

合同规定，试用期3个月，试用期工资为每月1 500元（当地最低工资标准为1 800元），试用期满后月工资为2 350元。该公司每月工作22天。2024年5月，邓某在3个周六加班了3天，在"五一"国际劳动节法定假期加班了1天。

【任务描述】

该房地产公司有哪些行为不符合法律规定？

任务一　劳动合同法律制度

 素养贴士

法治社会是构筑法治国家的基础。弘扬社会主义法治精神，传承中华优秀传统法律文化，引导全体人民做社会主义法治的忠实崇尚者、自觉遵守者、坚定捍卫者。为加快建设法治社会，应建设覆盖城乡的现代公共法律服务体系，深入开展法治宣传教育，增强全民法治观念。

一、劳动关系与劳动合同

（一）劳动关系与劳动合同的概念

劳动关系是指劳动者与用人单位依法签订劳动合同而在劳动者与用人单位之间产生的法律关系。劳动合同是劳动者和用人单位之间依法确立劳动关系，明确双方权利义务的协议。

（二）劳动关系的特征

与一般的民事关系不同，劳动关系有其独有的特征。

（1）劳动关系的主体具有特定性。劳动关系主体的一方是劳动者，另一方是用人单位。

（2）劳动关系的内容具有较强的法定性。

（3）劳动者在签订和履行劳动合同时的地位是不同的。劳动者与用人单位在签订劳动合同时，遵循平等、自愿、协商一致的原则，双方法律地位是平等的；一旦双方签订了劳动合同，在履行劳动合同的过程中，用人单位和劳动者就具有了支配与被支配、管理与服从的从属关系。

（三）《劳动合同法》的适用范围

中华人民共和国境内的企业、个体经济组织、民办非企业单位等组织（以下称用人单位）与劳动者建立劳动关系，订立、履行、变更、解除或者终止劳动合同，适用《劳动合同法》。依法成立的会计师事务所、律师事务所等合伙组织和基金会，也属于《劳动合同法》规定的用人单位。

国家机关、事业单位、社会团体和与其建立劳动关系的劳动者，订立、履行、变更、解除或者终止劳动合同，依照《劳动合同法》执行。

地方各级人民政府及县级以上人民政府有关部门为安置就业困难人员提供的给予岗位补贴和社会保险补贴的公益性岗位，其劳动合同不适用《劳动合同法》有关无固定期限劳动合同的规定以及支付经济补偿的规定。

二、劳动合同的订立

（一）劳动合同订立的概念和原则

劳动合同的订立是指劳动者和用人单位经过相互选择与平等协商，就劳动合同的各项条款达

06

成一致意见，并以书面形式明确规定双方权利、义务的内容，从而确立劳动关系的法律行为。

订立劳动合同，应当遵循合法、公平、平等自愿、协商一致、诚实信用的原则。

（二）劳动合同订立的主体

1. 劳动合同订立主体的资格要求

（1）劳动者有劳动权利能力和行为能力。

《中华人民共和国劳动法》规定，禁止用人单位招用未满 16 周岁的未成年人。文艺、体育和特种工艺单位招用未满 16 周岁的未成年人，必须遵守国家有关规定，并保障其接受义务教育的权利。

（2）用人单位有用人权利能力和行为能力。

用人单位是指具有用人权利能力和用人行为能力，运用劳动力组织生产劳动，且向劳动者支付工资等劳动报酬的单位。

用人单位设立的分支机构，依法取得营业执照或者登记证书的，可以作为用人单位与劳动者订立劳动合同；未依法取得营业执照或者登记证书的，受用人单位委托可以与劳动者订立劳动合同。

2. 劳动合同订立主体的义务

（1）用人单位的义务和责任。

用人单位招用劳动者时，应当如实告知劳动者工作内容、工作条件、工作地点、职业危害、安全生产状况、劳动报酬，以及劳动者要求了解的其他情况。

用人单位招用劳动者，不得扣押劳动者的居民身份证和其他证件，不得要求劳动者提供担保或者以其他名义向劳动者收取财物。

用人单位违反《劳动合同法》规定，扣押劳动者居民身份证等证件的，由劳动行政部门责令限期退还劳动者本人，并依照有关法律规定给予处罚。用人单位以担保或者其他名义向劳动者收取财物的，由劳动行政部门责令限期退还劳动者本人，并以每人 500 元以上 2 000 元以下的标准处以罚款；给劳动者造成损害的，应当承担赔偿责任。

（2）劳动者的义务。

用人单位有权了解劳动者与劳动合同直接相关的基本情况，劳动者应当如实说明。

 课堂讨论

某公司招聘 10 名销售人员，为提供统一的公司制服，向每人收取了 1 000 元押金。部分销售人员对该公司这种行为表示不满，提请劳动行政部门予以纠正。分析该公司这种行为的法律后果。

（三）劳动关系建立的时间

用人单位自用工之日起即与劳动者建立劳动关系。用人单位与劳动者在用工前订立劳动合同的，劳动关系自用工之日起建立。

用人单位应当建立职工名册备查。职工名册应当包括劳动者姓名、性别、居民身份证号码、户籍地址及现住址、联系方式、用工形式、用工起始时间、劳动合同期限等内容。

用人单位违反《劳动合同法》有关建立职工名册规定的，由劳动行政部门责令限期改正；逾期不改正的，由劳动行政部门处 2 000 元以上 2 万元以下的罚款。

06

 **课堂自测**

2024 年 7 月 5 日，甲公司与张某签订劳动合同，约定合同期限 1 年，试用期 1 个月，每月 15 日发放工资。张某 7 月 9 日到岗工作。甲公司与张某建立劳动关系的起始时间是（　　）。

A．7 月 5 日　　　B．7 月 9 日　　　C．7 月 15 日　　　D．7 月 9 日

（四）劳动合同订立的形式

1. 书面形式

建立劳动关系，应当订立书面劳动合同。已建立劳动关系，未同时订立书面劳动合同的，应当自用工之日起 1 个月内订立书面劳动合同。

实践中，有的用人单位和劳动者虽已建立劳动关系，但却迟迟未能订立书面劳动合同，不利于劳动关系的法律保护。为此，《劳动合同法》及其实施条例区分不同情况进行规范。

（1）自用工之日起 1 个月内，经用人单位书面通知后，劳动者不与用人单位订立书面劳动合同的，用人单位应当书面通知劳动者终止劳动关系，无须向劳动者支付经济补偿，但是应当依法向劳动者支付其实际工作时间的劳动报酬。

（2）用人单位自用工之日起超过 1 个月不满 1 年未与劳动者订立书面劳动合同的，应当向劳动者每月支付 2 倍的工资，并与劳动者补订书面劳动合同；劳动者不与用人单位订立书面劳动合同的，用人单位应当书面通知劳动者终止劳动关系，并支付经济补偿。用人单位向劳动者每月支付 2 倍工资的起算时间为用工之日起满 1 个月的次日，截止时间为补订书面劳动合同的前一日。

（3）用人单位自用工之日起满 1 年未与劳动者订立书面劳动合同的，自用工之日起满 1 个月的次日至满 1 年的前一日应当向劳动者每月支付 2 倍的工资，并视为自用工之日起满 1 年的当日已经与劳动者订立无固定期限劳动合同，应当立即与劳动者补订书面劳动合同。

（4）用人单位违反《劳动合同法》规定不与劳动者订立无固定期限劳动合同的，自应当订立无固定期限劳动合同之日起向劳动者每月支付 2 倍的工资。

 **课堂自测**

王某 2024 年 8 月进入甲公司工作，公司按月支付工资。至年底公司尚未与王某签订劳动合同。下列关于甲公司与王某劳动关系的表述中，正确的有（　　）。

A．公司与王某之间可视为不存在劳动关系

B．公司与王某之间可视为已订立无固定期限劳动合同

C．公司应与王某补订书面劳动合同，并支付工资补偿

D．王某可与公司终止劳动关系，公司应支付经济补偿

2. 口头形式

非全日制用工双方当事人可以订立口头协议。

非全日制用工，是指以小时计酬为主，劳动者在同一用人单位一般平均每日工作时间不超过 4 小时，每周工作时间累计不超过 24 小时的用工形式。

从事非全日制用工的劳动者可以与一个或者一个以上用人单位订立劳动合同；但是，后订立的劳动合同不得影响先订立的劳动合同的履行。非全日制用工双方当事人不得约定试用期。

非全日制用工双方当事人任何一方都可以随时通知对方终止用工。终止用工，用人单位不向劳动者支付经济补偿。

06

非全日制用工小时计酬标准不得低于用人单位所在地人民政府规定的最低小时工资标准。用人单位可以以小时、日或周为单位结算工资，但非全日制用工劳动报酬结算支付周期最长不得超过 15 日。

课堂自测

根据劳动合同法律制度的规定，下列情形中，用人单位与劳动者可以不签订书面劳动合同的是（　　）。

A．试用期用工　　　B．非全日制用工　　　C．固定期限用工　　　D．无固定期限用工

（五）劳动合同的效力

劳动合同的效力如图 6-1 所示。

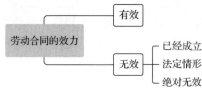

图 6-1　劳动合同的效力

1．劳动合同的生效

劳动合同由用人单位与劳动者协商一致，并经用人单位与劳动者在劳动合同文本上签字或者盖章生效。劳动合同文本由用人单位和劳动者各执一份。

2．无效劳动合同

无效劳动合同是指由用人单位和劳动者签订成立，而国家不予承认其法律效力的劳动合同。劳动合同虽然已经成立，但因违反了平等自愿、协商一致、诚实信用、公平等原则和法律、行政法规的强制性规定，可使其全部或者部分条款归于无效。

下列劳动合同无效或者部分无效。

（1）以欺诈、胁迫的手段或者乘人之危，使对方在违背真实意思的情况下订立或者变更劳动合同的。

（2）用人单位免除自己的法定责任、排除劳动者权利的。

（3）违反法律、行政法规强制性规定的。

对劳动合同的无效或者部分无效有争议的，由劳动争议仲裁机构或者人民法院确认。

3．无效劳动合同的法律后果

无效劳动合同，从订立时起就没有法律约束力。劳动合同部分无效，不影响其他部分效力的，其他部分仍然有效。

劳动合同被确认无效，劳动者已付出劳动的，用人单位应当向劳动者支付劳动报酬。劳动报酬的数额，参照本单位相同或者相近岗位劳动者的劳动报酬确定。

劳动合同被确认无效，给对方造成损害的，有过错的一方应当承担赔偿责任。

课堂讨论

某公司招聘一名高级业务经理，王某凭借伪造的名牌大学毕业证书及其他与岗位要求相关的

资料，骗得公司的信任，签订了为期3年的劳动合同。半年后，公司发现王某伪造学历证书及其他资料的事实，提出劳动合同无效，要求王某退还公司所发工资，并支付经济赔偿。王某认为公司违反《劳动合同法》规定，擅自解除劳动合同，应承担违约责任。分析该案件应如何处理。

 素养贴士

诚信是中华民族的传统美德，是一个民族发展和延续的基石，是新时代大学生立身为人、成长成才的必备品质。

三、劳动合同的内容

（一）劳动合同必备条款

劳动合同必备条款（见图6-2）是指劳动合同必须具备的内容。

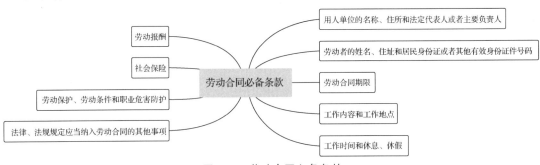

图6-2　劳动合同必备条款

（二）劳动合同可备条款

除劳动合同必备条款外，用人单位与劳动者还可以在劳动合同中约定试用期、培训、保守秘密、补充保险和福利待遇等其他事项，这些称为可备条款。但约定事项不能违反法律、行政法规的强制性规定，否则该约定无效。

1. 试用期

试用期是指用人单位和劳动者双方为相互了解、确定对方是否符合自己的招聘条件或求职意愿而约定的考察期间。

（1）试用期期限。

根据《劳动合同法》的规定，劳动合同期限3个月以上不满1年的，试用期不得超过1个月；劳动合同期限1年以上不满3年的，试用期不得超过2个月；3年以上固定期限和无固定期限的劳动合同，试用期不得超过6个月。这里的1年以上包括1年，3年以上包括3年。

同一用人单位与同一劳动者只能约定一次试用期。以完成一定工作任务为期限的劳动合同或者劳动合同期限不满3个月的，不得约定试用期。试用期包含在劳动合同期限内。劳动合同仅约定试用期的，试用期不成立，该期限为劳动合同期限。

（2）试用期工资。

劳动者在试用期的工资不得低于本单位相同岗位最低档工资或者劳动合同约定工资的80%，并不得低于用人单位所在地的最低工资标准。劳动合同约定工资，是指劳动者与用人单位订立的劳动合同中约定的劳动者试用期满后的工资。

06

📖 **课堂讨论**

甲公司与孙某签订劳动合同，约定合同期限 1 年，月工资 2 000 元，试用期 3 个月，试用期工资为月工资的 60%。当地最低工资标准为 1 500 元/月。分析该劳动合同上述条款是否有效。

2. 服务期

（1）服务期的适用范围。

服务期是指劳动者因享受用人单位给予的特殊待遇而作出的关于劳动履行期限的承诺。《劳动合同法》规定，用人单位为劳动者提供专项培训费用，对其进行专业技术培训的，可以与该劳动者订立协议，约定服务期。

用人单位与劳动者约定服务期的，不影响按照正常的工资调整机制提高劳动者在服务期期间的劳动报酬。

劳动合同期满，但是用人单位与劳动者约定的服务期尚未到期的，劳动合同应当续延至服务期满；双方另有约定的，从其约定。

（2）劳动者违反服务期约定的违约责任。

劳动者违反服务期约定的，应当按照约定向用人单位支付违约金。违约金的数额不得超过用人单位提供的培训费用。用人单位要求劳动者支付的违约金不得超过服务期尚未履行部分所应分摊的培训费用。

培训费用包括用人单位为了对劳动者进行专业技术培训而支付的有凭证的培训费用、培训期间的差旅费用以及因培训产生的用于该劳动者的其他直接费用。

（3）劳动者解除劳动合同不属于违反服务期约定的情形（如图 6-3 所示）。

用人单位与劳动者约定了服务期，劳动者依照图 6-3 所示情形的规定解除劳动合同的，不属于违反服务期的约定，用人单位不得要求劳动者支付违约金。

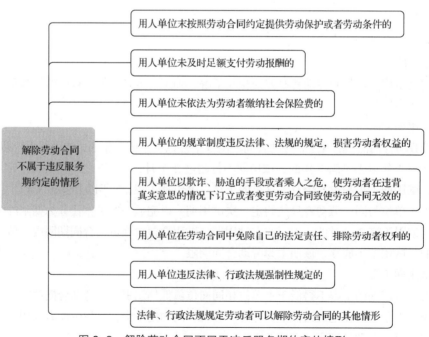

图 6-3　解除劳动合同不属于违反服务期约定的情形

06

 **课堂讨论**

甲公司为员工张某支付培训费 10 000 元，约定服务期 5 年。3 年后，张某以劳动合同期满为由，不肯与公司续签合同。公司要求其支付违约金。分析张某是否应支付违约金。

3. 保守商业秘密和竞业限制

商业秘密，是指不为公众所知悉、能为权利人带来经济利益，具有实用性并经权利人采取保密措施的技术信息和经营信息，包括非专利技术和经营信息两部分。用人单位与劳动者可以在劳动合同中约定保守用人单位的商业秘密和与知识产权相关的保密事项。

竞业限制又称竞业禁止，是对与权利人有特定关系的义务人的特定竞争行为的禁止。在用人单位和劳动者之间的劳动关系解除和终止后，限制劳动者一定时期的择业权，对因此约定给劳动者造成的损害，用人单位给予劳动者相应的经济补偿。

《劳动合同法》规定，对负有保密义务的劳动者，用人单位可以在劳动合同或者保密协议中与劳动者约定竞业限制条款，并约定在解除或者终止劳动合同后，在竞业限制期限内按月给予劳动者经济补偿。劳动者违反竞业限制约定的，应当按照约定向用人单位支付违约金。

竞业限制的人员限于用人单位的高级管理人员、高级技术人员和其他负有保密义务的人员，而不是所有的劳动者。竞业限制的范围、地域、期限由用人单位与劳动者约定，竞业限制的约定不得违反法律、法规的规定。

在解除或者终止劳动合同后，竞业限制人员到与本单位生产或者经营同类产品、从事同类业务的有竞争关系的其他用人单位工作，或者自己开业生产或者经营同类产品、从事同类业务的竞业限制期限，不得超过 2 年。

 课堂讨论

刘某原是甲公司的技术总监，公司与他签订了竞业限制协议，约定劳动合同解除或终止后 3 年内，刘某不得在本行业从事相关业务，公司每月支付其补偿金 2 万元。但在刘某离职后，公司只在第一年按时给予了补偿金，此后一直没有支付。刘某遂在离职一年半后到甲公司的竞争对手乙公司上班。甲公司得知后要求刘某支付违约金。刘某要求甲公司支付未付的经济补偿，解除竞业限制协议。分析甲公司与刘某应如何解决该纠纷。

四、劳动合同的履行、变更、解除和终止

（一）劳动合同的履行

劳动合同的履行是指劳动合同生效后，当事人双方按照劳动合同的约定，完成各自承担的义务和实现各自享受的权利，使当事人双方订立合同的目的得以实现的法律行为。

（1）用人单位与劳动者应当按照劳动合同的约定，全面履行各自的义务。

① 用人单位应当按照劳动合同约定和国家规定，向劳动者及时足额支付劳动报酬。用人单位拖欠或者未足额支付劳动报酬的，劳动者可以依法向当地人民法院申请支付令，人民法院应当依法发出支付令。

用人单位未按照劳动合同的约定或者国家规定及时足额支付劳动者劳动报酬的，由劳动行政部门责令限期支付；逾期不支付的，责令用人单位按应付金额 50% 以上 100% 以下的标准向劳动

06

者加付赔偿金。

② 用人单位应当严格执行劳动定额标准，不得强迫或者变相强迫劳动者加班。用人单位安排加班的，应当按照国家有关规定向劳动者支付加班费。

③ 劳动者拒绝用人单位管理人员违章指挥、强令冒险作业的，不视为违反劳动合同。劳动者对危害生命安全和身体健康的劳动条件，有权对用人单位提出批评、检举和控告。

④ 用人单位变更名称、法定代表人、主要负责人或者投资人等事项，不影响劳动合同的履行。

⑤ 用人单位发生合并或者分立等情况，原劳动合同继续有效，劳动合同由承继其权利和义务的用人单位继续履行。

（2）用人单位应当依法建立和完善劳动规章制度，保障劳动者享有劳动权利、履行劳动义务。

劳动规章制度是用人单位制定的组织劳动过程和进行劳动管理的规则和制度的总称，主要包括劳动合同管理、工资管理、社会保险福利待遇、工时休假、职工奖惩，以及其他劳动管理规定。合法有效的劳动规章制度是劳动合同的组成部分，对用人单位和劳动者均具有法律约束力。

用人单位在制定、修改或者决定有关劳动报酬、工作时间、休息休假、劳动安全卫生、保险福利、职工培训、劳动纪律以及劳动定额管理等直接涉及劳动者切身利益的规章制度和重大事项时，应当经职工代表大会或者全体职工讨论，提出方案和意见，与工会或者职工代表平等协商确定。

在规章制度和重大事项决定实施过程中，工会或者职工认为不适当的，有权向用人单位提出，通过协商予以修改完善。

用人单位应当将直接涉及劳动者切身利益的规章制度和重大事项决定公示，或者告知劳动者。如果用人单位的规章制度未经公示或者未告知劳动者，该规章制度对劳动者不生效。公示或告知可以采用张贴通告、员工手册送达、会议精神传达等方式。

用人单位直接涉及劳动者切身利益的规章制度违反法律、法规规定的，由劳动行政部门责令改正，给予警告；给劳动者造成损害的，应当承担赔偿责任。

（二）劳动合同的变更

劳动合同的变更是指劳动合同依法订立后，在合同尚未履行或者尚未履行完毕之前，经用人单位和劳动者双方当事人协商同意，对劳动合同内容作部分修改、补充或者删减的法律行为。

用人单位与劳动者协商一致，可以变更劳动合同约定的内容。变更劳动合同，应当采用书面形式。变更后的劳动合同文本由用人单位和劳动者各执一份。

变更劳动合同未采用书面形式，但已经实际履行了口头变更的劳动合同超过 1 个月，且变更后的劳动合同内容不违反法律、行政法规、国家政策以及公序良俗，当事人以未采用书面形式为由主张劳动合同变更无效的，人民法院不予支持。

（三）劳动合同的解除

1. 劳动合同解除的概念

劳动合同解除是指在劳动合同订立后，劳动合同期限届满之前，因双方协商提前结束劳动关系，或因出现法定的情形，单方通知对方结束劳动关系的法律行为。劳动合同解除分为协商解除和法定解除两种情况。

06

2. 协商解除

协商解除，又称合意解除、意定解除，是指劳动合同订立后，双方当事人因某种原因，在完全自愿的基础上协商一致，提前终止劳动合同，结束劳动关系。《劳动合同法》规定，用人单位与劳动者协商一致，可以解除劳动合同。

由用人单位提出解除劳动合同而与劳动者协商一致的，必须依法向劳动者支付经济补偿；由劳动者主动辞职而与用人单位协商一致解除劳动合同的，用人单位不需向劳动者支付经济补偿。

3. 法定解除

法定解除是指在出现国家法律、法规或劳动合同规定的可以解除劳动合同的情形时，不需当事人协商一致，一方当事人即可决定解除劳动合同，劳动合同效力可以自然终止或由单方提前终止。在这种情况下，主动解除劳动合同的一方一般负有主动通知对方的义务。法定解除又可分为劳动者的单方解除和用人单位的单方解除。

（1）劳动者可单方面解除劳动合同的情形。

① 劳动者提前通知解除劳动合同的情形。

a. 劳动者提前 30 日以书面形式通知用人单位解除劳动合同；

b. 劳动者在试用期内提前 3 日通知用人单位解除劳动合同。

在这两种情形下，劳动者不能获得经济补偿。如果劳动者没有履行通知程序，则属于违法解除，因此对用人单位造成损失的，劳动者应对用人单位的损失承担赔偿责任。

② 劳动者可随时通知解除劳动合同的情形。

a. 用人单位未按照劳动合同约定提供劳动保护或者劳动条件的；

b. 用人单位未及时足额支付劳动报酬的；

c. 用人单位未依法为劳动者缴纳社会保险费的；

d. 用人单位的规章制度违反法律、法规的规定，损害劳动者权益的；

e. 用人单位以欺诈、胁迫的手段或者乘人之危，使劳动者在违背真实意思的情况下订立或者变更劳动合同致使劳动合同无效的；

f. 用人单位在劳动合同中免除自己的法定责任、排除劳动者权利的；

g. 用人单位违反法律、行政法规强制性规定的；

h. 法律、行政法规规定劳动者可以解除劳动合同的其他情形。

用人单位有上述情形的，劳动者可随时通知用人单位解除劳动合同。用人单位需向劳动者支付经济补偿。

③ 劳动者不需事先告知用人单位即可解除劳动合同的情形。

a. 用人单位以暴力、威胁或者非法限制人身自由的手段强迫劳动者劳动的；

b. 用人单位违章指挥、强令冒险作业危及劳动者人身安全的。

用人单位有上述两种情形的，劳动者可以立即解除劳动合同，不需事先告知用人单位，用人单位需向劳动者支付经济补偿。

（2）用人单位可单方面解除劳动合同的情形。

① 因劳动者过错解除劳动合同的情形（随时通知解除）。

a. 劳动者在试用期间被证明不符合录用条件的；

b. 劳动者严重违反用人单位的规章制度的；

c. 劳动者严重失职，营私舞弊，给用人单位造成重大损害的；

d. 劳动者同时与其他用人单位建立劳动关系，对完成本单位的工作任务造成严重影响，或者经用人单位提出，拒不改正的；

e. 劳动者以欺诈、胁迫的手段或者乘人之危，使用人单位在违背真实意思的情况下订立或者变更劳动合同致使劳动合同无效的；

f. 劳动者被依法追究刑事责任的。

在上述情形下，用人单位可随时通知劳动者解除劳动关系，不需向劳动者支付经济补偿。

② 无过失性辞退的情形（预告解除）。

无过失性辞退，是指由于劳动者非过失性原因和客观情况的需要而导致劳动合同无法履行时，用人单位可以在提前通知劳动者或者额外支付劳动者 1 个月工资后，单方解除劳动合同。

a. 劳动者患病或者非因工负伤，在规定的医疗期满后不能从事原工作，也不能从事由用人单位另行安排的工作的；

b. 劳动者不能胜任工作，经过培训或者调整工作岗位，仍不能胜任工作的；

c. 劳动合同订立时所依据的客观情况发生重大变化，致使劳动合同无法履行，经用人单位与劳动者协商，未能就变更劳动合同内容达成协议的。

在上述情形下，用人单位提前 30 日以书面形式通知劳动者本人或者额外支付劳动者 1 个月工资后，可以解除劳动合同。用人单位选择额外支付劳动者 1 个月工资解除劳动合同的，其额外支付的工资应当按照该劳动者上 1 个月的工资标准确定。用人单位还应当向劳动者支付经济补偿。

③ 经济性裁员的情形（裁员解除）。

经济性裁员是指用人单位由于经营不善等经济性原因，解雇多个劳动者。根据《劳动合同法》的规定，用人单位有下列情形之一，需要裁减人员 20 人以上或者裁减不足 20 人但占企业职工总数 10%以上的，用人单位提前 30 日向工会或者全体职工说明情况，听取工会或者职工的意见后，裁减人员方案经向劳动行政部门报告，可以裁减人员。

a. 依照《中华人民共和国企业破产法》规定进行重整的；

b. 生产经营发生严重困难的；

c. 企业转产、重大技术革新或者经营方式调整，经变更劳动合同后，仍需裁减人员的；

d. 其他因劳动合同订立时所依据的客观经济情况发生重大变化，致使劳动合同无法履行的。

在上述情形下解除劳动合同，用人单位应当向劳动者支付经济补偿。

裁减人员时，应当优先留用下列人员：与本单位订立较长期限的固定期限劳动合同的；与本单位订立无固定期限劳动合同的；家庭无其他就业人员，有需要扶养的老人或者未成年人的。

用人单位裁减人员后，在 6 个月内重新招用人员的，应当通知被裁减的人员，并在同等条件下优先招用被裁减的人员。

（3）工会在解除劳动合同中的监督作用。

用人单位单方解除劳动合同，应当事先将理由通知工会。用人单位违反法律、行政法规规定或者劳动合同约定的，工会有权要求用人单位纠正。用人单位应当研究工会的意见，并将处理结果书面通知工会。

 **课堂自测**

张某在甲公司做销售员，与公司签订 1 年期劳动合同。公司对销售员每月定有销售指标，规定 3 个月完不成指标属于不能胜任工作。张某已连续 3 个月没有完成指标。下列分析判断中，正确的有（　　　）。

A. 甲公司可以以不能胜任工作为理由通知张某解除劳动合同，不需向其支付经济补偿

B. 若甲公司和张某协商解除劳动合同，张某表示同意，则双方可以解除劳动合同，但甲公司应支付张某经济补偿

C. 甲公司应对张某进行培训或者调整工作岗位，若张某仍不能胜任工作，则甲公司可以提前 30 日书面通知张某解除劳动合同，并向张某支付经济补偿

D. 甲公司应对张某进行培训或者调整工作岗位，若张某仍不能胜任工作，则甲公司在额外支付张某 1 个月工资的情况下可以通知张某解除劳动合同，并向张某支付经济补偿

（四）劳动合同的终止

1. 劳动合同终止的概念

劳动合同终止是指用人单位与劳动者之间的劳动关系因某种法律事实的出现而自动归于消灭，或导致劳动关系的继续履行成为不可能而不得不消灭的情形。劳动合同终止一般不涉及用人单位与劳动者的意思表示，只要法定事实出现，一般情况下都会导致双方劳动关系的消灭。

2. 劳动合同终止的情形

（1）劳动合同期满的。

（2）劳动者开始依法享受基本养老保险待遇的。

（3）劳动者达到法定退休年龄的。

（4）劳动者死亡，或者被人民法院宣告死亡或者宣告失踪的。

（5）用人单位被依法宣告破产的。

（6）用人单位被吊销营业执照、责令关闭、撤销或者用人单位决定提前解散的。

（7）法律、行政法规规定的其他情形。

用人单位与劳动者不得约定上述情形之外的其他劳动合同终止条件。

 课堂自测

根据劳动合同法律制度的规定，下列各项中，可导致劳动合同终止的情形有（　　　）。

A. 劳动合同期满

B. 用人单位决定提前解散

C. 用人单位被依法宣告破产

D. 劳动者达到法定退休年龄

（五）对劳动合同解除和终止的限制性规定

一般劳动合同期满，劳动合同即终止，但也有例外。根据《劳动合同法》的规定，劳动者有下列情形之一的，用人单位既不得适用无过失性辞退或经济性裁员解除劳动合同的情形解除劳动合同，也不得终止劳动合同，劳动合同应当续延至相应的情形消失时终止：

06

（1）从事接触职业病危害作业的劳动者未进行离岗前职业健康检查，或者疑似职业病病人在诊断或者医学观察期间的；

（2）在本单位患职业病或者因工负伤并被确认丧失或者部分丧失劳动能力的；

（3）患病或者非因工负伤，在规定的医疗期内的；

（4）女职工在孕期、产期、哺乳期的；

（5）在本单位连续工作满 15 年，且距法定退休年龄不足 5 年的；

（6）法律、行政法规规定的其他情形。

上述第（2）项"丧失或者部分丧失劳动能力"的劳动者劳动合同的终止，按照国家有关工伤保险的规定执行。

但若符合因劳动者过错解除劳动合同的情形，则不受上述限制性规定的影响。

（六）劳动合同解除和终止的经济补偿

1. 经济补偿的概念

劳动合同法律关系中的经济补偿是指按照劳动合同法律制度的规定，在劳动者无过错的情况下，用人单位与劳动者解除或者终止劳动合同时，应给予劳动者的经济上的补助，也称经济补偿金。

经济补偿金与违约金、赔偿金是不同的。

经济补偿金是法定的，主要针对劳动关系的解除和终止，在劳动者无过错的情况下，用人单位应给予劳动者一定数额的经济上的补偿。

违约金是约定的，是指劳动者违反了服务期和竞业限制的约定而向用人单位支付的违约补偿。《劳动合同法》第二十五条明确规定，禁止用人单位对劳动合同服务期和竞业限制之外的其他事项与劳动者约定由劳动者承担违约金。

赔偿金是指用人单位和劳动者由于自己的过错给对方造成损害时，所应承担的不利的法律后果。

经济补偿金的支付主体是用人单位，违约金的支付主体是劳动者，赔偿金的支付主体则可能是用人单位，也可能是劳动者。

法律小贴士

补偿金、违约金、赔偿金比较

2. 用人单位应当向劳动者支付经济补偿的情形

（1）劳动者符合随时通知解除和不需事先通知即可解除劳动合同规定情形而解除劳动合同的。

（2）由用人单位提出解除劳动合同并与劳动者协商一致而解除劳动合同的。

（3）用人单位符合提前 30 日以书面形式通知劳动者本人或者额外支付劳动者 1 个月工资后，可以解除劳动合同的规定情形而解除劳动合同的。

（4）用人单位符合可裁减人员规定而解除劳动合同的。

（5）除用人单位维持或者提高劳动合同约定条件续订劳动合同，劳动者不同意续订的情形外，劳动合同期满终止固定期限劳动合同的。

（6）用人单位被依法宣告破产或者被吊销营业执照、责令关闭、撤销或者用人单位决定提前解散而终止劳动合同的。

（7）以完成一定工作任务为期限的劳动合同因任务完成而终止的。

（8）法律、行政法规规定的其他情形。

3. 经济补偿的支付

经济补偿，根据劳动者在用人单位的工作年限和工资标准来计算具体金额，并以货币形式支付给劳动者。

经济补偿金的计算公式为：

经济补偿金=劳动合同解除或者终止前劳动者在本单位的工作年限×每工作 1 年应得的经济补偿

或者简写为：经济补偿金=工作年限×月工资

（1）关于补偿年限的计算标准。

根据《劳动合同法》的规定，经济补偿按劳动者在本单位工作的年限，每满 1 年支付 1 个月工资的标准向劳动者支付。6 个月以上不满 1 年的，按 1 年计算；不满 6 个月的，向劳动者支付半个月工资的经济补偿。

劳动者非因本人原因从原用人单位被安排到新用人单位工作的，劳动者在原用人单位的工作年限合并计入新用人单位的工作年限。原用人单位已经向劳动者支付经济补偿的，新用人单位在依法解除、终止劳动合同计算支付经济补偿的工作年限时，不再计算劳动者在原用人单位的工作年限。

（2）关于补偿基数的计算标准。

① 月工资是指劳动者在劳动合同解除或者终止前 12 个月的平均工资。月工资按照劳动者应得工资计算，包括计时工资或者计件工资以及奖金、津贴和补贴等货币性收入。劳动者工作不满 12 个月的，按照实际工作的月数计算平均工资。

劳动者在劳动合同解除或者终止前 12 个月的平均工资低于当地最低工资标准的，按照当地最低工资标准计算。

即：经济补偿金=工作年限×月最低工资标准

② 劳动者月工资高于用人单位所在直辖市、设区的市级人民政府公布的本地区上年度职工月平均工资 3 倍的，向其支付经济补偿的标准按职工月平均工资 3 倍的数额支付，向其支付经济补偿的年限最高不超过 12 年。

即：经济补偿金=工作年限（最高不超过 12 年）×当地上年度职工月平均工资的 3 倍

（3）关于补偿年限和基数的特殊计算。

《劳动合同法》施行之日已存续的劳动合同，在《劳动合同法》施行后解除或者终止，依照《劳动合同法》规定应当支付经济补偿的，经济补偿年限自《劳动合同法》施行之日（2008年 1 月 1 日）起计算；《劳动合同法》施行前按照当时有关规定，用人单位应当向劳动者支付经济补偿的，按照当时有关规定执行。也就是经济补偿的计发办法分两段计算：2008 年 1 月 1 日前的，按当时当地的有关规定执行；2008 年 1 月 1 日以后的，按新法执行。两段补偿合并计算。

 **课堂讨论**

张某于 2020 年 7 月 1 日到甲公司工作。2024 年 4 月 30 日，公司与其协商解除劳动合同。已知张某劳动合同解除前 12 个月的月平均工资为 3 000 元。公司应如何支付经济补偿？

06

（七）劳动合同解除和终止的法律后果及双方义务

（1）劳动合同解除和终止后，用人单位和劳动者双方不再履行劳动合同，劳动关系消灭。劳动者应当按照双方约定，办理工作交接。

（2）劳动合同解除或终止的，用人单位应当在解除或者终止劳动合同时出具解除或者终止劳动合同的证明，并在 15 日内为劳动者办理档案和社会保险关系转移手续。用人单位出具的解除、终止劳动合同的证明，应当写明劳动合同期限、解除或者终止劳动合同的日期、工作岗位、在本单位的工作年限。用人单位对已经解除或者终止的劳动合同的文本，至少保存 2 年备查。

用人单位未向劳动者出具解除或者终止劳动合同的书面证明，由劳动行政部门责令改正；给劳动者造成损害的，应当承担赔偿责任。

劳动者依法解除或者终止劳动合同，用人单位扣押劳动者档案或者其他物品的，由劳动行政部门责令限期退还劳动者本人，并以每人 500 元以上 2 000 元以下的标准处以罚款；给劳动者造成损害的，应当承担赔偿责任。

（3）用人单位应当在解除或者终止劳动合同时向劳动者支付经济补偿的，在办结工作交接时支付。

解除或者终止劳动合同，用人单位未依照《劳动合同法》的规定向劳动者支付经济补偿的，由劳动行政部门责令限期支付经济补偿；逾期不支付的，责令用人单位按应付金额 50%以上 100%以下的标准向劳动者加付赔偿金。

（4）用人单位违反规定解除或者终止劳动合同，劳动者要求继续履行劳动合同的，用人单位应当继续履行；劳动者不要求继续履行劳动合同或者劳动合同已经不能继续履行的，用人单位应当依照《劳动合同法》规定的经济补偿标准的 2 倍向劳动者支付赔偿金。用人单位支付了赔偿金的，不再支付经济补偿。赔偿金的计算年限自用工之日起计算。

（5）劳动者违反《劳动合同法》规定解除劳动合同，给用人单位造成损失的，应当承担赔偿责任。

五、集体合同与劳务派遣

（一）集体合同

1. 集体合同的概念和种类

集体合同是工会代表企业职工一方与企业签订的以劳动报酬、工作时间、休息休假、劳动安全卫生、保险福利等为主要内容的书面协议。尚未建立工会的用人单位，可以由上级工会指导劳动者推举的代表与用人单位订立集体合同。

企业职工一方与用人单位可以订立劳动安全卫生、女职工权益保护、工资调整机制等专项集体合同。

在县级以下区域内，建筑业、采矿业、餐饮服务业等行业可以由工会与企业方面代表订立行业性集体合同，或者订立区域性集体合同。

2. 集体合同的订立

集体合同内容由用人单位和职工各自派出集体协商代表，通过集体协商（会议）的方式协商确定。集体协商双方的代表人数应当对等，每方至少 3 人，并各确定 1 名首席代表。

经双方协商代表协商一致的集体合同草案或专项集体合同草案应当提交职工代表大会或者全体职工讨论。职工代表大会或者全体职工讨论集体合同草案，应当有 2/3 以上职工代表或者职工出席，且须经全体职工代表半数以上或者全体职工半数以上同意，方获通过。集体合同草案或专项集体合同草案经职工代表大会或者职工大会通过后，由集体协商双方首席代表签字。

集体合同订立后，应当报送劳动行政部门；劳动行政部门自收到集体合同文本之日起 15 日内未提出异议的，集体合同即行生效。

集体合同中劳动报酬和劳动条件等标准不得低于当地人民政府规定的最低标准；用人单位与劳动者订立的劳动合同中劳动报酬和劳动条件等标准不得低于集体合同规定的标准。

依法订立的集体合同对用人单位和劳动者具有约束力。行业性、区域性集体合同对当地本行业、本区域的用人单位和劳动者具有约束力。

3. 集体合同纠纷和法律救济

用人单位违反集体合同，侵犯职工劳动权益的，工会可以依法要求用人单位承担责任；因履行集体合同发生争议，经协商解决不成的，工会可以依法申请仲裁、提起诉讼。

（二）劳务派遣

1. 劳务派遣的概念和特征

劳务派遣是指由劳务派遣单位与劳动者订立劳动合同，与用工单位订立劳务派遣协议，将被派遣劳动者派往用工单位给付劳务。劳动合同关系存在于劳务派遣单位与被派遣劳动者之间，但劳动力给付的事实则发生于被派遣劳动者与用工单位之间，也即劳动力的雇佣与劳动力使用分离，被派遣劳动者不与用工单位签订劳动合同、发生劳动关系，而是与派遣单位存在劳动关系。这是劳务派遣最显著的特征。

2. 劳务派遣的适用范围

劳动合同用工是我国的企业基本用工形式，劳务派遣用工是补充形式，只能在临时性、辅助性或者替代性的工作岗位上实施。临时性工作岗位是指存续时间不超过 6 个月的岗位；辅助性工作岗位是指为主营业务岗位提供服务的非主营业务岗位；替代性工作岗位是指用工单位的劳动者因脱产学习、休假等原因无法工作的一定期间内，可以由其他劳动者替代工作的岗位。

用工单位应当严格控制劳务派遣用工数量，使用的被派遣劳动者数量不得超过其用工总量的 10%。该用工总量是指用工单位订立劳动合同人数与使用的被派遣劳动者人数之和。

用人单位不得设立劳务派遣单位向本单位或者所属单位派遣劳动者。用工单位不得将被派遣劳动者再派遣到其他用人单位。劳务派遣单位不得以非全日制用工形式招用被派遣劳动者。

3. 劳务派遣单位、用工单位与劳动者的权利和义务

劳务派遣单位是用人单位，应当履行用人单位对劳动者的义务。劳务派遣单位与被派遣劳动者订立的劳动合同，除应当载明劳动合同必备条款外，还应当载明被派遣劳动者的用工单位以及派遣期限、工作岗位等情况。劳务派遣单位应当与被派遣劳动者订立 2 年以上的固定期限劳动合同，按月支付劳动报酬；被派遣劳动者在无工作期间，劳务派遣单位应当按照所在地人民政府规定的最低工资标准，向其按月支付报酬。

接受以劳务派遣形式用工的单位是用工单位。劳务派遣单位派遣劳动者应当与用工单位订立

06

劳务派遣协议。劳务派遣协议应当约定派遣岗位和人员数量、派遣期限、劳动报酬和社会保险费的数额与支付方式以及违反协议的责任。用工单位应当根据工作岗位的实际需要与劳务派遣单位确定派遣期限，不得将连续用工期限分割订立数个短期劳务派遣协议。

劳务派遣单位应当将劳务派遣协议的内容告知被派遣劳动者，不得克扣用工单位按照劳务派遣协议支付给被派遣劳动者的劳动报酬。劳务派遣单位和用工单位不得向被派遣劳动者收取费用。

被派遣劳动者享有与用工单位的劳动者同工同酬的权利。用工单位应当按照同工同酬原则，对被派遣劳动者与本单位同类岗位的劳动者实行相同的劳动报酬分配办法。用工单位无同类岗位劳动者的，参照用工单位所在地相同或者相近岗位劳动者的劳动报酬确定。

被派遣劳动者有权在劳务派遣单位或者用工单位依法参加或者组织工会，维护自身的合法权益。

 课堂自测

甲劳务派遣公司安排职工张某到用工单位乙公司工作。下列关于该劳务派遣用工的表述中，不正确的是（　　）。

A. 张某只能在乙公司从事临时性、辅助性或者替代性的工作

B. 乙公司应按月向张某支付报酬

C. 张某享有与乙公司劳动者同工同酬的权利

D. 甲劳务派遣公司应当与乙公司订立劳务派遣协议

六、劳动争议的解决

（一）劳动争议及解决方法

1. 劳动争议的概念及适用范围

劳动争议是指劳动关系当事人之间因实现劳动权利、履行劳动义务发生分歧而引起的争议，也称劳动纠纷、劳资争议，包括：

（1）因确认劳动关系发生的争议；

（2）因订立、履行、变更、解除和终止劳动合同发生的争议；

（3）因除名、辞退和辞职、离职发生的争议；

（4）因工作时间、休息休假、社会保险、福利、培训以及劳动保护发生的争议；

（5）因劳动报酬、工伤医疗费、经济补偿或者赔偿金等发生的争议；

（6）法律、法规规定的其他劳动争议。

2. 劳动争议解决的基本原则和方法

（1）劳动争议解决的基本原则。

解决劳动争议，应当根据事实，遵循合法、公正、及时、着重调解的原则，依法保护当事人的合法权益。

（2）劳动争议解决的基本方法。

劳动争议解决的方法有协商、调解、仲裁和诉讼。发生劳动争议，劳动者可以与用人单位协商，也可以请工会或者第三方共同与用人单位协商，达成和解协议；当事人不愿协商、协

06

商不成或者达成和解协议后不履行的，可以向调解组织申请调解；不愿调解、调解不成或者达成调解协议后不履行的，可以向劳动争议仲裁机构申请仲裁；对仲裁裁决不服的，除《中华人民共和国劳动争议调解仲裁法》（以下简称《调解仲裁法》）另有规定的以外，可以向人民法院提起诉讼。

劳动争议的调解是指在劳动争议调解组织的主持下，在双方当事人自愿的基础上，通过宣传法律、法规、规章和政策，劝导当事人化解矛盾，自愿就争议事项达成协议，使劳动争议及时得到解决的一种活动。

劳动仲裁是指劳动争议仲裁机构对劳动争议当事人争议的事项，根据劳动法律、法规、规章和政策等的规定，依法作出裁决，从而解决劳动争议的一项劳动法律制度。

劳动仲裁不同于一般经济纠纷的仲裁，除法律依据和适用范围不同外，还有以下几点区别。①申请程序不同。一般经济纠纷的仲裁，当事人必须在事先或事后达成仲裁协议，才能据此向仲裁机构提出仲裁申请；而劳动争议的仲裁，则不要求当事人达成仲裁协议，只要一方当事人提出申请，有关仲裁机构即可受理。②裁决的效力不同。一般经济纠纷的仲裁实行"一裁终局"制度，即仲裁裁决作出后，当事人就同一纠纷再申请仲裁或者向人民法院起诉的，仲裁委员会或者人民法院不予受理；而劳动争议仲裁，当事人对裁决不服的，除《调解仲裁法》规定的几类特殊劳动争议外，可以向人民法院起诉。因此，劳动争议的裁决一般不是终局的。

用人单位违反国家规定，拖欠或者未足额支付劳动报酬，或者拖欠工伤医疗费、经济补偿或者赔偿金的，劳动者可以向劳动行政部门投诉，劳动行政部门应当依法处理。

3. 举证责任

发生劳动争议，当事人对自己提出的主张，有责任提供证据。与争议事项有关的证据属于用人单位掌握管理的，用人单位应当提供；用人单位不提供的，应当承担不利后果。在法律没有具体规定，按照上述原则也无法确定举证责任承担时，仲裁庭可以根据公平原则和诚实信用原则，综合当事人举证能力等因素确定举证责任的承担。

 课堂自测

根据劳动合同法律制度的规定，下列劳动争议中，劳动者可以向劳动争议仲裁部门申请劳动仲裁的有（　　　）。

A. 确认劳动关系

B. 工伤医疗费争议

C. 社会保险争议

D. 劳动保护条件争议

（二）劳动争议调解

1. 劳动争议调解组织

可受理劳动争议的调解组织如下。

（1）企业劳动争议调解委员会。

企业劳动争议调解委员会由职工代表和企业代表组成。职工代表由工会成员担任或者由全体职工推举产生，企业代表由企业负责人指定。企业劳动争议调解委员会主任由工会成员或者双方推举的人员担任。

06

（2）依法设立的基层人民调解组织。

（3）在乡镇、街道设立的具有劳动争议调解职能的组织。

2. 劳动调解程序

（1）当事人申请劳动争议调解可以书面申请，也可以口头申请。口头申请的，调解组织应当当场记录申请人基本情况、申请调解的争议事项、理由和时间。

（2）调解劳动争议，应当充分听取双方当事人对事实和理由的陈述，耐心疏导，帮助其达成协议。

（3）经调解达成协议的，应当制作调解协议书。调解协议书由双方当事人签名或者盖章，经调解员签名并加盖调解组织印章后生效。调解协议书对双方当事人具有约束力，当事人应当履行。

自劳动争议调解组织收到调解申请之日起 15 日内未达成调解协议的，当事人可以依法申请仲裁。

（4）达成调解协议后，一方当事人在协议约定期限内不履行调解协议的，另一方当事人可以依法申请仲裁。因支付拖欠劳动报酬、工伤医疗费、经济补偿或者赔偿金事项达成调解协议，用人单位在协议约定期限内不履行的，劳动者可以持调解协议书依法向人民法院申请支付令。人民法院应当依法发出支付令。

（三）劳动仲裁

1. 劳动仲裁机构、劳动仲裁参加人和劳动争议仲裁案件管辖

（1）劳动仲裁机构。

劳动仲裁机构是劳动人事争议仲裁委员会（以下简称"仲裁委员会"）。仲裁委员会按照统筹规划、合理布局和适应实际需要的原则设立，不按行政区划层层设立。仲裁委员会下设实体化的办事机构，称为劳动人事争议仲裁院（以下简称"仲裁院"）。

劳动争议仲裁不收费。仲裁委员会的经费由财政予以保障。

（2）劳动仲裁参加人。

① 当事人。发生劳动争议的劳动者和用人单位为劳动争议仲裁案件的双方当事人。

劳务派遣单位或者用工单位与劳动者发生劳动争议的，劳务派遣单位和用工单位为共同当事人。劳动者与个人承包经营者发生争议，依法向仲裁委员会申请仲裁的，应当将发包的组织和个人承包经营者作为共同当事人。

发生争议的用人单位未办理营业执照、被吊销营业执照、营业执照到期继续经营、被责令关闭、被撤销以及用人单位解散、歇业，不能承担相关责任的，应当将用人单位和其出资人、开办单位或者主管部门作为共同当事人。

② 当事人代表。发生争议的劳动者一方在 10 人以上，并有共同请求的，劳动者可以推举 3～5 名代表人参加仲裁活动。

因履行集体合同发生的劳动争议，经协商解决不成的，工会可以依法申请仲裁；尚未建立工会的，由上级工会指导劳动者推举产生的代表依法申请仲裁。

代表人参加仲裁的行为对其所代表的当事人发生效力，但代表人变更、放弃仲裁请求或者承认对方当事人的仲裁请求，进行和解，必须经被代表的当事人同意。

③ 第三人。与劳动争议案件的处理结果有利害关系的第三人，可以申请参加仲裁活动或者由

06

仲裁委员会通知其参加仲裁活动。

④ 代理人。当事人可以委托代理人参加仲裁活动。委托他人参加仲裁活动，应当向仲裁委员会提交有委托人签名或者盖章的委托书，委托书应当载明委托事项和权限。

丧失或者部分丧失民事行为能力的劳动者，由其法定代理人代为参加仲裁活动；无法定代理人的，由仲裁委员会为其指定代理人。劳动者死亡的，由其近亲属或者代理人参加仲裁活动。

（3）劳动争议仲裁案件管辖。

仲裁委员会负责管辖本区域内发生的劳动争议。劳动争议由劳动合同履行地或者用人单位所在地的仲裁委员会管辖。双方当事人分别向劳动合同履行地和用人单位所在地的仲裁委员会申请仲裁的，由劳动合同履行地的仲裁委员会管辖。有多个劳动合同履行地的，由最先受理的仲裁委员会管辖。劳动合同履行地不明确的，由用人单位所在地的仲裁委员会管辖。案件受理后，劳动合同履行地或者用人单位所在地发生变化的，不改变劳动争议仲裁的管辖。

2. 申请和受理

（1）仲裁时效。

① 劳动争议申请仲裁的时效期间为1年。仲裁时效期间从当事人知道或者应当知道其权利被侵害之日起计算。劳动关系存续期间因拖欠劳动报酬发生争议的，劳动者申请仲裁不受1年仲裁时效期间的限制；但是，劳动关系终止的，应当自劳动关系终止之日起1年内提出。

② 仲裁时效的中断。劳动争议仲裁时效，因当事人一方向对方当事人主张权利（即一方当事人通过协商、申请调解等方式向对方当事人主张权利）；或者向有关部门请求权利救济（即一方当事人通过向有关部门投诉，向仲裁委员会申请仲裁，向人民法院起诉或者申请支付令等方式请求权利救济）；或者对方当事人同意履行义务而中断。从中断时起，仲裁时效期间重新计算。这里的中断时起，应理解为中断事由消除时起。如权利人申请调解的，经调解达不成协议的，应自调解不成之日起重新计算；如达成调解协议，自义务人应当履行义务的期限届满之日起计算。

③ 仲裁时效的中止。因不可抗力或者有其他正当理由（无民事行为能力或者限制民事行为能力劳动者的法定代理人未确定等），当事人不能在仲裁时效期间申请仲裁的，仲裁时效中止。从中止时效的原因消除之日起，仲裁时效期间继续计算。

（2）仲裁申请。

申请人申请仲裁应当提交书面仲裁申请，并按照被申请人人数提交副本。仲裁申请书应当载明下列事项：

① 劳动者的姓名、性别、年龄、职业、工作单位和住所，用人单位的名称、住所和法定代表人或者主要负责人的姓名、职务；

② 仲裁请求和所根据的事实、理由；

③ 证据和证据来源、证人姓名和住所。

书写仲裁申请确有困难的，可以口头申请，由仲裁委员会记入笔录，并告知对方当事人。

（3）仲裁受理。

仲裁委员会收到仲裁申请之日起5日内，认为符合受理条件的，应当予以受理，并向申请人出具受理通知书；认为不符合受理条件的，向申请人出具不予受理通知书。

对仲裁委员会逾期未作出决定或者决定不予受理的，申请人可以就该争议事项向人民法院提

06

起诉讼。

仲裁委员会受理仲裁申请后，应当在 5 日内将仲裁申请书副本送达被申请人。被申请人收到仲裁申请书副本后，应当在 10 日内向仲裁委员会提交答辩书。仲裁委员会收到答辩书后，应当在 5 日内将答辩书副本送达申请人。被申请人未提交答辩书的，不影响仲裁程序的进行。

3. 开庭和裁决

（1）仲裁基本制度。

① 先行调解原则。仲裁庭在作出裁决前，应当先行调解。调解达成协议的，仲裁庭应当制作调解书。调解书经双方当事人签收后，发生法律效力。

② 仲裁公开原则及例外。劳动争议仲裁公开进行，但当事人协议不公开或者涉及商业秘密和个人隐私的，经相关当事人书面申请，仲裁委员会应当不公开审理。

③ 仲裁庭制。仲裁委员会裁决劳动争议案件实行仲裁庭制。仲裁庭由 3 名仲裁员组成，设首席仲裁员。简单劳动争议案件可以由 1 名仲裁员独任仲裁。

④ 回避制度。仲裁员有下列情形之一的，应当回避，当事人也有权以口头或者书面方式提出回避申请：a. 是本案当事人或者当事人、代理人的近亲属的；b. 与本案有利害关系的；c. 与本案当事人、代理人有其他关系，可能影响公正裁决的；d. 私自会见当事人、代理人，或者接受当事人、代理人请客送礼的。

（2）仲裁开庭程序。

仲裁委员会应当在受理仲裁申请之日起 5 日内组成仲裁庭，并将仲裁庭的组成情况书面通知当事人。仲裁庭应当在开庭 5 日前，将开庭日期、地点书面通知双方当事人。当事人有正当理由的，可以在开庭 3 日前请求延期开庭。是否延期，由仲裁委员会根据实际情况决定。

申请人收到书面开庭通知，无正当理由拒不到庭或者未经仲裁庭同意中途退庭的，可以按撤回仲裁申请处理；申请人重新申请仲裁的，仲裁委员会不予受理。被申请人收到书面开庭通知，无正当理由拒不到庭或者未经仲裁庭同意中途退庭的，仲裁庭可以继续开庭审理，可以缺席裁决。

开庭审理中，仲裁员应当听取申请人的陈述和被申请人的答辩，主持庭审调查、质证和辩论，征询当事人最后意见，并进行调解。

仲裁庭裁决劳动争议案件，应当自仲裁委员会受理仲裁申请之日起 45 日内结束。案情复杂需要延期的，经仲裁委员会主任批准，可以延期并书面通知当事人，但是延长期限不得超过 15 日。逾期未作出仲裁裁决的，当事人可以就该劳动争议事项向人民法院提起诉讼。

劳动争议仲裁中的"3 日""5 日""10 日"指工作日，"15 日""45 日"指自然日。

（3）仲裁裁决。

① 裁决的规则。裁决应当按照多数仲裁员的意见作出，少数仲裁员的不同意见应当记入笔录。仲裁庭不能形成多数意见时，裁决应当按照首席仲裁员的意见作出。裁决书应当载明仲裁请求、争议事实、裁决理由、裁决结果、当事人权利和裁决日期。裁决书由仲裁员签名，加盖劳动争议仲裁委员会印章。对裁决持不同意见的仲裁员，可以签名，也可以不签名。

仲裁庭裁决劳动争议案件时，其中一部分事实已经清楚，可以就该部分先行裁决。

② 一裁终局的案件。下列劳动争议，除《调解仲裁法》另有规定的外，仲裁裁决为终局裁决，裁决书自作出之日起发生法律效力。

　　a. 追索劳动报酬、工伤医疗费、经济补偿或者赔偿金，不超过当地月最低工资标准 12 个月金额的争议。

　　如果仲裁裁决涉及数项，对单项裁决数额不超过当地月最低工资标准 12 个月金额的事项，应当适用终局裁决。

　　上述经济补偿包括《劳动合同法》规定的竞业限制期限内给予的经济补偿、解除或者终止劳动合同的经济补偿等；赔偿金包括《劳动合同法》规定的未签订书面劳动合同的 2 倍工资、违法约定试用期的赔偿金、违法解除或者终止劳动合同的赔偿金等。

　　b. 因执行国家的劳动标准在工作时间、休息休假、社会保险等方面发生的争议。

　　仲裁庭裁决案件时，裁决内容同时涉及终局裁决和非终局裁决的，应当分别制作裁决书，并告知当事人相应的救济权利。

　　（4）仲裁裁决的撤销。

　　用人单位有证据证明上述一裁终局的裁决有下列情形之一，可以自收到仲裁裁决书之日起 30 日内向仲裁委员会所在地的中级人民法院申请撤销裁决：

　　① 适用法律、法规确有错误的；

　　② 劳动争议仲裁委员会无管辖权的；

　　③ 违反法定程序的；

　　④ 裁决所根据的证据是伪造的；

　　⑤ 对方当事人隐瞒了足以影响公正裁决的证据的；

　　⑥ 仲裁员在仲裁该案时有索贿受贿、徇私舞弊、枉法裁决行为的。

　　人民法院经组成合议庭审查核实裁决有上述规定情形之一的，应当裁定撤销。

4. 执行

　　（1）仲裁庭对追索劳动报酬、工伤医疗费、经济补偿或者赔偿金的案件，根据当事人的申请，可以裁决先予执行，移送人民法院执行。

　　仲裁庭裁决先予执行的，应当符合下列条件：①当事人之间权利义务关系明确；②不先予执行将严重影响申请人的生活。

　　劳动者申请先予执行的，可以不提供担保。

　　（2）当事人对发生法律效力的调解书、裁决书，应当依照规定的期限履行。一方当事人逾期不履行的，另一方当事人可以依照《民事诉讼法》的有关规定向人民法院申请执行。受理申请的人民法院应当依法执行。

（四）劳动诉讼

1. 劳动诉讼的提起

　　（1）对仲裁委员会不予受理或者逾期未作出决定的，申请人可以就该劳动争议事项向人民法院提起诉讼。

　　（2）劳动者对劳动争议的终局裁决不服的，可以自收到仲裁裁决书之日起 15 日内向人民法院提起诉讼。

　　（3）当事人对终局裁决情形之外的其他劳动争议案件的仲裁裁决不服的，可以自收到仲裁裁决书之日起 15 日内提起诉讼。

　　（4）终局裁决被人民法院裁定撤销的，当事人可以自收到裁定书之日起 15 日内就该劳动争议

06

事项向人民法院提起诉讼。

2. 劳动诉讼程序

劳动诉讼依照《民事诉讼法》的规定执行。

 课堂自测

劳动者因用人单位拖欠劳动报酬发生劳动争议申请仲裁的，应当在仲裁时效期间内提出。关于仲裁时效期间的下列表述中，正确的有（　　　）。

A. 从用人单位拖欠劳动报酬之日起 1 年

B. 从用人单位拖欠劳动报酬之日起 2 年

C. 劳动关系存续期间无仲裁时效期间限制

D. 劳动关系终止的自劳动关系终止之日起 1 年

七、违反劳动合同法律制度的法律责任

（一）用人单位违反《劳动合同法》的法律责任

1. 用人单位规章制度违反法律规定的法律责任

（1）用人单位直接涉及劳动者切身利益的规章制度违反法律、法规规定的，由劳动行政部门责令改正，给予警告；给劳动者造成损害的，应当承担赔偿责任。

（2）用人单位违反《劳动合同法》有关建立职工名册规定的，由劳动行政部门责令限期改正；逾期不改正的，由劳动行政部门处 2 000 元以上 2 万元以下的罚款。

2. 用人单位订立劳动合同违反法律规定的法律责任

（1）用人单位提供的劳动合同文本未载明劳动合同必备条款或者用人单位未将劳动合同文本交付劳动者的，由劳动行政部门责令改正；给劳动者造成损害的，应当承担赔偿责任。

（2）用人单位自用工之日起超过 1 个月不满 1 年未与劳动者订立书面劳动合同的，应当向劳动者每月支付 2 倍的工资。

（3）用人单位违反《劳动合同法》规定不与劳动者订立无固定期限劳动合同的，自应当订立无固定期限劳动合同之日起向劳动者每月支付 2 倍的工资。

（4）用人单位违反《劳动合同法》规定与劳动者约定试用期的，由劳动行政部门责令改正；违法约定的试用期已经履行的，由用人单位以劳动者试用期满月工资为标准，按已经履行的超过法定试用期的期间向劳动者支付赔偿金。

（5）用人单位违反《劳动合同法》规定，扣押劳动者居民身份证等证件的，由劳动行政部门责令限期退还劳动者本人，并依照有关法律规定给予处罚。

（6）用人单位违反《劳动合同法》规定，以担保或者其他名义向劳动者收取财物的，由劳动行政部门责令限期退还劳动者本人，并以每人 500 元以上 2 000 元以下的标准处以罚款；给劳动者造成损害的，应当承担赔偿责任。

（7）劳动合同依照法律规定被确认无效，给劳动者造成损害的，用人单位应当承担赔偿责任。

3. 用人单位履行劳动合同违反法律规定的法律责任

（1）用人单位有下列情形之一的，依法给予行政处罚；构成犯罪的，依法追究刑事责任；给劳动者造成损害的，应当承担赔偿责任。

① 以暴力、威胁或者非法限制人身自由的手段强迫劳动的。

② 违章指挥或者强令冒险作业危及劳动者人身安全的。

③ 侮辱、体罚、殴打、非法搜查或者拘禁劳动者的。

④ 劳动条件恶劣、环境污染严重，给劳动者身心健康造成严重损害的。

（2）用人单位有下列情形之一的，由劳动行政部门责令限期支付劳动报酬、加班费；劳动报酬低于当地最低工资标准的，应当支付其差额部分；逾期不支付的，责令用人单位按应付金额50%以上100%以下的标准向劳动者加付赔偿金。

① 未按照劳动合同的约定或者国家规定及时足额支付劳动者劳动报酬的。

② 低于当地最低工资标准支付劳动者工资的。

③ 安排加班不支付加班费的。

（3）用人单位依照《劳动合同法》规定应当向劳动者每月支付2倍的工资或者应当向劳动者支付赔偿金而未支付的，劳动行政部门应当责令用人单位支付。

4. 用人单位违反法律规定解除和终止劳动合同的法律责任

（1）用人单位违反《劳动合同法》规定解除或者终止劳动合同的，应当依照《劳动合同法》规定的经济补偿标准的2倍向劳动者支付赔偿金。

（2）用人单位解除或者终止劳动合同，未依照《劳动合同法》规定向劳动者支付经济补偿的，由劳动行政部门责令限期支付经济补偿；逾期不支付的，责令用人单位按应付金额50%以上100%以下的标准向劳动者加付赔偿金。

（3）用人单位违反《劳动合同法》规定未向劳动者出具解除或者终止劳动合同的书面证明，由劳动行政部门责令改正；给劳动者造成损害的，应当承担赔偿责任。

（4）劳动者依法解除或者终止劳动合同，用人单位扣押劳动者档案或者其他物品的，由劳动行政部门责令限期退还劳动者本人，并以每人500元以上2 000元以下的标准处以罚款；给劳动者造成损害的，应当承担赔偿责任。

5. 其他法律责任

（1）用人单位招用与其他用人单位尚未解除或者终止劳动合同的劳动者，给其他用人单位造成损失的，应当承担连带赔偿责任。

（2）劳务派遣单位、用工单位违反《劳动合同法》有关劳务派遣规定的，由劳动行政部门责令限期改正；逾期不改正的，以每人5 000元以上1万元以下的标准处以罚款，对劳务派遣单位，吊销其劳务派遣业务经营许可证。用工单位给被派遣劳动者造成损害的，劳务派遣单位与用工单位承担连带赔偿责任。

（3）对不具备合法经营资格的用人单位的违法犯罪行为，依法追究法律责任；劳动者已经付出劳动的，该单位或者其出资人应当依照《劳动合同法》的有关规定向劳动者支付劳动报酬、经济补偿、赔偿金；给劳动者造成损害的，应当承担赔偿责任。

（4）个人承包经营违反《劳动合同法》规定招用劳动者，给劳动者造成损害的，发包的组织与个人承包经营者承担连带赔偿责任。

（二）劳动者违反劳动合同法律制度的法律责任

（1）劳动合同被确认无效，给用人单位造成损失的，有过错的劳动者应当承担赔偿责任。

（2）劳动者违反《劳动合同法》规定解除劳动合同，给用人单位造成损失的，应当承担赔

06

偿责任。

（3）劳动者违反劳动合同中约定的保密义务或者竞业限制，劳动者应当按照劳动合同的约定，向用人单位支付违约金。给用人单位造成损失的，应当承担赔偿责任。

（4）劳动者违反培训协议，未满服务期解除或者终止劳动合同的，或者因劳动者严重违纪，用人单位与劳动者解除约定服务期的劳动合同的，劳动者应当按照劳动合同的约定，向用人单位支付违约金。

课堂讨论

某单位员工钱某医疗期满后，不能从事原来的工作。单位为其重新安排了工作，但钱某仍不能适应新的岗位。单位决定额外支付给钱某 1 个月的工资以解除与钱某的劳动合同。但在办理工作交接时没有给予钱某经济补偿。分析用人单位的做法是否符合法律规定，应承担何种法律责任。

任务二　社会保险法律制度

一、社会保险概述

社会保险，是指国家依法建立的，由国家、用人单位和个人共同筹集资金、建立基金，使个人在年老（退休）、患病、工伤（因工伤残或者患职业病）、失业、生育等情况下获得物质帮助和补偿的一种社会保障制度。这种社会保障制度是依靠国家立法强制实行的社会化保险。所谓社会化保险，一是指资金来源的社会化，社会保险基金中既有用人单位和个人缴纳的保险费，也有国家财政给予的补助；二是指管理的社会化，国家设置专门机构，实行统一规划和管理，统一承担保险金的发放等。基本医疗保险

目前我国的社会保险项目主要有基本养老保险、基本医疗保险、工伤保险、失业保险和生育保险。2017 年 2 月 24 日，国务院办公厅印发了《生育保险和职工基本医疗保险合并实施试点方案》，在 2017 年 6 月底前启动生育保险和职工基本医疗保险合并实施试点工作，试点在 12 个试点城市行政区域开展，期限为 1 年左右。2019 年 3 月 6 日，国务院办公厅印发了《关于全面推进生育保险和职工基本医疗保险合并实施的意见》，全面推进两项保险合并实施。

二、基本养老保险

（一）基本养老保险的含义

基本养老保险制度，是指缴费达到法定期限并且个人达到法定退休年龄后，国家和社会提供物质帮助以保证因年老而退出劳动领域者稳定、可靠的生活来源的社会保险制度。基本养老保险是社会保险体系中最重要、实施最广泛的一项制度。

（二）基本养老保险的覆盖范围

1. 基本养老保险制度组成

根据《中华人民共和国社会保险法》的规定，基本养老保险制度由三个部分组成：职工基本养老保险制度、新型农村社会养老保险制度（以下简称"新农保"）、城镇居民社会养老保险制度（以下简称"城居保"）。省、自治区、直辖市人民政府根据实际情况，可以将城居保和新农保合并

06

实施。国务院于 2014 年 2 月 26 日发布了《关于建立统一的城乡居民基本养老保险制度的意见》（国发〔2014〕8 号），决定将新农保和城居保两项制度合并实施，在全国范围内建立统一的城乡居民基本养老保险制度。年满 16 周岁（不含在校学生），非国家机关和事业单位工作人员及不属于职工基本养老保险制度覆盖范围的城乡居民，可以在户籍地参加城乡居民养老保险。本项目除特别说明外，基本养老保险均指职工基本养老保险。

2. 职工基本养老保险

职工基本养老保险的征缴范围是国有企业、城镇集体企业、外商投资企业、城镇私营企业和其他城镇企业及其职工，实行企业化管理的事业单位及其职工。这是基本养老保险的主体部分。基本养老保险费用由用人单位和职工共同缴纳。

无雇工的个体工商户、未在用人单位参加基本养老保险的非全日制从业人员以及其他灵活就业人员可以参加基本养老保险，由个人缴纳基本养老保险费用。

公务员和参照公务员管理的工作人员养老保险的办法由国务院规定。国务院于 2015 年 1 月 14 日发布了《关于机关事业单位工作人员养老保险制度改革的决定》（国发〔2015〕2 号），改革现行机关事业单位工作人员退休保障制度，逐步建立独立于机关事业单位之外、资金来源多渠道、保障方式多层次、管理服务社会化的养老保险体系。对于按照《中华人民共和国公务员法》（以下简称《公务员法》）管理的单位、参照《公务员法》管理的机关（单位）、事业单位及其编制内的工作人员，实行社会统筹与个人账户相结合的基本养老保险制度。

（三）职工基本养老保险的组成和来源

职工基本养老保险由用人单位和个人缴费以及政府补贴等组成。基本养老保险实行社会统筹与个人账户相结合。基本养老金由统筹养老金和个人账户养老金组成。

养老保险社会统筹，是指统收养老保险缴费和统支养老金，确保收支平衡的公共财务系统。用人单位应当按照国家规定的本单位职工工资总额的比例缴纳基本养老保险费用，记入基本养老保险统筹基金。职工按照国家规定的本人工资的比例缴纳基本养老保险费用，记入个人账户。基本养老保险基金出现支付不足时，政府给予补贴。

无雇工的个体工商户、未在用人单位参加基本养老保险的非全日制从业人员以及其他灵活就业人员参加基本养老保险的，应当按照国家规定缴纳基本养老保险费用，分别记入基本养老保险统筹基金和个人账户。

个人账户不得提前支取，记账利率不得低于银行定期存款利率，免征利息税。参加职工基本养老保险的个人死亡后，其个人账户中的余额可以全部依法继承。

个人跨统筹地区就业的，其基本养老保险关系随本人转移，缴费年限累计计算。个人达到法定退休年龄时，基本养老金分段计算、统一支付。

（四）职工基本养老保险费用的缴纳

1. 单位缴费

按照现行政策，自 2019 年 5 月 1 日起，降低城镇职工基本养老保险（包括企业和机关事业单位基本养老保险）单位缴费比例。各省、自治区、直辖市及新疆生产建设兵团养老保险单位缴费比例高于 16% 的，可降至 16%；目前低于 16% 的，要研究提出过渡办法。

2. 个人缴费

按照现行政策，职工个人按照本人缴费工资的 8% 缴费，记入个人账户。缴费工资，也称缴

06

费工资基数，一般为职工本人上一年度月平均工资（有条件的地区也可以本人上月工资收入为个人缴费工资基数）。月平均工资按照国家统计局规定列入工资总额统计的项目计算，包括工资、奖金、津贴、补贴等收入，不包括用人单位承担或者支付给员工的社会保险费、劳动保护费、福利费、用人单位与员工解除劳动关系时支付的一次性补偿以及计划生育费用等其他不属于工资的费用。新招职工（包括研究生、大学生、大中专毕业生等）以起薪当月工资收入作为缴费工资基数；从第二年起，按上一年实发工资的月平均工资作为缴费工资基数，即：

个人养老账户月存储额=本人月缴费工资×8%

本人月平均工资低于当地职工月平均工资60%的，按当地职工月平均工资的60%作为缴费基数。本人月平均工资高于当地职工月平均工资300%的，按当地职工月平均工资的300%作为缴费基数，超过部分不计入缴费工资基数，也不计入计发养老金的基数。各省应以本省城镇非私营单位就业人员平均工资和城镇私营单位就业人员平均工资加权计算的全口径城镇单位就业人员平均工资，核定社保个人缴费基数上下限。

个人缴费不计征个人所得税，在计算个人所得税的应税收入时，应当扣除个人缴纳的养老保险费用。

城镇个体工商户和灵活就业人员按照上述口径计算的本地全口径城镇单位就业人员平均工资核定社保个人缴费基数上下限，允许缴费人在60%～300%选择适当的缴费基数。缴费比例为20%，其中8%记入个人账户。

 课堂自测

1. 某企业职工张某的月工资为9 000元，上年度月平均工资为8 000元。当地职工上年度月平均工资为2 400元。计算该职工每月应缴纳的基本养老保险费。

2. 甲公司职工王某2023年度从公司取得的总收入为110 000元，其中工资、奖金共计102 000元，甲公司支付给王某的福利费为8 000元。已知2023年度当地职工月平均工资为2 500元。计算王某个人2024年度每月应缴纳的基本养老保险费用。

（五）职工基本养老保险享受条件与待遇

1. 职工基本养老保险享受条件

（1）年龄条件：达到法定退休年龄。目前国家实行的法定的企业职工退休年龄是：男年满60周岁，女工人年满50周岁，女干部年满55周岁；从事井下、高温、高空、特别繁重体力劳动或其他有害身体健康工作的，退休年龄为男年满55周岁，女年满45周岁；因病或非因工致残，由医院证明并经劳动鉴定委员会确认完全丧失劳动能力的，退休年龄为男年满50周岁，女年满45周岁。

（2）缴费条件：累计缴费满15年。参加职工基本养老保险的个人，达到法定退休年龄时累计缴费满15年的，按月领取基本养老金。

2. 职工基本养老保险待遇

（1）职工基本养老金。对符合基本养老保险享受条件的人员，国家按月支付基本养老金。

（2）丧葬补助金和遗属抚恤金。参加基本养老保险的个人，因病或者非因工死亡的，其遗属可以领取丧葬补助金和抚恤金，所需资金从基本养老保险基金中支付。

但如果个人死亡同时符合领取基本养老保险丧葬补助金、工伤保险丧葬补助金和失业保险丧葬补助金条件的，其遗属只能选择领取其中的一项。

（3）病残津贴。参加基本养老保险的个人，在未达到法定退休年龄时因病或者非因工致残完全丧失劳动能力的，可以领取病残津贴，所需资金从基本养老保险基金中支付。

三、基本医疗保险

（一）基本医疗保险的含义

基本医疗保险制度，是指按照国家规定缴纳一定比例的医疗保险费用，参保人因患病和意外伤害而就医诊疗，由医疗保险基金支付其一定医疗费用的社会保险制度。

（二）基本医疗保险的覆盖范围

1. 职工基本医疗保险

职工应当参加职工基本医疗保险，由用人单位和职工按照国家规定共同缴纳基本医疗保险费用。职工基本医疗保险费的征缴范围：国有企业、城镇集体企业、外商投资企业、城镇私营企业和其他城镇企业及其职工，国家机关及其工作人员，事业单位及其职工，民办非企业单位及其职工，社会团体及其专职人员。

无雇工的个体工商户、未在用人单位参加基本医疗保险的非全日制从业人员以及其他灵活就业人员可以参加职工基本医疗保险，由个人按照国家规定缴纳基本医疗保险费用。

2. 城乡居民基本医疗保险

国务院于 2016 年 1 月 12 日发布的《关于整合城乡居民基本医疗保险制度的意见》规定：整合城镇居民基本医疗保险和新型农村合作医疗两项制度，建立统一的城乡居民基本医疗保险制度。城乡居民基本医疗保险制度覆盖范围包括现有城镇居民基本医疗保险制度和新型农村合作医疗所有应参保（合）人员，即覆盖除职工基本医疗保险应参保人员以外的其他所有城乡居民，统一保障待遇。

（三）全面推进生育保险和职工基本医疗保险合并实施

根据国务院办公厅 2019 年 3 月 25 日发布的《关于全面推进生育保险和职工基本医疗保险合并实施的意见》，推进两项保险合并实施，统一参保登记，即参加职工基本医疗保险的在职职工同步参加生育保险。统一基金征缴和管理，生育保险基金并入职工基本医疗保险基金，按照用人单位参加生育保险和职工基本医疗保险的缴费比例之和确定新的用人单位职工基本医疗保险费率，个人不缴纳生育保险费。两项保险合并实施后实行统一定点医疗服务管理，统一经办和信息服务，确保职工生育期间的生育保险待遇不变。

（四）职工基本医疗保险费用的缴纳

基本医疗保险与基本养老保险一样采用"统账结合"模式，即分别设立社会统筹基金和个人账户基金，基本医疗保险基金由统筹基金和个人账户构成。

1. 单位缴费

由统筹地区统一确定适合当地经济发展水平的基本医疗保险单位缴费率，一般为职工工资总额的 6% 左右。用人单位缴纳的基本医疗保险费用分为两部分，一部分用于建立统筹基金，另一部分划入个人账户。

06

2. 基本医疗保险个人账户的资金来源

（1）个人缴费部分。由统筹地区统一确定适合当地职工负担水平的基本医疗保险个人缴费率，一般为本人工资收入的 2%。

（2）用人单位缴费的划入部分。由统筹地区根据个人医疗账户的支付范围和职工年龄等因素确定用人单位所缴医疗保险费划入个人医疗账户的具体比例，一般为 30% 左右。

课堂自测

某企业职工王某的月缴费工资为 5 000 元。已知当地规定的基本医疗保险单位缴费率为 6%，个人缴费率为 2%，单位缴费划入个人医疗保险账户的比例为 30%。计算王某个人医疗保险账户每月的储存额。

3. 基本医疗保险关系转移接续制度

个人跨统筹地区就业的，其基本医疗保险关系随本人转移，缴费年限累计计算。

4. 退休人员基本医疗保险费用的缴纳

参加职工基本医疗保险的个人，达到法定退休年龄时累计缴费达到国家规定年限的，退休后不再缴纳基本医疗保险费用，按照国家规定享受基本医疗保险待遇；未达到国家规定缴费年限的，可以缴费至国家规定年限。目前对最低缴费年限没有全国统一的规定，由各统筹地区根据本地情况确定。

（五）职工基本医疗费用的结算

参保人员符合基本医疗保险药品目录、诊疗项目、医疗服务设施标准以及急诊、抢救的医疗费用，按照国家规定从基本医疗保险基金中支付。参保人员医疗费用中应当由基本医疗保险基金支付的部分，由社会保险经办机构与医疗机构、药品经营单位直接结算。目前各地对职工基本医疗保险费用结算的方式并不一致。要享受基本医疗保险待遇，一般要符合以下条件：①参保人员必须到基本医疗保险的定点医疗机构就医、购药或到定点零售药店购买药品；②参保人员在看病就医过程中所发生的医疗费用必须符合基本医疗保险药品目录、诊疗项目、医疗服务设施标准的范围和给付标准。

参保人员符合基本医疗保险支付范围的医疗费用中，在社会医疗统筹基金起付标准以上与最高支付限额以下的费用部分，由社会医疗统筹基金按一定比例支付。

起付标准，又称起付线，一般为当地职工年平均工资的 10% 左右。最高支付限额，又称封顶线，一般为当地职工年平均工资的 6 倍左右。支付比例一般为 90%。

参保人员符合基本医疗保险支付范围的医疗费用中，在社会医疗统筹基金起付标准以下的费用部分，由个人账户资金支付或个人自付；统筹基金起付线以上至封顶线以下的费用部分，个人也要承担一定比例的费用，一般为 10%，可由个人账户支付也可自付。参保人员在封顶线以上的医疗费用部分，可以通过单位补充医疗保险或参加商业保险等途径解决。

（六）基本医疗保险基金不支付的医疗费用

下列医疗费用不纳入基本医疗保险基金支付范围：①应当从工伤保险基金中支付的；②应当由第三人负担的；③应当由公共卫生负担的；④在境外就医的。

医疗费用应当由第三人负担，第三人不支付或者无法确定第三人的，由基本医疗保险基金先行支付。基本医疗保险基金先行支付后，有权向第三人追偿。

课堂讨论

吴某在定点医院做外科手术，共发生医疗费用 18 万元，其中在规定医疗目录内的费用为 15 万元，目录以外费用为 3 万元。已知：当地职工平均工资为 2 000 元/月，起付标准为当地职工年平均工资的 10%，最高支付限额为当地职工年平均工资的 6 倍，报销比例为 90%。分析计算哪些费用可以从社会医疗统筹账户中报销，哪些费用需由吴某自理。

（七）医疗期

医疗期是指企业职工因患病或非因工负伤停止工作，治病休息，但不得解除劳动合同的期限。

1. 医疗期

企业职工因患病或非因工负伤，需要停止工作，进行医疗时，根据本人实际参加工作年限和在本单位工作年限，给予 3 个月到 24 个月的医疗期（见表 6-1）。

表 6-1　　　　　　　　　　　　医疗期

实际工作年限	在本单位工作年限（用 X 表示）	医疗期
<10 年	<5 年	3 个月
	≥5 年	6 个月
≥10 年	<5 年	6 个月
	5 年≤X<10 年	9 个月
	10 年≤X<15 年	12 个月
	15 年≤X<20 年	18 个月
	≥20 年	24 个月

2. 医疗期的计算方法

医疗期的计算从病休第一天开始，累计计算。医疗期 3 个月的按 6 个月内累计病休时间计算；6 个月的按 12 个月内累计病休时间计算；9 个月的按 15 个月内累计病休时间计算；12 个月的按 18 个月内累计病休时间计算；18 个月的按 24 个月内累计病休时间计算；24 个月的按 30 个月内累计病休时间计算。

病休期间，公休、假日和法定节日包括在内。对某些患特殊疾病（如癌症、精神病、瘫痪等)的职工，在 24 个月内尚不能痊愈的，经企业和劳动主管部门批准，可以适当延长医疗期。

课堂讨论

张某 2020 年 7 月毕业后即到甲公司工作，2024 年 3 月 15 日因患病第 1 次病休，为期 3 个月；2024 年 8 月 14 日第 2 次病休，为期 1 个月。张某两次病休能否享受医疗期待遇？

3. 医疗期内的待遇

企业职工在医疗期内，其病假工资、疾病救济费和医疗待遇按照有关规定执行。病假工资或疾病救济费可以低于当地最低工资标准支付，但最低不能低于最低工资标准的 80%。医疗期内，除劳动者有以下情形外，用人单位不得解除或终止劳动合同：①在试用期间被证明不符合录用条件的；②严重违反用人单位的规章制度的；③严重失职，营私舞弊，给用人单位造成重大损害的；④劳动者同时与其他用人单位建立劳动关系，对完成本单位的工作任务造成严重影响，或者经用人单位提出，拒不改正的；⑤以欺诈、胁迫的手段或者乘人之危，使用人单位在违背真实意思的情况下订立或者变更劳动合同致使劳动合同无效的；⑥被依法追究刑事责任的。如医疗期内遇合同期满，则合同必须续延至医疗期满，职工在此期间仍然享受医疗期内待遇。对医疗期满尚未痊愈者，或者医疗期满后，不能从事原工作，也不能从事用人单位另行安排的工作，被解除劳动合同的，用人单位需按经济补偿规定给予其经济补偿。

 课堂讨论

2021 年 7 月 1 日，王某大学毕业后到某企业工作，双方签订为期 3 年的劳动合同。2024 年 5 月 20 日，王某患病住院。王某住院期间，用人单位停发王某全部工资，并以不能适应工作为由，解除与王某的劳动合同。该单位的做法是否符合法律规定？王某应享有的权益有哪些？

四、工伤保险

（一）工伤保险的含义

工伤保险，是指劳动者在职业工作中或规定的特殊情况下遭遇意外伤害或职业病，导致暂时或永久丧失劳动能力以及死亡时，劳动者或其遗属能够从国家和社会获得物质帮助的社会保险制度。

（二）工伤保险费用的缴纳和工伤保险基金

1. 工伤保险费用的缴纳

职工应当参加工伤保险，由用人单位缴纳工伤保险费用，职工不缴纳工伤保险费用。

中华人民共和国境内的企业、事业单位、社会团体、民办非企业单位、基金会、律师事务所、会计师事务所等组织和有雇工的个体工商户（以下简称"用人单位"）应当依照《工伤保险条例》的规定参加工伤保险，为本单位全部职工或者雇工（以下简称"职工"）缴纳工伤保险费用。中华人民共和国境内的企业、事业单位、社会团体、民办非企业单位、基金会、律师事务所、会计师事务所等组织的职工和个体工商户的雇工，均有依照规定享受工伤保险待遇的权利。

用人单位应当按照本单位职工工资总额，根据社会保险经办机构确定的费率按时足额缴纳工伤保险费用。用人单位缴纳工伤保险费用的数额为本单位职工工资总额乘以单位缴费费率之积。工资总额，是指用人单位直接支付给本单位全部职工的劳动报酬总额。

对难以按照工资总额缴纳工伤保险费用的行业，其缴纳工伤保险费用的具体方式，由国务院社会保险行政部门规定。

2. 工伤保险基金

工伤保险基金由用人单位缴纳的工伤保险费用、工伤保险基金的利息和依法纳入工伤保险基金的其他资金构成。

工伤保险基金存入社会保障基金财政专户，用于《工伤保险条例》规定的工伤保险待遇，劳动能力鉴定，工伤预防的宣传、培训等费用，以及法律、法规规定的用于工伤保险的其他费用的支付。

任何单位或者个人不得将工伤保险基金用于投资运营、兴建或者改建办公场所、发放奖金，或者挪作其他用途。

（三）工伤认定与劳动能力鉴定

1. 工伤认定

（1）应当认定工伤的情形。

职工有下列情形之一的，应当认定为工伤：

① 在工作时间和工作场所内，因工作原因受到事故伤害的；

② 工作时间前后在工作场所内，从事与工作有关的预备性或收尾性工作受到事故伤害的；

③ 在工作时间和工作场所内，因履行工作职责受到暴力等意外伤害的；

④ 患职业病的；

⑤ 因工外出期间，由于工作原因受到伤害或者发生事故下落不明的；

⑥ 在上下班途中，受到非本人主要责任的交通事故或者城市轨道交通、客运轮渡、火车事故伤害的；

⑦ 法律、行政法规规定应当认定为工伤的其他情形。

（2）视同工伤的情形。

职工有下列情形之一的，视同工伤：

① 在工作时间和工作岗位，突发疾病死亡或者在 48 小时内经抢救无效死亡的；

② 在抢险救灾等维护国家利益、公共利益活动中受到伤害的；

③ 原在军队服役，因战、因公负伤致残，已取得革命伤残军人证，到用人单位后旧伤复发的。

（3）不认定为工伤的情形。

职工因下列情形之一导致本人在工作中伤亡的，不认定为工伤：

① 故意犯罪；

② 醉酒或者吸毒；

③ 自残或者自杀。

 **课堂自测**

下列情形中，应视同工伤的是（　　　　）。

A. 王某在工作结束后，在甲工厂从事与工作有关的收尾性工作受事故伤害

B. 李某出差期间，赴山区考察遭遇灾害性天气下落不明

C. 丁某在乙公司上班期间，突发心脏病死亡

D. 赵某在上下班途中，遭遇交通事故受伤，对方负全部责任

2. 劳动能力鉴定

职工发生工伤，经治疗伤情相对稳定后存在残疾、影响劳动能力的，应当进行劳动能力鉴定。劳动能力鉴定是指劳动功能障碍程度和生活自理障碍程度的等级鉴定。

劳动功能障碍分为十个伤残等级，最重的为一级，最轻的为十级。生活自理障碍分为三个等级：生活完全不能自理、生活大部分不能自理和生活部分不能自理。劳动能力鉴定标准由国务院社会保险行政部门会同国务院卫生行政部门等部门制定。

自劳动能力鉴定结论作出之日起 1 年后，工伤职工或者其近亲属、所在单位或者经办机构认为伤残情况发生变化的，可以申请劳动能力复查鉴定。

06

（四）工伤保险待遇

职工因工作原因受到事故伤害或者患职业病，且经工伤认定的，享受工伤保险待遇。其中，经劳动能力鉴定丧失劳动能力的，享受伤残待遇。

1. 工伤医疗待遇

职工因工作遭受事故伤害或者患职业病进行治疗，享受工伤医疗待遇。

（1）治疗工伤的医疗费用（诊疗费、药费、住院费）。职工治疗工伤应当在签订服务协议的医疗机构就医，情况紧急时可以先到就近的医疗机构急救。治疗工伤所需费用符合工伤保险诊疗项目目录、工伤保险药品目录、工伤保险住院服务标准的，从工伤保险基金支付。

（2）住院伙食补助费、交通食宿费。职工住院治疗工伤的伙食补助费，以及经医疗机构出具证明，报经办机构同意，工伤职工到统筹地区以外就医所需的交通、食宿费用按标准从工伤保险基金支付。

（3）康复性治疗费。工伤职工到签订服务协议的医疗机构进行工伤康复的费用，符合规定的，从工伤保险基金支付。

（4）停工留薪期工资福利待遇。职工因工作遭受事故伤害或者患职业病需要暂停工作接受工伤医疗的，在停工留薪期内，原工资福利待遇不变，由所在单位按月支付。停工留薪期一般不超过12个月。伤情严重或者情况特殊，经设区的市级劳动能力鉴定委员会确认，可以适当延长，但延长不得超过12个月。工伤职工评定伤残等级后，停止享受停工留薪期待遇，按照规定享受伤残待遇。工伤职工在停工留薪期满后仍需治疗的，继续享受工伤医疗待遇。生活不能自理的工伤职工在停工留薪期需要护理的，由所在单位负责。

但工伤职工治疗非因工伤引发的疾病，不享受工伤医疗待遇，按照基本医疗保险办法处理。

2. 辅助器具装配

工伤职工因日常生活或者就业需要，经劳动能力鉴定委员会确认，可以安装假肢、矫形器、假眼、假牙和配置轮椅等辅助器具，所需费用按照国家规定的标准从工伤保险基金支付。

3. 伤残待遇

经劳动能力鉴定委员会鉴定，评定伤残等级的工伤职工，享受伤残待遇。

（1）生活护理费用。工伤职工已经评定伤残等级并经劳动能力鉴定委员会确认需要生活护理的，从工伤保险基金按月支付生活护理费用。

（2）一次性伤残补助金。职工因工致残被鉴定为一级至十级伤残的，从工伤保险基金按伤残等级支付一次性伤残补助金。

（3）伤残津贴。职工因工致残被鉴定为一级至四级伤残的，保留劳动关系，退出工作岗位，从工伤保险基金中按月支付伤残津贴，伤残津贴实际金额低于当地最低工资标准的，由工伤保险基金补足差额。职工因工致残被鉴定为五级、六级伤残的，保留与用人单位的劳动关系，由用人单位安排适当工作。难以安排工作的，由用人单位按月发给伤残津贴。伤残津贴实际金额低于当地最低工资标准的，由用人单位补足差额。

（4）一次性工伤医疗补助金和一次性伤残就业补助金。五级、六级伤残，经工伤职工本人提出，可以与用人单位解除或者终止劳动关系；七级至十级伤残，劳动、聘用合同期满终止，或者职工本人提出解除劳动、聘用合同的，由工伤保险基金支付一次性工伤医疗补助金，由用人单位支付一次性伤残就业补助金。一次性工伤医疗补助金和一次性伤残就业补助金的具体标准由省、自治区、直辖市人民政府规定。

4. 工亡待遇

职工因工死亡，或者伤残职工在停工留薪期内因工伤导致死亡的，其近亲属按照规定从工伤保险基金领取丧葬补助金、供养亲属抚恤金和一次性工亡补助金。

（1）丧葬补助金，为6个月的统筹地区上年度职工月平均工资。

（2）供养亲属抚恤金，按照职工本人工资的一定比例发给由因工死亡职工生前提供主要生活来源、无劳动能力的亲属。供养亲属的具体范围由国务院社会保险行政部门规定。

（3）一次性工亡补助金，标准为上一年度全国城镇居民人均可支配收入的20倍。

一至四级伤残职工在停工留薪期满后死亡的，其近亲属可以享受丧葬补助金、供养亲属抚恤金待遇，不享受一次性工亡补助金待遇。

（五）工伤保险待遇负担

（1）因工伤发生的下列费用，按照国家规定从工伤保险基金中支付：

① 治疗工伤的医疗费用和康复费用；

② 住院伙食补助费；

③ 到统筹地区以外就医的交通食宿费用；

④ 安装配置伤残辅助器具所需费用；

⑤ 生活不能自理的，经劳动能力鉴定委员会确认的生活护理费用；

⑥ 一次性伤残补助金和一级至四级伤残职工按月领取的伤残津贴；

⑦ 终止或者解除劳动合同时，应当享受的一次性医疗补助金；

⑧ 因工死亡的，其遗属领取的丧葬补助金、供养亲属抚恤金和因工死亡补助金；

⑨ 劳动能力鉴定费用。

（2）因工伤发生的下列费用，按照国家规定由用人单位支付：

① 治疗工伤期间的工资福利；

② 五级、六级伤残职工按月领取的伤残津贴；

③ 终止或者解除劳动合同时，应当享受的一次性伤残就业补助金。

（六）特别规定

（1）工伤保险中所称的本人工资，是指工伤职工因工作遭受事故伤害或者患职业病前12个月平均月缴费工资。本人工资高于统筹地区职工平均工资300%的，按照统筹地区职工平均工资的300%计算；本人工资低于统筹地区职工平均工资60%的，按照统筹地区职工平均工资的60%计算。

（2）工伤职工有下列情形之一的，停止享受工伤保险待遇：

① 丧失享受待遇条件的；

② 拒不接受劳动能力鉴定的；

③ 拒绝治疗的。

（3）工伤职工符合领取基本养老金条件的，停发伤残津贴，享受基本养老保险待遇。基本养老保险待遇低于伤残津贴的，由工伤保险基金补足差额。

（4）职工所在用人单位未依法缴纳工伤保险费，发生工伤事故的，由用人单位支付工伤保险待遇。用人单位不支付的，从工伤保险基金中先行支付，由用人单位偿还。用人单位不偿还的，

06

社会保险经办机构可以追偿。

（5）由于第三人的原因造成工伤，第三人不支付工伤医疗费用或者无法确定第三人的，由工伤保险基金先行支付。工伤保险基金先行支付后，有权向第三人追偿。

（6）职工（包括非全日制从业人员）在两个或者两个以上用人单位同时就业的，各用人单位应当分别为职工缴纳工伤保险费。职工发生工伤，由职工受到伤害时工作的单位依法承担工伤保险责任。

 **课堂讨论**

李某与甲公司签订了为期 3 年的劳动合同，2024 年 6 月合同期满后，双方未续订，但公司继续安排李某在原岗位工作，并向其支付相应的劳动报酬。2024 年 8 月 10 日，李某上班时因履行工作职责不慎受伤，经当地社会保险行政部门认定为工伤。公司认为与李某的劳动合同已期满终止，公司不用再为其缴纳工伤保险费，也无须支付工伤保险待遇。李某则要求公司支付工伤保险待遇。分析双方的观点是否符合法律规定。

五、失业保险

（一）失业保险的含义

失业是指处于法定劳动年龄阶段的劳动者，有劳动能力和劳动愿望，但却没有劳动岗位的一种状态。失业保险是指国家通过立法强制实行的，由社会集中建立基金，保障因失业而暂时中断生活来源的劳动者的基本生活，并通过职业培训、职业介绍等措施促进其再就业的社会保险制度。

（二）失业保险费用的缴纳

职工应当参加失业保险，由用人单位和职工按照国家规定共同缴纳失业保险费用。失业保险费用的征缴范围包括：国有企业、城镇集体企业、外商投资企业、城镇私营企业和其他城镇企业（统称城镇企业）及其职工，事业单位及其职工。

根据《失业保险条例》的规定，城镇企业、事业单位按照本单位工资总额的 2%缴纳失业保险费用，职工按照本人工资的 1%缴纳失业保险费用。为减轻企业负担，促进扩大就业，人力资源社会保障部、财政部数次发文降低失业保险费率，将用人单位和职工失业保险缴费比例总和从3%阶段性降至 1%，个人费率不得超过单位费率。

职工跨统筹地区就业的，其失业保险关系随本人转移，缴费年限累计计算。

（三）失业保险待遇

1. 失业保险待遇的享受条件

失业人员符合下列条件的，可以申请领取失业保险金并享受其他失业保险待遇。

（1）失业前用人单位和本人已经缴纳失业保险费满 1 年的。

（2）非因本人意愿中断就业的，包括以下情形：①终止劳动合同的；②被用人单位解除劳动合同的；③被用人单位开除、除名和辞退的；④用人单位以暴力、威胁或者非法限制人身自由的手段强迫劳动，劳动者解除劳动合同的；⑤用人单位未按照劳动合同约定支付劳动报酬或者提供劳动条件，劳动者解除劳动合同的；⑥法律、行政法规另有规定的。

（3）已经进行失业登记，并有求职要求的。

2. 失业保险金的领取期限

用人单位应当及时为失业人员出具终止或者解除劳动关系的证明，将失业人员的名单自终止或者解除劳动关系之日起 7 日内报受理其失业保险业务的经办机构备案，并按要求提供终止或解除劳动合同证明等有关材料。失业保险金自办理失业登记之日起计算。

失业人员失业前用人单位和本人累计缴费满 1 年不足 5 年的，领取失业保险金的期限最长为 12 个月；累计缴费满 5 年不足 10 年的，领取失业保险金的期限最长为 18 个月；累计缴费 10 年以上的，领取失业保险金的期限最长为 24 个月。重新就业后，再次失业的，缴费时间重新计算，领取失业保险金的期限与前次失业应当领取而尚未领取的失业保险金的期限合并计算，最长不超过 24 个月。失业人员因当期不符合失业保险金领取条件的，原有缴费时间予以保留，重新就业并参保的，缴费时间累计计算。

根据人力资源和社会保障部、财政部发布的《关于扩大失业保险保障范围的通知》，自 2019 年 12 月起，延长大龄失业人员领取失业保险金期限，对领取失业保险金期满仍未就业且距法定退休年龄不足 1 年的失业人员，可继续发放失业保险金至法定退休年龄。

3. 失业保险金的发放标准

失业保险金的发放标准，不得低于城市居民最低生活保障标准，一般也不高于当地最低工资标准，具体数额由省、自治区、直辖市人民政府确定。

4. 其他失业保险待遇

（1）领取失业保险金期间享受基本医疗保险待遇。

失业人员在领取失业保险金期间，参加职工基本医疗保险，享受基本医疗保险待遇。失业人员应当缴纳的基本医疗保险费从失业保险基金中支付，个人不缴纳基本医疗保险费。

（2）领取失业保险金期间的死亡补助。

失业人员在领取失业保险金期间死亡的，参照当地对在职职工死亡的规定，向其遗属发给一次性丧葬补助金和抚恤金。所需资金从失业保险基金中支付。

个人死亡同时符合领取基本养老保险丧葬补助金、工伤保险丧葬补助金和失业保险丧葬补助金条件的，其遗属只能选择领取其中的一项。

（3）职业介绍与职业培训补贴。

失业人员在领取失业保险金期间，应当积极求职，接受职业介绍和职业培训。失业人员接受职业介绍、职业培训的补贴由失业保险基金按照规定支付。补贴的办法和标准由省、自治区、直辖市人民政府规定。

（4）国务院规定或者批准的与失业保险有关的其他费用。

（四）停止享受失业保险待遇的情形

失业人员在领取失业保险金期间有下列情形之一的，停止领取失业保险金，并同时停止享受其他失业保险待遇：

（1）重新就业的；

（2）应征服兵役的；

（3）移居境外的；

（4）享受基本养老保险待遇的；

（5）被判刑收监执行的；

06

（6）无正当理由，拒不接受当地人民政府指定部门或者机构介绍的适当工作或者提供的培训的；

（7）有法律、行政法规规定的其他情形的。

 课堂讨论

孙某大学毕业后到甲公司工作。公司与其签订了 2021 年 7 月 1 日至 2024 年 6 月 30 日的 3 年期合同，并为其办理了失业保险。因孙某严重违反单位规章制度，公司于 2023 年 12 月 31 日解除了劳动合同。此后孙某一直未能找到工作，遂于 2024 年 4 月 1 日办理了失业登记。计算孙某可领取失业保险金的期限。

六、社会保险费用征缴

（一）社会保险登记

1. 用人单位的社会保险登记

根据相关规定，企业在办理登记注册时，同步办理社会保险登记。企业以外的缴费单位应当自成立之日起 30 日内，向当地社会保险经办机构申请办理社会保险登记。

2. 个人的社会保险登记

用人单位应当自用工之日起 30 日内为其职工向社会保险经办机构申请办理社会保险登记。

自愿参加社会保险的无雇工的个体工商户、未在用人单位参加社会保险的非全日制从业人员以及其他灵活就业人员，应当向社会保险经办机构申请办理社会保险登记。

（二）社会保险费用缴纳

用人单位应当自行申报、按时足额缴纳社会保险费用，非因不可抗力等法定事由不得缓缴、减免。

职工应当缴纳的社会保险费用由用人单位代扣代缴，用人单位应当按月将缴纳社会保险费用的明细情况告知本人。

无雇工的个体工商户、未在用人单位参加社会保险的非全日制从业人员以及其他灵活就业人员，可以直接向社会保险费征收机构缴纳社会保险费。

根据中共中央、国务院印发的《深化党和国家机构改革方案》，为提高社会保险资金征管效率，将基本养老保险费用、基本医疗保险费用、失业保险费用等各项社会保险费用交由税务部门统一征收。按照改革相关部署，自 2019 年 1 月 1 日起由税务部门统一征收各项社会保险费用和先行划转的非税收入。根据国务院办公厅 2019 年 4 月 1 日《关于印发降低社会保险费率综合方案的通知》的规定，企业职工基本养老保险和企业职工其他险种缴费，原则上暂按现行征收体制继续征收，稳定缴费方式，"成熟一省、移交一省"；机关事业单位社保费和城乡居民社保费征管职责如期划转。

（三）社会保险基金管理

除基本医疗保险基金与生育保险基金合并建账及核算外，其他各项社会保险基金按照社会保险险种分别建账，分账核算，执行国家统一的会计制度。社会保险基金专款专用，任何组织和个人不得侵占或者挪用。

社会保险基金存入财政专户，按照统筹层次设立预算，通过预算实现收支平衡。除基本医疗保险基金与生育保险基金预算合并编制外，其他社会保险基金预算按照社会保险项目分别编制。县级以上人民政府在社会保险基金出现支付不足时，给予补贴。社会保险经办机构应当定期向社会公布参加社会保险情况以及社会保险基金的收入、支出、结余和收益情况。

社会保险基金在保证安全的前提下，按照国务院规定投资运营实现保值增值。不得违规投资运营，不得用于平衡其他政府预算，不得用于兴建、改建办公场所和支付人员经费、运行费用、管理费用，或者违反法律、行政法规规定挪作其他用途。

七、违反社会保险法律制度的法律责任

1. 用人单位违反《社会保险法》的法律责任

（1）用人单位不办理社会保险登记的，由社会保险行政部门责令限期改正；逾期不改正的，对用人单位处应缴社会保险费数额 1 倍以上 3 倍以下的罚款，对其直接负责的主管人员和其他直接责任人员处 500 元以上 3 000 元以下的罚款。

（2）用人单位未按时足额缴纳社会保险费用的，由社会保险费征收机构责令限期缴纳或者补足，并自欠缴之日起，按日加收 0.05%的滞纳金；逾期仍不缴纳的，由有关行政部门处欠缴数额 1 倍以上 3 倍以下的罚款。

（3）用人单位拒不出具终止或者解除劳动关系证明的，由劳动行政部门责令改正；给劳动者造成损害的，应当承担赔偿责任。

2. 骗保行为的法律责任

（1）以欺诈、伪造证明材料或者其他手段骗取社会保险待遇的，由社会保险行政部门责令退回骗取的社会保险金，处骗取金额 2 倍以上 5 倍以下的罚款。

（2）社会保险经办机构以及医疗机构、药品经营单位等社会保险服务机构以欺诈、伪造证明材料或者其他手段骗取社会保险基金支出的，由社会保险行政部门责令退回骗取的社会保险金，处骗取金额 2 倍以上 5 倍以下的罚款；属于社会保险服务机构的，解除服务协议；直接负责的主管人员和其他直接责任人员有执业资格的，依法吊销其执业资格。

3. 社会保险经办机构、社会保险费征收机构、社会保险服务机构等机构的法律责任

（1）社会保险经办机构及其工作人员有下列行为之一的，由社会保险行政部门责令改正；给社会保险基金、用人单位或者个人造成损失的，依法承担赔偿责任；对直接负责的主管人员和其他直接责任人员依法给予处分：

① 未履行社会保险法定职责的；

② 未将社会保险基金存入财政专户的；

③ 克扣或者拒不按时支付社会保险待遇的；

④ 丢失或者篡改缴费记录、享受社会保险待遇记录等社会保险数据、个人权益记录的；

⑤ 有违反社会保险法律、法规的其他行为的。

（2）社会保险费征收机构擅自更改社会保险费用缴费基数、费率，导致少收或者多收社会保险费用的，由有关行政部门责令其追缴应当缴纳的社会保险费用或者退还不应当缴纳的社会保险费用；对直接负责的主管人员和其他直接责任人员依法给予处分。

（3）违反《社会保险法》规定，隐匿、转移、侵占、挪用社会保险基金或者违规投资运营的，

06

由社会保险行政部门、财政部门、审计机关责令追回；有违法所得的，没收违法所得；对直接负责的主管人员和其他直接责任人员依法给予处分。

（4）社会保险行政部门和其他有关行政部门、社会保险经办机构、社会保险费征收机构及其工作人员泄露用人单位和个人信息的，对直接负责的主管人员和其他直接责任人员依法给予处分；给用人单位或者个人造成损失的，应当承担赔偿责任。

（5）国家工作人员在社会保险管理、监督工作中滥用职权、玩忽职守、徇私舞弊的，依法给予处分。

（6）违反《社会保险法》规定，构成犯罪的，依法追究刑事责任。

项目小结

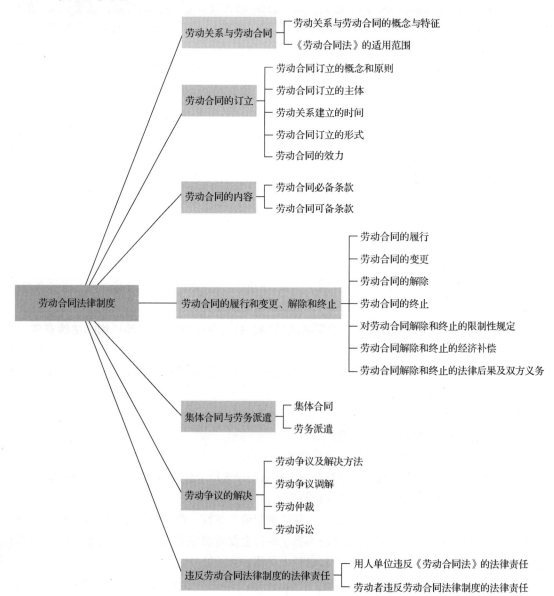

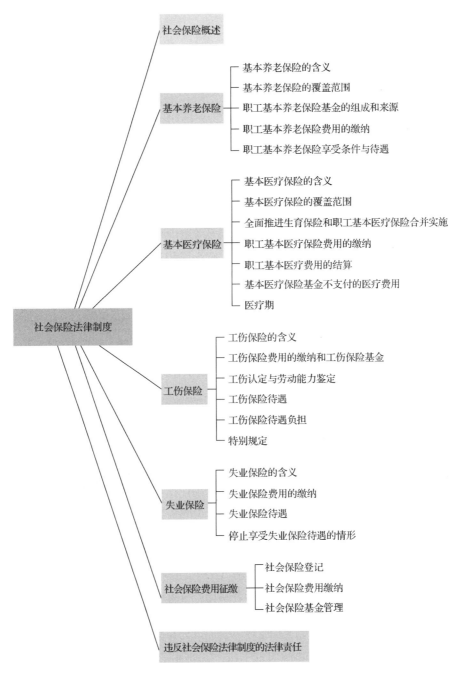

课后自测

一、单项选择题

1. 根据劳动合同法律制度的规定，下列关于无效劳动合同法律后果的表述中，不正确的是（　　）。

　　A. 无效劳动合同，从订立时起就没有法律效力

　　B. 劳动合同部分无效的，不影响其他部分的效力，其他部分仍然有效

06

C. 对劳动合同的无效或者部分无效有争议的，只能由劳动争议仲裁机构确认

D. 劳动合同被确认无效，劳动者已付出劳动的，用人单位应当向劳动者支付劳动报酬

2. 根据劳动合同法律制度的规定，下列关于劳动关系与劳动合同的表述中，不正确的是（　　）。

A. 劳动关系的主体具有特定性

B. 劳动关系的内容具有较强的法定性

C. 劳动者在签订和履行劳动合同时的地位是相同的

D. 基金会属于用人单位

3. 甲公司职工，月工资1 800元，当地月最低工资标准为1 600元。2024年6月，周某因个人原因给R公司造成经济损失2 000元。根据劳动合同约定，甲公司决定在周某的工资中扣除。根据劳动合同法律制度的规定，甲公司可在周某当月工资中扣除的最高数额为（　　）元。

A. 100　　　　B. 200　　　　C. 360　　　　D. 1 000

4. 2024年6月1日，甲受聘到某电子配件生产企业担任高级技术人员，薪资为每月1万元，双方在签订劳动合同的同时约定了竞业限制条款，该竞业限制的期限为结束或者终止劳动合同后3年，双方未约定经济补偿，甲于2024年11月1日离职。根据劳动合同法律制度的规定，下列说法中正确的是（　　）。

A. 甲并非该企业高级管理人员，不得约定竞业限制条款

B. 约定3年竞业限制期限符合规定

C. 甲可以要求用人单位按照劳动合同解除前12个月平均工资的30%按月支付经济补偿

D. 甲可以自己开业生产同类产品

5. 根据劳动合同法律制度的规定，下列表述中，正确的是（　　）。

A. 经济补偿按劳动者在本单位工作的年限，每满1年支付1个月工资的标准向劳动者支付

B. 经济补偿按劳动者在本单位工作的年限，不满6个月的，向劳动者支付1个月工资的经济补偿

C. 劳动者非因本人原因从原用人单位被安排到新用人单位工作的，劳动者在原用人单位的工作年限不计入新用人单位的工作年限

D. 原用人单位已经向劳动者支付经济补偿的，新用人单位在依法解除、终止劳动合同计算支付经济补偿的工作年限时，仍需计算劳动者在原用人单位的工作年限

6. 在某劳务派遣关系中，甲公司为劳务派遣公司，乙公司为用工单位，丙公司为甲公司的下属分公司，赵某为被派遣劳动者从事临时性工作。下列关于劳务派遣用工的表述中，正确的是（　　）。

A. 该工作岗位的存续时间可为8个月

B. 甲公司以非全日制用工形式招用赵某

C. 乙公司不得再将赵某派遣到其他用人单位

D. 甲公司可以将赵某派遣到丙公司

7. 仲裁庭裁决劳动争议案件，案情不需要延期的，应当自仲裁委员会受理仲裁申请之日起（　　）内结束。

A. 10日　　　　B. 15日　　　　C. 30日　　　　D. 45日

8. 根据劳动合同法律制度的规定，关于经济补偿金、违约金、赔偿金的下列表述中，不正确的是（　　）。

　　A. 经济补偿金主要适用于劳动关系解除或终止而劳动者无过错的情形

　　B. 违约金适用于劳动者违反服务期或者竞业限制约定的情形

　　C. 经济补偿金是法定的，违约金是约定的

　　D. 经济补偿金、违约金、赔偿金三者的支付主体均可以是用人单位

9. 无过失性辞退，是指由于劳动者非过失性原因和客观情况的需要而导致劳动合同无法履行时，用人单位可以在提前通知劳动者或者额外支付劳动者（　　）工资后，单方解除劳动合同。

　　A. 一个月　　　　　B. 三个月　　　　　C. 六个月　　　　　D. 一年

10. 李某的工作为标准工时制，日工资为 200 元。某年 10 月单位安排其加班，且无法安排其补休，加班情况如下：（1）10 月 1 日加班 8 小时；（2）10 月 23 日（周一）晚上加班 2 小时；（3）10 月 29 日（周日）加班 4 小时。已知该单位实行标准工时制度，根据劳动合同法律制度的规定，10 月单位应当向李某支付的加班工资不低于（　　）元。

　　A. 550　　　　　B. 775　　　　　C. 875　　　　　D. 1 000

11. 根据社会保险法律制度的规定，我国女工人的法定职业退休年龄为（　　）。

　　A. 65 周岁　　　　　B. 60 周岁　　　　　C. 55 周岁　　　　　D. 50 周岁

12. 根据社会保险法律制度的规定，下列关于工伤保险的表述中，正确的是（　　）。

　　A. 五级、六级伤残，经用人单位同意，可以解除或者终止劳动关系

　　B. 一次性工伤医疗补助金和一次性伤残就业补助金的具体标准由省、自治区、直辖市人民政府规定

　　C. 七级至十级伤残，劳动、聘用合同期满终止，由用人单位支付一次性工伤医疗补助金

　　D. 七级至十级伤残，职工本人提出解除劳动、聘用合同的，由工伤保险基金支付一次性伤残就业补助金

13. 根据劳动合同法律制度的规定，医疗期内，除劳动者有特殊情形外，用人单位不得解除或者终止劳动合同，下列选项中，不属于该特殊情形的是（　　）。

　　A. 严重失职，营私舞弊，给用人单位造成重大损失

　　B. 严重违反用人单位的规章制度

　　C. 被依法追究行政责任

　　D. 在试用期间被证明不符合录用条件

14. 根据社会保险法律制度的规定，下列关于失业保险的表述中，不正确的是（　　）。

　　A. 用人单位应当及时为失业人员出具终止或者解除劳动关系的证明，并将失业人员的名单自终止或者解除劳动关系之日起 10 日内告知社会保险经办机构

　　B. 失业人员应当持本单位为其出具的终止或者解除劳动关系的证明，及时到指定的公共就业服务机构办理失业登记

　　C. 失业人员凭失业登记证明和个人身份证明，到社会保险经办机构办理领取失业保险金的手续

　　D. 重新就业后，再次失业的，缴费时间重新计算

15. 根据社会保险法律制度的规定，下列关于社会保险费征缴与管理的表述中，不正确的是（　　）。

A. 企业以外的缴费单位应当自成立之日起 45 日内，向当地社会保险经办机构申请办理社会保险登记

B. 用人单位应当自用工之日起 30 日内为其职工向社会保险经办机构申请办理社会保险登记

C. 社会保险基金专款专用，任何组织和个人不得侵占或者挪用

D. 社会保险基金不得用于平衡其他政府预算

16. 失业人员失业前用人单位和本人累计缴费满 1 年不足 5 年的，领取失业保险金的最长期限为（　　）。

    A. 6 个月　　　　　B. 12 个月　　　　　C. 18 个月　　　　　D. 24 个月

17. 王某大专毕业后，自 2006 年起至 2024 年一直在甲公司从事维修工作，后因患上心脏病需要停止工作，进行治疗。其最长可以享受的医疗期为（　　）。

    A. 6 个月　　　　　B. 12 个月　　　　　C. 18 个月　　　　　D. 24 个月

18. 2023 年 7 月 10 日，刘某到甲公司上班，公司自 9 月 10 日起一直拖欠其劳动报酬，直至 2024 年 1 月 10 日双方劳动关系终止。下列关于刘某就甲公司拖欠其劳动报酬申请劳动仲裁时效期间的表述中，正确的是（　　）。

A. 应自 2023 年 9 月 10 日起 3 年内提出申请

B. 应自 2023 年 7 月 10 日起 3 年内提出申请

C. 应自 2023 年 9 月 10 日起 1 年内提出申请

D. 应自 2024 年 1 月 10 日起 1 年内提出申请

19. 根据劳动合同法律制度的规定，下列选项中，会导致劳动合同终止的是（　　）。

A. 李某患病，尚在规定的医疗期内

B. 王某处于孕期

C. 钱某在本单位连续工作满 15 年，且距法定退休年龄不足 5 年

D. 张某被人民法院宣告失踪

20. 为提高社会保险资金征管效率，将基本养老保险费、基本医疗保险费、失业保险费等各项社会保险费交由（　　）统一征收。

A. 税务部门

B. 市场监督管理部门

C. 人力资源和社会保障局

D. 财政部门

二、多项选择题

1. 根据劳动合同法律制度的规定，可以招用未满 16 周岁的未成年人的用人单位包括（　　）。

    A. 文艺单位　　　　B. 体育单位　　　　C. 特种工艺单位　　　　D. 兵工厂

2. 根据劳动合同法律制度的规定，下列关于非全日制用工的说法中，正确的有（　　）。

A. 从事非全日制用工的劳动者可以同时与两个用人单位签订劳动合同

B. 用人单位可以随时通知劳动者终止用工

C. 劳动报酬结算支付周期最长不超过一个月

D. 非全日制用工可约定一个月的试用期

3. 根据劳动合同法律制度的规定，下列各项中，劳动者提出或者同意续订、订立劳动合同，除劳动者提出订立固定期限劳动合同外，应当订立无固定期限劳动合同的情形有（　　　）。

A. 王某在甲公司连续工作满 10 年

B. 乙企业（国有企业）改制重新订立劳动合同时，张某在乙企业连续工作满 10 年且距法定退休年龄不足 10 年

C. 2021 年 6 月 1 日，丁某劳动合同期满，续订 2 年期劳动合同；2024 年 1 月 1 日，双方再次续订劳动合同；丁某无任何违法违规行为且表现突出

D. 李某已经与丙公司连续订立 2 次固定期限劳动合同，但李某严重违反丙公司的规章制度

4. 根据劳动合同法律制度的规定，下列关于劳务派遣的表述中，不正确的有（　　　）。

A. 只能在临时性工作岗位上实施

B. 被派遣劳动者数量不得超过其用工总量的 20%

C. 用工单位不得将被派遣劳动者再派遣到其他用人单位

D. 劳务派遣单位可以以非全日制用工形式招用被派遣劳动者

5. 根据我国劳动合同法律制度的规定，下列选项中，用人单位既不得适用无过失性辞退或经济性裁员解除劳动合同，也不得终止劳动合同，劳动合同应当顺延至相应的情形消失时终止的有（　　　）。

A. 张某疑似患上职业病，尚在医学观察期内

B. 李某怀有身孕，还有 5 天即是预产期

C. 郝某非因工负伤，尚在规定的医疗期内

D. 王某在甲公司连续工作满 10 年，并且距离法定退休年龄已不足 10 年

6. 根据劳动合同法律制度的规定，下列劳动合同中，属于无效劳动合同的有（　　　）。

A. 以欺诈手段，使对方在违背真实意思的情况下变更劳动合同

B. 用人单位免除自己法定责任

C. 用人单位排除劳动者权利

D. 以胁迫手段，使对方在违背真实意思的情况下订立劳动合同

7. 根据我国劳动合同法律制度的规定，下列属于劳动合同必备条款的有（　　　）。

A. 工作内容　　　　B. 休息、休假　　　　C. 竞业限制　　　　D. 工作地点

8. 根据劳动合同法律制度的规定，下列甲公司职工中，属于经济性裁员优先留用人员的有（　　　）。

A. 周某，与甲公司订立较长期限的固定期限劳动合同

B. 吴某，与甲公司订立无固定期限劳动合同

C. 郑某，有需要扶养的未成年人

D. 王某，家庭无其他就业人员，有需要扶养的老人

9. 根据劳动仲裁法律制度的规定，下列各项中，属于仲裁员在仲裁劳动争议案件时应当回避的情形有（　　　）。

A. 与本案有利害关系

B. 与本案当事人有其他关系，可能影响公正裁决

C. 私自接受争议案件的代理人请客送礼

06

D. 私自会见当事人

10. 根据我国劳动合同法律制度的规定，下列选项中，关于仲裁开庭程序，正确的有（   ）。

    A. 申请人收到书面开庭通知，无正当理由拒不到庭或者未经仲裁庭同意中途退庭的，可以按撤回仲裁申请处理

    B. 申请人重新申请仲裁的，仲裁委员会不予受理

    C. 被申请人收到书面开庭通知，无正当理由拒不到庭，仲裁庭可以继续开庭审理，可以缺席裁决

    D. 被申请人收到书面开庭通知，未经仲裁庭同意中途退庭的，仲裁庭可以继续开庭审理，可以缺席裁决

11. 根据我国劳动合同法律制度的规定，下列选项中，关于最低工资的表述，正确的有（   ）。

    A. 国家实行最低工资保障制度，最低工资的具体标准由各省、自治区、直辖市人民政府规定

    B. 最低工资包括延长工作时间的工资报酬

    C. 最低工资不包括中班、夜班、高温、低温、井下、有毒、有害等特殊工作环境和劳动条件下的津贴

    D. 最低工资不包括国家法律、法规、规章规定的社会保险福利待遇

12. 已知《调解仲裁法》并无特殊规定，下列选项中表述正确的有（   ）。

    A. 追索劳动报酬，不超过当地月最低工资标准12个月金额的争议，适用终局裁决

    B. 追索工伤医疗费，不超过当地月最低工资标准24个月金额的争议，适用终局裁决

    C. 因执行国家的劳动标准在工作时间、休息休假、社会保险等方面发生的争议，适用终局裁决

    D. 仲裁裁决涉及数项，对单项裁决数额不超过当地最低工资标准24个月金额的事项，适用终局裁决

13. 关于一般经济纠纷仲裁和劳动仲裁共同点的下列表述中，正确的有（   ）。

    A. 不按行政区划层层设立仲裁机构

    B. 开庭审理

    C. 收费

    D. 可申请人民法院强制执行

14. 根据社会保险法律制度的规定，下列关于工伤保险的表述中，正确的有（   ）。

    A. 工伤职工拒绝接受治疗的，停止享受工伤保险待遇

    B. 职工在两个用人单位同时就业的，各用人单位应当分别为职工缴纳工伤保险费

    C. 职工所在用人单位未依法缴纳工伤保险费，发生工伤事故的，由用人单位支付工伤保险待遇

    D. 由于第三人的原因造成工伤，第三人不支付工伤医疗费用或者无法确定第三人的，由工伤保险基金先行支付

三、判断题

1. 用人单位与劳动者在用工前订立劳动合同的，劳动关系自用工之日起建立。（   ）

2. 用人单位招用劳动者，不得扣押劳动者的居民身份证和其他证件，不得要求劳动者提供担

06

保或者以其他名义向劳动者收取财物。（　　　）

3. 用工单位应当严格控制劳务派遣用工数量，使用的被派遣劳动者数量不得超过其用工总量的10%。该用工总量是指用工单位订立劳动合同人数与使用的被派遣劳动者人数之和。（　　　）

4. 劳动争议仲裁公开进行，但当事人协议不公开进行或者涉及商业秘密和个人隐私的经相关当事人书面申请的除外。（　　　）

5. 无效劳动合同，从订立时起就没有法律约束力。劳动合同部分无效，整个劳动合同同样无效。（　　　）

6. 有多个劳动合同履行地的，由用人单位所在地的仲裁委员会管辖。（　　　）

7. 仲裁庭裁决案件时，裁决内容同时涉及终局裁决和非终局裁决的，应当分别制作裁决书，并告知当事人相应的救济权利。（　　　）

8. 医疗费用应当由第三人负担，第三人不支付或者无法确定第三人的，由基本医疗保险基金先行支付，然后向第三人追偿。（　　　）

9. 个人死亡同时符合领取基本养老保险丧葬补助金、工伤保险丧葬补助金和失业保险丧葬补助金条件的，其遗属只能选择领取其中的一项。（　　　）

10. 职工应当参加工伤保险，由用人单位和职工共同缴纳工伤保险费。（　　　）

四、经典案例分析

1. 小李与单位签订了2年期的劳动合同，该单位与小李约定的试用期是6个月，试用期内的月工资为1 000元，试用期满后的月工资为2 500元。小李在该单位按照合同约定完成了6个月的试用期工作，而且用人单位按照合同规定支付了试用期的全部工资。

问：

（1）用人单位与小李约定的试用期期限是否合法？如果违法，用人单位与小李最多可以约定试用期的期限为多长？

（2）用人单位实际应当承担的成本为多少？

2. 王某到某公司应聘，填写录用人员情况登记表时，隐瞒了自己曾先后2次受行政、刑事处分的事实，与公司签订了3年期限的劳动合同。事隔3日，该公司收到当地检察院对王某不起诉决定书。经公司进一步调查得知，王某曾因在原单位盗窃电缆受到严重警告处分，又盗窃原单位苫布被查获，因王某认罪态度较好，故不起诉。

问：该公司调查之后，以王某隐瞒受过处分，不符合本单位录用条件为由，在试用期内解除了与王某的劳动关系是否合理？

3. 甲公司为员工张某支付培训费用3万元，约定服务期3年。2年后，张某以公司自他入职起从未按照合同约定提供劳动保护为由，向单位提出解除劳动合同。甲公司不同意，以张某未满服务期为由拒绝，并要求张某赔偿违约金。甲公司的要求合理吗？

4. 张某于2011年2月1日到甲公司工作。2024年3月1日，甲公司提出并与张某协商解除劳动合同。已知张某在劳动合同解除前12个月的平均工资为20 000元，当地上年度职工月平均工资为5 000元。请计算甲公司应向张某支付的经济补偿金为多少？

5. 刘先生是某公司技术部门的一名员工，与公司签订了无固定期限的劳动合同。近年来，刘先生所在的公司因市场竞争激烈逐渐陷入经营困难的状况。为摆脱困境，公司经董事会决议，决定采取减人增效的办法。经与企业工会协商，公司职代会通过了一项协商解除劳动合同的方案，

06

其中规定：公司提出与员工协商解除劳动合同，员工在方案公布后一周内书面同意与公司协商解除劳动合同的，公司在法定经济补偿金之外再给予额外奖励金。

方案公布一周后，刘先生才向公司递交了协商解除劳动合同的意见书，并要求公司按规定支付法定经济补偿金和额外奖励金。公司表示刘先生提交协商解除劳动合同意见时超过了公司规定的期限，公司可以同意与刘先生协商解除劳动合同，但不同意支付经济补偿金和额外奖励金，双方于是发生争议。

问：刘先生与公司的劳动合同协商解除后，刘先生是否可以要求公司支付额外奖励金和经济补偿金？

06